O JAZZ EM PORTUGAL
(1920-1956)

ANÚNCIO – EMERGÊNCIA – AFIRMAÇÃO

CB032633

HÉLDER BRUNO DE JESUS REDES MARTINS

O JAZZ
EM PORTUGAL
(1920-1956)

ANÚNCIO – EMERGÊNCIA – AFIRMAÇÃO

ALMEDINA

O JAZZ EM PORTUGAL (1920-1956)
ANÚNCIO – EMERGÊNCIA – AFIRMAÇÃO

AUTOR
HÉLDER BRUNO DE JESUS REDES MARTINS

TRADUÇÕES
LILIANA RODRIGUES
SANDRA GUERREIRO
HÉLDER BRUNO MARTINS

EDITOR
EDIÇÕES ALMEDINA, SA
Rua da Estrela, n.º 6
3000-161 Coimbra
Tel.: 239 851 904
Fax: 239 851 901
www.almedina.net
editora@almedina.net

PRÉ-IMPRESSÃO • IMPRESSÃO • ACABAMENTO
G.C. – GRÁFICA DE COIMBRA, LDA.
Palheira – Assafarge
3001-453 Coimbra
producao@graficadecoimbra.pt

Outubro, 2006

DEPÓSITO LEGAL
249974/06

ÍNDICE GERAL

ÍNDICE DE QUADROS

ÍNDICE DE ILUSTRAÇÕES

CAPÍTULO 1
«A IDADE DO *JAZZ*» – OS «LOUCOS» ANOS 20
E A INFLUÊNCIA DOS EUA NA IMPLANTAÇÃO
DE UM NOVO PARADIGMA SOCIOCULTURAL NO OCIDENTE

CAPÍTULO 2
AS PRIMEIRAS NOTÍCIAS DO *JAZZ* EM PORTUGAL
– DOS ANOS 20 À INSTAURAÇÃO DO ESTADO NOVO

CAPÍTULO 3
ESTADO NOVO, IDEOLOGIA E FOLCLORIZAÇÃO
– FACTORES QUE RETARDARAM A EMERGÊNCIA DO *JAZZ* EM PORTUGAL

CAPÍTULO 4
A GÉNESE DO HOT CLUBE
E A EMERGÊNCIA DO *JAZZ* EM PORTUGAL

CAPÍTULO 5
O HOT CLUBE E A AFIRMAÇÃO DO *JAZZ* EM PORTUGAL

AGRADECIMENTOS

Não poderia iniciar a apresentação deste trabalho sem antes agradecer o imprescindível apoio que desde o início deste projecto, em Março de 2001, me foi dirigido: aos meus pais, Hélder e Manuela Martins; ao meu irmão, Ricardo; à minha querida mulher, Sofia; ao Senhor Professor Doutor José Maria Pedrosa D'Abreu Cardoso, cuja sábia orientação e solícita colaboração tornaram possível este trabalho; aos meus amigos (aqueles que sabem que eu sei quem são); ao Dr. Eduardo Basto pelas incontáveis leituras, interesse revelado e ajuda desinteressada; a José Duarte, pela motivação e apoio que me dirigiu ao longo da realização deste estudo; à Dra. Carla Jacinto, pelo apoio prestado na pesquisa jurídica; às Dras. Liliana Rodrigues e Sandra Guerreiro, pelas traduções realizadas; à Professora Doutora Salwa Castelo-Branco e ao Professor Doutor Fernando Rosas, pela motivação; ao Eng.º Bernardo Moreira, Presidente do Hot Clube de Portugal; e ainda a Helena Villas-Boas, Luís Sangareau, Augusto Mayer e Ivo Mayer – fundadores do Hot Clube de Portugal –, Carlos Menezes, Manuel Jorge Veloso, Dr. António Curvelo, Artur Agostinho, Dr. Raul Calado (divulgadores e críticos de *Jazz*), Dr. Carlos Alvarez (Director do Museu do Teatro); Fabrice Zammarchi (músico e investigador); Dra. Anne Legrand (responsável pelo espólio de Charles Delaunay – *Bibliothèque National de France*), Gerard Conte e André Clegeard (*Cahiers du Jazz*), Dr. João Moreira dos Santos e Dr. Hans Pehl (que amavelmente cederam informações e documentos); Dr. João Tiago Correia e Dr. Rui Correia Ramos (pelas discussões que a Música tem gerado na nossa profunda amizade ao longo das nossas vidas; Dra. Albina Santos Silva, (Presidente da Escola Portuguesa de Moçambique – Centro de Ensino e Língua

Portuguesa – EPM-CELP – pelas facilidades concedidas para a conclusão da tese); ao Eng.º Carlos Pinto e à Paula Valente, Almedina; a Pedro Simões, Gráfica de Coimbra; e ainda aos funcionários das seguintes instituições: Hot Clube de Portugal, Hemeroteca Municipal de Lisboa, Hemeroteca Municipal de Coimbra, Biblioteca Nacional, Governo Civil de Lisboa, Torre do Tombo, Museu do Teatro; e a todos os colaboradores que tornaram possível este trabalho,

O meu muito obrigado.

H. B. DE JESUS REDES MARTINS
Coimbra, 27 de Outubro de 2006

ABREVIATURAS

AAM – Academia de Amadores de Música
AN – Assembleia Nacional
ANBA – Academia Nacional de Belas-Artes
BBC – *British Broadcasting Corporation*
CBS – Columbia Broadcasting System
CPAE – Conselho Permanente da Acção Educativa
CSBA – Conselho Superior de Belas-Artes
CUJ – Clube Universitário de *Jazz*
DP – Diário Popular
EN – Emissora Nacional de Radiodifusão
EUA – Estados Unidos da América
FIJM – Federação Internacional de Juventudes Musicais
FNAT – Federação Nacional para a Alegria no Trabalho
HCP – Hot Clube de Portugal
IASJ – *International Association of Schools of Jazz*
IST – Instituto Superior Técnico
IYB – *International Youth Band* (Festival de *Jazz* de Newport)
JMP – Juventude Musical Portuguesa
JN – Jornal de Notícias
JNE – Junta Nacional da Educação
LP – Legião Portuguesa
MP – Mocidade Portuguesa
MPF – Mocidade Portuguesa Feminina
NBC – *National Broadcasting Company*
ODJB – *Original Dixieland Jazz Band*
OMEN – Obra das Mães pela Educação Nacional
PCP – Partido Comunista Português

PIDE – Polícia Internacional e de Defesa do Estado
PSP – Polícia de Segurança Pública
PVDE – Polícia de Vigilância e Defesa do Estado
RCN – Rádio Clube do Norte
RCP – Rádio Clube Português
RIA – Reunião Inter Associações
RR – Rádio Renascença – Emissora Católica Portuguesa
RTP – Rádio Televisão Portuguesa
SMAIL – Serviços de Meteorologia do Aeroporto Internacional de Lisboa
SNI – Secretariado Nacional de Informação
SPN – Secretariado de Propaganda Nacional
TAP – Transportes Aéreos Portugueses
TFB – Tertúlia Festa Brava
UN – União Nacional

PREFÁCIO
BOA PARTE DO QUE CÁ FALTAVA

Portugal com jazz é muito parecido com Portugal sem jazz.

Muito do que em Portugal se passou de importante tem nada a ver com jazz, nem com seus músicos, Festivais, lps ou cds, Escolas, Concertos, Rádio, Imprensa, tv ou Internet.

Tem a ver, isso sim, com transformações políticas, económicas, sociais, que no jazz aqui se não repercutiram por aí além.

As repercussões foram poucas no século vinte e no vinte e um, o qual ainda só tem meia dúzia de anos de idade.

Nós, os do jazz, somos poucos, muito poucos, pois jazz não é uma Música comercial como a Escrita – dita Clássica!, Erudita!!, Séria!!! – também o não é. Jazz é uma Música para levar à seria, para levar a sério.

Que sabíamos nós da História do jazz neste país? Pouco, muito pouco, quase nada. Este trabalhão que, por aliança e apreço prefacio, conta-nos muito do que se passou na primeira metade do século que passou, na mais antiga metade, já quase sem testemunhas vivas.

Quem sabia que Sidney Bechet entrou por Vilar Formoso para vir tocar a Lisboa! E que Hopkins, o pianista Claude, também por cá andou e tocou. Só para referir dois músicos, dessa época portuguesa, que estão na História do jazz. E quem sabia que a esposa de Mahler sabia que Brahms e Verdi gostavam de tempos fracos e quem sabia que Josephine Baker actuou no Teatro Trindade e jantou no Bairro Alto! Quem sabia a verdadeira relação dos jazzmen com o bairro Storyville em New Orleans? Quem sabia das ralações do Estado Novo com o jazz desde o HCP ao CUJ? Atente-se nas páginas dedicadas à inevitável oposição entre o Portugal político, em ditadura, bem descrito, e os primeiros dias do jazz por cá. Páginas e investigação que muito valorizam esta tão oportuna como já histórica obra.

A luta de Luiz Villas-Boas, principal personagem nesta fita, vista agora a esta distância, é mais magnífica ainda. Muito bom ouvinte, amigo dos músicos e eles dele, foi ele, sem alguma dúvida, quem cá chamou e fez cá entrar o jazz. Tinha razão quando aceitou os cartazes dos primeiros Festivais de Cascais, atitude que aqui é abordada ao de leve, mas com precisão e de maneira clara. Os antigos estavam a morrer, «ir tocar a Cascais e depois morrer», e nunca os tinhamos ouvisto. Villas não gostava de free, nem de 'escolas', nem de guitarras, nem de gravações, fossem elas em qualquer suporte, gostava muito de swing e dizia que jazz é Música viva para gente viva.

Com este livro e uma curta que passou há anos na RTP 2, dedicado à memória de Villas e aos 50 anos do HCP, a visão do passado fica clara. Metade da História está por contar – de preferência bem – porque esta já está escrita para ficar e é certa.

Nessa segunda, que é maior, é mais agitada, acontecem Festivais, surge a Liberdade, muliplicam-se músicos, Escolas, Concertos, aparece o Google, acabam os divulgadores, surgem os negociantes, os cds e as obras completas, com todas as takes e tudo, chegam convites para uma Antena pública de Rádio, com coberturas nacional e de Internet, enquanto inexplicavelmente a tv e a imprensa ainda resistem.

Falta o jazz achar outra, nova forma. Fará falta ?

Este volume termina quando chega ao país a Orquestra de 'Count' Basie. Muitos e inesquecíveis momentos foram os momentos de então até hoje vividos.

Esta colecção de investigações é contudo ímpar.

Quem poderá agora ignorar Domingos Vilaça, Fernando de Albuquerque, Helder Reis, Costa Pinto, Helder Martins, depois o Quarteto do HCP e tantos outros aqui muito justamente nomeados em forma de merecido louvor? Ninguém!

Metade da História está feita.

Escreva-se a outra pois o futuro não existe.

JOSÉ DUARTE
29 outubro 2006

INTRODUÇÃO

O trabalho que de seguida se apresenta consiste na revisão e na adaptação da tese de mestrado em Ciências Musicais, orientada pelo musicólogo Prof. Doutor José Maria Pedrosa D'Abreu Cardoso, intitulada *O Jazz em Portugal: da sua Emergência à sua Afirmação com o Hot Clube*, apresentada na Faculdade de Letras da Universidade de Coimbra, a 6 de Abril de 2005.

Esta obra, que a Editora Almedina traz a público, não tem a pretensão de se apresentar como estudo conclusivo sobre o tema em questão. Muito há ainda a fazer. Pretende, outrossim, surgir como um contributo para o estudo da história do *Jazz* em Portugal, divulgar a informação recolhida ao longo do processo de pesquisa para a dissertação de mestrado referida anteriormente, constituir-se como um trabalho que possa motivar investigadores e futuras investigações.

As informações existentes até à realização deste estudo eram escassas e avulsas: entrevistas (cedidas por Luiz Villas-Boas ou outros membros do Hot Clube de Portugal) e alguns artigos publicados a partir da década de 80, alguns deles de referência crucial (como os de José Duarte, Manuel Jorge Veloso, António Curvelo, João Moreira dos Santos, entre outros). O único trabalho publicado até ao momento que aborda retrospectivamente o *Jazz* e a sua história em Portugal, foi realizado por António Curvelo e, tal como o próprio autor revela no título, são *"Notas (muito incompletas) sobre o Jazz em Portugal. Da pré-história aos tempos modernos"*[1].

A necessidade premente de se conhecerem factos, datas, eventos, intervenientes e promotores do *Jazz* em Portugal e a obrigatória contextualização e análise destes com as conjunturas políticas, sociais e

---

[1] Artigo publicado *in Panorama da Cultura Portuguesa no Séc. XX, Artes e Letras,* Vol. I, pp. 49 a 95. Porto: Fundação de Serralves, Ed. Afrontamento, 2002.

culturais, no sentido de se compreender mais profundamente o fenómeno do *Jazz* em Portugal, constituíram a principal motivação para a realização deste trabalho.

Portugal tem hoje dezenas de festivais de *Jazz*, escolas, cursos superiores, excelentes músicos (compositores e intérpretes), críticos e divulgadores, produtores, editoras discográficas e cada vez mais público interessado.

Contudo, como terá chegado o *Jazz* a Portugal? Em que circunstâncias? Como terá sido recebido e que reacções suscitou? Qual a posição dos críticos da década de 20 em relação às primeiras notícias de uma música nova? Existiriam, nesta década, locais onde se tocava e ouvia *Jazz-band*? E depois, com a instauração do Estado Novo, qual a posição do Poder relativamente ao *Jazz*? Qual a importância de Luiz Villas-Boas e do Hot Clube para a *emergência* e *afirmação* do *Jazz* em Portugal? Que condições foram efectivamente criadas pelo Hot Clube para que se estabelecesse como uma instituição promotora do *Jazz* em Portugal? Qual foi de facto o seu papel na vida cultural e artística da época? Que repercussão teve, afinal, na sociedade portuguesa da década de 50? Os *mass media* terão tido alguma influência neste processo? Que eventos foram organizados em Portugal em prol da difusão e da promoção do *Jazz*? Quem eram os músicos portugueses de *Jazz* dentro do recorte cronológico estudado? Quais os locais de apresentação habitual destes músicos?... A estas e a outras questões propõe-se este estudo responder.

O recorte cronológico do estudo está compreendido entre 1920 e 1956. Em primeiro lugar, porque a década de 20 é um marco inquestionável para a História do *Jazz* a nível mundial. Em segundo lugar, porque as primeiras notícias que surgem em Portugal datam da mesma década, e, em terceiro lugar, tal como atestam os documentos encontrados ao longo do processo de investigação e de pesquisa de informação, estas «primeiras notícias» geraram movimentos sociais antagónicos que se reflectiram na imprensa da época. Alguns destes artigos, conforme as transcrições efectuadas, são de profunda ironia, outros de alguma ingenuidade, o que, certamente, suscitará no leitor um sentimento misto de perplexidade e laivos humor.

Através dos artigos encontrados foi possível perceber o sentimento que a música *Jazz* suscitou desde a década de 20, tanto ao nível de artigos de opinião sobre o *Jazz* em geral, como também relativamente às críticas acerca das *Jazz-bands* nacionais.

Para além dos artigos, tornou-se imprescindível, para responder às questões anteriormente expostas, a interligação e contextualização do fenómeno da música *Jazz* com a axiologia imposta pelo Estado Novo. Através de medidas políticas implantadas, difusoras de uma cultura social, política e económica peculiar, e da compreensão geral da sociedade portuguesa das décadas de 20 a 50, foi possível compreender mais substancialmente acerca do moroso processo que levou o *Jazz* desde o seu *anúncio*, passando pela sua *emergência*, até à sua *afirmação* no panorama cultural português.

O limite cronológico – 1956 – surge como conclusão resultante da análise e da reflexão realizada em função das questões que se colocaram. Como se verá, 1956 é um marco histórico decisivo para o *Jazz* em Portugal. É neste ano que se realiza o primeiro grande concerto em Portugal por um dos seus nomes mais consagrados – Count Basie –, que, tal como se constatará, marca o fim de um ciclo, o do processo que levou da *emergência* à *afirmação* do *Jazz* em Portugal.

Não havendo um conhecimento rigoroso acerca da História do *Jazz* em Portugal, e tendo o privilégio de contar ainda com o testemunho de alguns sócios fundadores do Hot Clube que viveram a fase mais importante – compreendida entre a *emergência* e a *afirmação* –, realizaram-se entrevistas, cujas informações exigiam, por serem memórias por vezes pouco claras e exactas, uma confrontação com outros documentos, tais como publicações periódicas, guiões dos programas de rádio de Luiz Villas-Boas, documentos do Hot Clube de Portugal – circulares, cartazes, actas de reuniões, contratos de músicos –, documentos governamentais e legislação vigente, entre outros. Neste sentido, o espólio de Luiz Villas-Boas, propriedade do Hot Clube de Portugal, constituiu um importante manancial de informação.

Para além do arquivo do Hot Clube de Portugal e do espólio de Luiz Villas-Boas, consultou-se ainda o Arquivo do Governo Civil de Lisboa, a Hemeroteca Municipal de Lisboa, a Hemeroteca Municipal de Coimbra, a Biblioteca Nacional, o Arquivo Nacional da Torre do Tombo, a Biblioteca Geral da Universidade de Coimbra e a Sala Manuel Faria da Faculdade de Letras da mesma universidade.

Em conformidade com os objectivos deste trabalho foi necessário proceder-se a uma selecção, catalogação e tratamento da informação recolhida. Da análise desta documentação foi possível retirar conclusões objectivas, claras e precisas.

Quanto à sua estrutura, o trabalho divide-se em três secções:

- a primeira – Capítulo 1 – pretende contextualizar o surgimento da música *Jazz* nos Estados Unidos da América, de uma forma muito sucinta, e compreender as razões pelas quais se difundiu pela Europa;
- a segunda secção – Capítulos 2 e 3 – contextualiza igualmente Portugal, particularmente a cidade de Lisboa, relativamente ao paradigma emergente no Ocidente, especialmente no que concerne à repercussão da música *Jazz*, analisa o processo do seu anúncio e define as razões que se constituíram como barreira retardatária para a sua emergência em Portugal na década de 20 e nos anos que se seguiram, já com o Estado Novo plenamente instaurado;
- a terceira e última secção – Capítulos 4 e 5 – aborda e analisa os condicionalismos e factores que possibilitaram a *emergência* e a *afirmação* do *Jazz* no panorama cultural português.

Com o principal objectivo de chegar ao maior número de leitores (músicos, melómanos, investigadores, simples interessados ou curiosos e público em geral) despiu-se a tese de algum formalismo literário, conceptual e científico, sem, contudo, perder rigor e qualidade. A este respeito espera-se que o esforço, talvez audaz, tenha sido bem sucedido. Deve ainda ressalvar-se, para que se não nublem conceitos e/ou surjam questões do foro «socio-ideológico-cultural», que a terminologia utilizada para distinguir os músicos da «grande música europeia» (denominada, vulgar e erradamente, de «música clássica») dos músicos da «grande música africano-americana» foram, respectivamente, Eruditos e de *Jazz*. No entanto, o *Jazz* é um género musical de grande complexidade global, exigindo, tanto do músico como do ouvinte, conhecimentos aprofundados que possibilitem as suas execução, interpretação e compreensão. Optou-se por esta distinção por questões meramente práticas, de interpretação e compreensão das ideias do texto.

Ao longo do texto os conceitos e nomes destacados (com*) apresentam-se resumidamente num Glossário, através do qual o leitor poderá ficar mais esclarecido relativamente a correntes estilísticas do *Jazz*, pequenos apontamentos biográficos de músicos, musicólogos, promotores, divulgadores e críticos, definições de conceitos musicológicos e sociológicos que se relacionam directamente com este estudo.

FREE – JAZZ

O perfume das palavras em brasa:
tições no turíbulo da excitação.

O incenso no diálogo do amor:
o som estridente da trompete
com a voz rouca e quente
de Louis Armstrong.

New Orleans
velhas casa do vieux carré
noites de cálido afago
blues e spirituals
que estremecem o corpo
colados na alma.

Brilham as ruas,
a pele das mulheres,
os cetins de homem de gestos acetinados.

Terra antiga
escrava negreira
onde foi parido o jazz
para ser baptizado nas águas do Mississipi
e cantar a liberdade.

TELMO DE MORAIS[2]

---

[2] Poema de Telmo de Morais, *in* «POEZZ», Duarte e Alves, 2004, p. 193.

«A IDADE DO *JAZZ*» – OS «LOUCOS» ANOS 20 E A INFLUÊNCIA DOS EUA NA IMPLANTAÇÃO DE UM NOVO PARADIGMA SOCIOCULTURAL NO OCIDENTE

Os «loucos» anos 20, os «felizes» anos 20, constituem um dos mais bem sucedidos mitos contemporâneos. Eles simbolizam o advento da modernidade, seja ela entendida a nível económico, social ou cultural.[1]

JÚLIA LEITÃO DE BARROS

1.1. Factores impulsionadores

No início do século XX a Inglaterra, a Alemanha e a França eram as três grandes potências económicas do mundo. No decorrer dos primeiros anos do século, os estados europeus economicamente fortes e militarmente poderosos, envolvidos em graves rivalidades comerciais e coloniais, fazem rebentar, em 1914, a I Guerra Mundial.

No final deste conflito, que ditou novos mapas, novas regras políticas, económicas e comerciais a nível mundial, os EUA assumiam pela primeira vez na História a sua liderança económica e política, passando a Europa para segundo plano de influência.

Após a I Grande Guerra a Europa encontrava-se destruída. Além da elevada taxa de óbitos consequente deste conflito, a agricultura estava arruinada, as fábricas, as vias de comunicação e de transporte destruídas e a crise económica instaurada.

---

[1] Barros, 1990, p. 13.

Ultrapassadas as dificuldades do pós-guerra, os países capitalistas da Europa, com a entrada na década de 20, conheceram uma «era de prosperidade», impulsionada exponencialmente pelos EUA.

Os «loucos» anos 20 ficaram marcados na história contemporânea como década de profundas transformações. As modificações verificadas no decorrer do séc. XX em termos das organização e justiça social, das fórmulas culturais, dos sistemas político e económico, muito lhes ficaram a dever. Foi uma oportunidade única para a alteração de dogmas com séculos de existência e que agora começavam a ser questionados: a estratificação social, a organização económica, os sistemas políticos, de uma maneira geral, os ideais de carácter sociocultural.

Após a recessão entre 1920-1921 resultante da guerra, delineava-se uma nova vaga económica. O sentimento e a necessidade de mudança, desejada no mundo ocidental logo após o final da I Guerra, levaram a que os cidadãos ambicionassem uma outra organização das instituições e sistemas, procurando um novo e melhor modo de vida.

Nos países industrializados, dos quais se destacavam sobremaneira os EUA, seguidos da Inglaterra e Alemanha que iniciavam o seu relançamento económico, o desenvolvimento das diversas indústrias – automóvel, telecomunicações, *mass media*, discográfica e outras –, aliado a um aumento do poder de compra dos cidadãos, levou a que o consumo aumentasse muito significativamente, atingindo valores nunca alcançados anteriormente. Verificava-se nestes países um aumento da produtividade e, consequentemente, uma melhoria das condições de vida.

Nos EUA vislumbrava-se uma justiça social mais objectiva: férias pagas, a instituição, embora ainda não generalizada, das oito horas de trabalho diário e outras regalias que até então não passavam de utopias para os grupos sociais até aqui desprotegidos.

"Surgia pela primeira vez o objectivo de alcançar uma sociedade de «abundância», de «bem estar», sobretudo nos EUA (...)"[2].

---

[2] Barros, 1990, *Op. Cit.*, p.13.

Apesar deste cenário de crescimento, os anos 20, envolvidos numa aura de prosperidade, ocultavam a miséria que não deixava de existir. O crescimento revelou-se desequilibrado e descontrolado. O desenvolvimento da indústria provocou uma migração em massa das populações rurais para os grandes centros urbanos. Os grupos populacionais que deixavam para trás o meio rural, numa tentativa de melhorar a sua situação económica e social, sujeitavam-se a condições de vida extremamente precárias nas periferias dos grandes centros. Enquanto se verificava o florescimento de novas indústrias, as actividades nas quais até então assentava a economia, como a agricultura, os têxteis e a indústria da madeira, sofriam com a quebra constante dos seus preços e falta de mão de obra. Todavia, a prosperidade era uma realidade para uma classe média em ascensão e uma forte esperança e optimismo existiam efectivamente. A confiança económica excessiva alterou substancialmente a mentalidade, os hábitos e as estruturas sociais da época.

A burguesia, ascendente económica e socialmente durante o período da guerra, passa a controlar instituições e partidos políticos, funções outrora desempenhadas pela aristocracia. As profissões liberais ganham relevância. A legislação torna-se mais direccionada para a protecção dos mais desfavorecidos, reduz-se o tempo de trabalho diário, aumenta o tempo livre e os gostos da burguesia impõem-se na sociedade da época[3].

1.2. A massificação da cultura do lazer e a sua repercussão na indústria da hotelaria e restauração – o papel dos *gangsters* na difusão do *Jazz* nos EUA

Com a melhoria da qualidade de vida a explosão da indústria de bens e serviços acabou por acontecer, principalmente nos sectores da restauração (clubes, bares, *dancings*, *boites*, etc.). O florescimento desta indústria foi consequência de um sistema, o capitalismo (desde sempre atento a todas as actividades que possam traduzir-se em lucro), que ao aperceber-se da importância do divertimento enquanto produto de consumo, o explora, incentivando os empresá-

---

[3] Barros, 1990, *Op. Cit.*, pp. 14 e 15.

rios a direccionarem os seus investimentos para este género de indústria.

> "Uma verdadeira mutação cultural se desenha: (...) o trabalho, tornou-se o acessório e o acessório, o lazer, tornou-se essencial"[4].

Desta maneira, por toda a América do Norte surgem locais de divertimento, locais de lazer.

Em 1920 existiam em Nova York cerca de 500 *dancings*. Cinco anos mais tarde mais 800 casas foram licenciadas. No entanto, não devem ser excluídos todos os outros estabelecimentos não autorizados, clandestinos, ilegais, que mantinham as suas portas abertas discretamente, os denominados *Speakeasies*.

Em 1922, estima-se que em Chicago tenham funcionado, legal e ilegalmente, cerca de 12.000 estabelecimentos no total, e Nova York terá atingido 100.000 espaços deste género em 1925[5]. Chicago era uma cidade muito activa na cena *jazzística* dos anos 20. Foi nesta cidade que apareceu uma nova corrente estilística ainda na década de 20: *Chicago School/Chicago Style*.

Apesar de não ser possível contabilizar o número exacto deste tipo de espaços, pode constatar-se pelas diversas fontes analisadas que seriam milhares as casas que ofereciam ao público um espaço de divertimento e lazer, com bebidas, música e variedades.

No entanto, ressalta uma questão que constituiu um factor importante na divulgação e expansão do *Jazz* a nível mundial.

A 28 de Outubro de 1919, o Congresso dos EUA declarou constitucionalmente o *Volstead Act* – a "Lei Seca" – que proibia o consumo, a venda, a fabricação, a importação e a exportação de bebidas alcoólicas, em todo o território[6]. Como consequência desta proibição formam-se grupos de contrabandistas que fabricavam, importavam e vendiam bebidas alcoólicas. Estes grupos – *gangs* – conhecidos também por *bootleggers* (denominação dos contrabandistas de álcool na época, numa referência à forma pela qual os pioneiros haviam um dia traficado álcool para os índios – no cano da bota) e *racketeers*

---

4 Crubellier, 1979, p. 290.
5 Kunstadt e Charters, 1962, p. 121.
6 Hess, *in www.jazzportugal.net*, 28/10/2003.

(incumbidos pelos seus superiores de obrigar os donos dos estabelecimentos a comprarem-lhes as bebidas ou a extorquirem-lhes dinheiro em troca de protecção), dominavam a vida nocturna, os bares, clubes, restaurantes, prostituição, tráfico de droga e armas, *speakeasies, boites* e *dancings*, as autoridades (através do suborno/ /corrupção), fabricavam e vendiam bebidas alcoólicas e fomentavam, para atrair público aos seus estabelecimentos, uma nova música que despoltava – o *Jazz* – cuja sonoridade se integrava perfeitamente num ambiente livre, descontraído, moderno, que os *gangsters* ambicionavam difundir.

"The illegal speakeasies and cabarets of Prohibition era were regarded as romantic, and Jazz as the appropriate musical backdrop for their activities"[7].

Com o aumento da oferta destes estabelecimentos um pouco por todo o país, mas principalmente em New York e Chicago, os músicos de *Jazz* naturais de cidades como New Orleans, Memphis e Saint Louis, berços da música *Jazz*, passam a acreditar na possibilidade de viverem exclusivamente da música. Além disto, porém não tão importante como muitas vezes se faz crer, o encerramento decretado pelo governo, a 12 de Novembro de 1917, do bairro de Storyville[8] – o denominado *red-light district* –, local de negócios pouco claros, corrupção, vício e prostituição, poderão ter provocado um aumento na migração por parte dos músicos.

"But with the passage of time, and the mythification of the role of jazz in New Orleans bordellos, it has become increasingly difficult to separate fact from fiction. The standard accounts focus on Storyville, a red-light district in New Orleans that existed for a scant twenty years – created by the city alders on October 1, 1897, and closed by the U. S. Navy on November 12, 1917 – as the birthplace of jazz music"[9].

Na realidade, tem vindo a ser afirmado com alguma veemência que os músicos negros, devido ao encerramento de Storyville, viram-

---

[7] James Linconl Collier *in* Kernfeld (ed.), 2000, p. 584.
[8] Gioia, 1998, p. 31
[9] *Idem, ibidem.*

-se obrigados a viajar para norte, através do rio Mississipi. Quando confrontado com esta hipótese, Sydney Bechet exclamava:

> *"The Way some people talk, you'd think we all sat and waited for Storyville to close"*[10].

O mito criado em torno de Storyville, lançou a ideia que este seria um local de grande actividade *jazzistica* e no qual os músicos teriam muita oferta de trabalho. Donald Marquis, eminente musicólogo nas questões relacionadas com o *Jazz* de New Orleans, concluiu que a maioria dos músicos não actuava em bordéis.

> *"None of the musicians who were interviewed remembered playing with a band in a whorehouse (...). Even the name Storyville (...) was largely unknown to jazz musicians at the time"*[11].

A este respeito Pops Foster afirma:

> *"Long after I left New Orleans guys would come around asking me about Storyville down there. I thought it was some kind of little town we played around there that I couldn't remember. When I found they were talking about Red Light District, I sure was surprised. We always called it the District"*[12].

Já antes de 1917, muitos músicos tinham procurado emprego noutras cidades dos Estados Unidos. Bill Johnson terá viajado de New Orleans para Califórnia em 1908 onde organizou a famosa *Original Creole Band*. Com esta viagem Bill Johnson terá encorajado outros músicos de New Orleans a procurar trabalho noutras cidades. Também Jelly Roll Morton* deixou New Orleans no mesmo ano.

Entre 1916 e 1919, meio milhão de africano-americanos deixaram o sul em busca de comunidades racialmente mais tolerantes a norte. Ao longo da década de 20, mais de um milhão de africano-americanos seguiram o mesmo caminho. Este fenómeno, conhecido como «Grande Migração», atingiu todos os sectores da sociedade

---

[10] Sidney Bechet *in* Chilton, 1987, p. 27.
[11] Donald Marquis *cit. in* Gioia, 1998, *Op. Cit.*, p. 31.
[12] Pops Foster *cit. in* Gioia, 1998, *Op. Cit.*, p. 31.

negra do sul dos Estados Unidos: advogados, médicos, músicos, artesãos, etc.[13].

Devido a estes factores, os músicos viajaram para os grandes centros urbanos nos quais a existência de bares, clubes, hotéis e restaurantes era numerosa, proporcionando assim várias possibilidades de emprego. Há mesmo relatos de músicos que descrevem a sua alucinante actividade profissional: tocavam durante a tarde num luxuoso salão de chá, à noite num bar e de madrugada juntavam-se em qualquer estabelecimento para uma sessão não preparada na qual a improvisação imperava e a exploração rítmica, harmónica e melódica era totalmente «autorizada», as chamadas *Jam-sessions**.

O *Jazz* atraía diferentes extractos sociais e ambos os sexos. Vivia-se nestes locais uma liberdade contagiante que muito se relacionava com o ambiente social que se começava a sentir e o *Jazz* tornava-se o seu símbolo. Frequentar estes espaços era estar na modernidade, era esquecer as normas de conduta social do passado e aclamar o futuro:

> *"By the end of World War I white Americans had discovered a new life-style. (...) These new cultural and social trends were accompained by a rapidly rising interested in Blacks, and especially in black entertainment. American Blacks were seen (...) as liberated, expressive people who typified the new ideal, and whose arts, music, and folkways could be looked to as guideposts to a better future"*[14].

Nos espaços clandestinos a venda de álcool tornava-se muito mais simples. Na maioria dos casos, este mercado estabelecia-se com total conivência das autoridades. Em termos contabilísticos e fiscais um estabelecimento não licenciado escusava-se a prestar contas ao Estado e, desta forma, encaixava financeiramente na própria empresa a quantia que deveria ser dirigida para o pagamento dos impostos. Por outro lado, uma vez que estas organizações não estavam obrigadas a declarar rendimentos por não existirem legalmente, os negócios ilícitos tinham as suas transacções facilitadas, verificando-se assim, para empresas desta natureza, ser desnecessário recorrer a estratégias

---

[13] Gioia, 1998, *Op. Cit.*, p. 45.
[14] James Lincoln Collier *in* Kernfeld (ed.), 2000, *Op. Cit.*, p. 584.

económico-financeiras para a lavagem de capitais ou empreendimentos que justificassem os seus lucros.

Estes contrabandistas são, na sua génese, Sicilianos e Italianos que imigraram para os EUA no final do século XIX e princípio do século XX. Tal como a comunidade negra dos Estados Unidos, estes grupos de cidadãos Sicilianos e Italianos eram também marginalizados. Habitavam nas mesmas zonas residenciais que a comunidade negra, sujeitavam-se à mesma exploração, sofriam com os mesmos problemas, sentiam a mesma falta de justiça[15].

Com a proliferação dos clubes, bares, *boites*, *dancings* e *speakeasies*, os músicos negros de *Jazz* conseguiram definir e afirmar o seu espaço sociocultural. Os proprietários deste género de estabelecimentos tiveram a necessidade de constituir a sua própria orquestra.

Foi ao longo da década de 20 que grandes nomes da História do *Jazz* se fizeram conhecer, tais como: Joe King Oliver* (1885-1938, trompetista,), Jelly Roll Morton* (1890-1941, pianista e compositor), Kid Ory (1890-1973, trombonista, director de orquestra e compositor), James P. Johnson* (1894-1955, pianista), Bessie Smith* (1894-1937, vocalista), Fletcher Henderson (1897-1952, pianista, director de orquestra), Sidney Bechet* (1897-1959, clarinetista, saxofonista soprano, director de orquestra e compositor), Duke Ellington* (1899-1974, pianista, director de orquestra e compositor), Don Redman (1900-1964, saxofonista, director de orquestra e compositor), Louis Armstrong* (1901-1971, trompetista, vocalista, director de orquestra e compositor), Jimmy Lunceford (1902-1947, director de orquestra e compositor), Luis Russel* (1902-1963, pianista, director de orquestra e compositor), Bix Beiderbeck* (1903-1931, trompetista), Thomas Fats Waller* (1904-1943, organista, pianista, director de orquestra e compositor), Count Basie* (1904-1984, pianista, director de orquestra e compositor) Pete Johnson (1904-1967, pianista), Glenn Miller (1904-1944, trombonista, director de orquestra e compositor), Bing Crosby (1904--1977, vocalista), Cab Calloway (1907-1994, vocalista e director de Orquestra), Art Tatum (1909-1956, pianista, compositor), Chick Webb (1909-1939, baterista e director de orquestra), Benny

---

[15] Hess, *www.jazzportugal.net*, Op. Cit., 28/10/2003

Goodman* (1909-1986, clarinetista, director de orquestra e compositor)[16], entre outros.

Além desta música, que iniciava agora a sua história, ser do agrado dos *gangsters*, ela marcava a diferença entre os espaços frequentados pela comunidade branca conservadora, onde existia uma música «antiquada», do «passado», e os espaços modernos, livres, com *Hot-music*, e pessoas de todas as condições cuja motivação era a vontade de desfrutar a vida.

Era importante que as diferenças fossem acentuadas. De um lado o estabelecimento tradicional, social e economicamente sectário, exclusivo, com a música habitual, a mesma forma de dançar, com o público típico, a mesma forma de estar, de agir – o «passado»; do outro lado os estabelecimentos modernos, livres, com nova música – o *Jazz** –, novas danças – *charleston**, *fox-trot**, *shimmy**, *one-step**–, um estabelecimento em consonância com o paradigma emergente na época.

Os estabelecimentos exclusivamente frequentados pela população branca também tinham as suas orquestras. Compostas maioritariamente por músicos brancos, estas orquestras interpretavam uma música para dança inspirada na música *Jazz*. Orquestras como a de Paul Whiteman*, famosíssima na época, são um óptimo exemplo dessa música de dança tocada por *Big Bands** de brancos, sincopada, com o balanço rítmico e os recursos harmónicos do *Jazz*, mas, no seu resultado final, muito diferente. Comparar as Orquestras deste período de Paul Whiteman e de Duke Ellington* é constatar essa diferença. Idênticas no instrumentário, na forma e na linguagem, contudo, sobejamente diferentes na sonoridade, nas técnicas interpretativas e no vocabulário.

Recorrendo à contratação de músicos de *Jazz* negros, os *gangsters* iniciaram a institucionalização de um novo tipo de estabelecimento – com uma filosofia de gestão completamente inovadora, difundindo uma música nova que reflectia o ambiente da época –, abriram o caminho para o longo processo de luta pela libertação das comunidades oprimidas dos EUA e instituíram uma política de mecenato em relação aos músicos de *Jazz*. Os músicos que trabalhavam para contrabandistas financeiramente fortes tinham um conjunto de rega-

---

[16] *in* Kernfeld (ed.), 2000, *Op. Cit.*.

lias para além da devida remuneração: pensões de invalidez, educação paga aos seus filhos, saúde, pensão em caso de divórcio, protecção física, entre outras.

Tendo como objectivo a atracção de clientes para os seus espaços, os *gangsters* exigiam uma renovação constante dos repertórios e uma personalidade estilística da orquestra, que começou a ser a «marca» do próprio *gangster*. Este foi um factor fundamental para que as orquestras definissem as suas correntes estéticas e criassem um número vasto de peças que contribuíram para a rápida evolução da música *Jazz*.

Contudo, deve ressalvar-se que os contrabandistas não possuíam somente estabelecimentos ilegais, assim como nem todos os estabelecimentos que mantinham as suas portas abertas estavam ilegais, e/ou eram de proprietários *gangsters*. Estabelecimentos houve que autorizaram a transmissão em directo para as estações radiofónicas dos concertos que as suas orquestras apresentavam aos frequentadores dos seus bares. Concertos transmitidos de espaços como Cotton Club* (New York), Stockton Club (Cincinnati), ou Plantation Club (Chicago), assim como programas de rádio que recorriam à música em diferido por grandes orquestras, tornaram-se gravações históricas[17].

É precisamente através da rádio e do seu incremento que o *Jazz* recebe o maior suporte para a sua divulgação.

1.3. A importância dos *Mass Media* na difusão do *Jazz* a nível mundial

Os *Mass Media* constituíram a partir desta época um poderoso meio de formação e padronização da opinião pública. Nesta década, a Imprensa aumenta as suas publicações; a Rádio (que surgiu em 1906 com a emissão do primeiro programa nos EUA) adquire maior popularidade a partir de 1920 e, em 1926, apesar de já existirem algumas emissoras, é fundada a primeira grande cadeia – a NBC. Em 1929, surge a CBS, em 1927, é criada em Inglaterra a BBC. Em Portugal funda-se em 1925, a Estação Rádio Lisboa.

---

[17] Gioia, 1998, *Op. Cit.*, p. 127

O Cinema, inventado em 1895 pelos irmãos Lumière, conheceu a partir de 1915 um extraordinário sucesso. Já em 1915, o cinema era exponencialmente lucrativo e a Publicidade ganhou poder de influência com o início da década de 20.

Em todos os meios de comunicação o *Jazz* constituía notícia. Na imprensa lia-se acerca de *Jazz*, na rádio ouvia-se *Jazz* e no cinema via--se e ouvia-se *Jazz*, os seus músicos, os clubes onde actuavam, o ambiente que se vivia. Músicos de *Jazz* como Thomas Fats Waller*, Count Basie*, entre outros nomes importantes do *Jazz*, eram também contratados por teatros e cinemas para acompanharem as suas apresentações cinematográficas (numa altura em que os filmes ainda eram mudos) ou teatrais. Todavia, a rádio chegava mais longe, entrava nas casas das pessoas a qualquer hora e em qualquer circunstância, tornando-se o maior meio de difusão e divulgação do *Jazz*.

Com o surgimento da rádio a indústria discográfica inicia uma nova fase na sua história. A 26 de Fevereiro de 1917 a *Original Dixieland Jass Band**, uma banda de brancos liderada pelo trompetista Nick LaRocca*, fez a primeira gravação de música *Jazz*:

> *"Recorded February 26, 1917 (...) this is the first instrumental jazz recording ever released"*[18].

Embora tenha sido a primeira gravação do género, o registo fonográfico aí incluído não passa de uma cópia da música que os negros de New Orleans tinham criado. Esta adaptação e reinterpretação da música dos negros de New Orleans que os músicos brancos produziam ficou denominada de *Dixieland**:

> *"(...) the history of recorded jazz was initiated with an event that remains to this day clouded in controversy. And, as with so many of the loaded issues in the story of the music, the question of race lies at the core of the dispute. In an ironic and incongruous twist of fate, the Original Dixieland Jazz Band (ODJB), an ensemble consisting of white musicians, was the first to make commercial recordings of this distinctly African-American music"*[19].

---

[18] Gridley, 2003, p. 53.
[19] Gioia, 1998, *Op. Cit.*, p. 37.

Através das transmissões realizadas pelas estações de rádio dos seus estabelecimentos, os empresários hoteleiros estavam a publicitar os seus espaços, as suas orquestras e a difundir a música *Jazz*. Mas não só. Com esta medida eles incentivavam também a adesão dos ouvintes aos estabelecimentos, a esta nova música e a um novo estilo de vida – *the american way of life**.

Com a necessidade de mudança referida anteriormente e as alterações verificadas em termos da organização económica e social, a melhoria substancial da qualidade de vida, o aumento do poder de compra e o trauma causado pela Grande Guerra que deixou um sentimento de insegurança, impotência e tristeza, os cidadãos norte-americanos receberam esta década com uma vontade de desfrutar o dia a dia.

> "Um pós-guerra (...) onde se acentuaram, ao mesmo tempo, as características de uma intolerância puritana e de uma liberdade de costumes que parecia roçar a desintegração dos valores tradicionais"[20].

O *Jazz* foi o seu símbolo. O «escritor dos anos 20 americanos», Francis Scott Fitzgerald, baptizou esta época como a "Era do *Jazz*" no seu livro de contos de 1922, "Contos da Era do *Jazz*"[21], o que comprova de certa maneira a relevância e a predominância do *Jazz* na vida quotidiana dos centros urbanos dos EUA da década de 20.

Devido à liderança política, económica e militar que os EUA alcançaram logo após a I Guerra, facilmente motivaram a Europa a importar as suas fórmulas culturais. Com a chamada "cultura de massas", que se caracteriza pelo acesso à Cultura mais generalizado por amplas camadas sociais, os Estados Unidos rapidamente difundem por todo o mundo o seu "estilo de vida". Tal como afirma Anthony Giddens na sua obra *Sociologia*, a cultura de massas (popular) opõe-se à cultura clássica, ou «alta» cultura (de *elite*). A cultura

---

[20] Leon, 1982, Vol. V, Tomo I, p. 173.
[21] Possivelmente inspirado pela obra de Scott Fitzgerald, António Ferro, nos últimos meses de 1922, passou pelo Brasil onde apresentou algumas conferências as quais intitulou de "A Idade do *Jazz-Band*" cuja segunda edição data de 1924 (Portugalia, Livraria – Editora, Lisboa – 1924). Em ambos os textos se aclama a liberdade, a alegria, o mundanismo. Tanto Fitzgerald como Ferro chamam a atenção para a ilusão que se vivia na década, e para os perigos que daí poderiam advir.

popular é oferecida e consumida por milhões de pessoas. A «alta» cultura é sempre definida, oferecida a um pequeno grupo de pessoas. Ela é produzida para os que são capazes de a interpretar, isto é, de levar a bem o esforço necessário à compreensão de um texto ou à emoção perante um quadro de pintura, uma sinfonia, uma ópera. Cultura popular e «alta» cultura opõem-se ponto por ponto[22].

O fenómeno da «cultura de massas» foi também uma reacção dos novos grupos de poder económico, principalmente dominado pela classe média em ascensão económica, política e social, ao sectarismo sociocultural que se vivia até finais do século XIX. Uma certa tendência para liberalizar o acesso à cultura, ao lazer, à educação e o objectivo de obter lucros rapidamente, motivou a classe média, agora no controlo político e económico, a instituir através dos *mass media* um padrão social, cultural e estético nos EUA.

O *Jazz* surge de igual modo na Europa associado às mutações socioculturais. As cidades mais importantes de todo o mundo ocidental recebem esta música de uma forma entusiástica.

A capital francesa continuava a representar a vanguarda cultural do velho continente. O *Jazz* foi bem recebido, aliado a outras actividades que a *inteligentia* parisiense lhe associava, como a literatura, o teatro, o cinema e as artes plásticas[23].

A influência do estilo de vida americano fez-se sentir intensamente:

> "(...) o número de sensação é um preto mais ou menos engraxado dançando, que a seguir os brancos imitam"[24].

Em 1921, França já era detentora de *Jazz* de produção nacional que muito se aproximaria do *Jazz* dos brancos dos EUA. Num cartaz

---

[22] Giddens, 2000, p. 688.

[23] Boris Vian é um dos exemplos de interligação entre o *Jazz* e outras áreas de expressão em França, que se arrastou pelas décadas seguintes. Nasceu em Ville D'Avray, França, 10/03/1920, faleceu em Paris a 23/06/1959. Engenheiro mecânico, escritor (algumas obras sob o pseudónimo de Vernon Sullivan), trompetista de *Jazz*, compositor, cantor e actor de cinema. A criação literária e o *Jazz* marcaram toda a sua vida. Enquanto trompetista de *Jazz* entrou para o Hot Clube de França em 1937, trabalhou na orquestra de Claude Abadie e actuou em diversos clubes e bares de Paris. *in Lello Universal*, 1998, p. 1157.

[24] "O Charleston a Dança em Voga" *in ABC*, 06/05/1926.

alusivo a um baile no teatro dos Campos Elíseos anunciam-se seis orquestras, entre as quais se encontra uma formação composta por Auric*, Jean Cocteau*, Poulenc*, Milhaud* e Honegger*[25].

Igualmente em Inglaterra e Alemanha as transformações culturais processaram-se rapidamente. Os *dancings* multiplicavam-se loucamente e com eles o *Jazz*. A partir da década de 20, músicos de *Jazz* norte americanos iniciaram a realização de digressões europeias: Sidney Bechet*, Claude Hopkins*, Duke Ellington, e muitos outros[26].

A música *Jazz* passou a ser conhecida e instituiu-se como a música da década no Ocidente:

> "O *Jazz* conseguiu marcar não só o ritmo de uma nação, como deu o seu nome a toda uma época"[27].

Compreender esta rápida divulgação e expansão do *Jazz* passa pela percepção da sociedade da época. Uma sociedade que estimula o consumo, o lazer, o divertimento e que possui vontade de usufruir o efémero, de se libertar espiritual e fisicamente dos dogmas tradicionais. É a dança – o *charleston, one step, shimmy, fox-trot* –, a *garçonne* – a rapariga de cabelo curto que se veste de homem e fuma para chocar e afirmar a sua postura moderna –, mas é igualmente pelos elementos musicais inovadores, pela descontracção, alegria, força e esperança que o *Jazz* transmitia, aliados ao poder protagonizado pelos Estados Unidos e pelos *media*, que o mundo recebeu esta época como a idade do *Jazz*.

> "Os americanos do Norte encontraram verdadeiramente no Jazz, a expressão de uma forma de arte que lhes é absolutamente própria, atingindo os seus principais Jazz-bands uma perfeição de execução que devia fazê-los partilhar da celebridade de associações sinfónicas, como os nossos Concertos do Conservatório, ou de agrupamentos, como a nossa sociedade moderna de instrumentos de sopro, ou o Quarteto Capet, o nosso quarteto mais reputado. Ei-los à frente de elementos sonoros e rítmicos, absolutamente novos e bem deles"[28].

---

[25] Curvelo, 2002, p. 51

[26] *in* Kernfeld (ed.), 2000, *Op. Cit.*, pp. 330 e 538.

[27] Barros, 1990, *Op. Cit.,* p. 16.

[28] Milhaud, "Perspectivas do Jazz" *in Arte Musical*, Ano 27, Maio/Junho de 1958, p. 55.

O *Jazz* ficou assim na História como a revolução socio-musical do século XX, não só pelas suas características musicais, como a técnica instrumental, os recursos e encadeamentos harmónicos, o discurso melodico-rítmico, a improvisação, etc., mas também pelo interculturalismo que sintetiza e pela importância que desempenhou a partir da década de 20 aos níveis económico, social, político e cultural.

> "Estes anos são chamados de «Idade do *Jazz*». O barulho exuberante e a emoção inspirada na nova música pareceram exprimir a confusão inquieta da nova década"[29].

O *Jazz* causou um forte impacte na sociedade da época, inspirou-a e libertou-a, trouxe-lhe vida e esperança e influenciou vários sectores sociais:

> "Bem dizia o sr. António Ferro que estamos na Idade do Jazz Band. O Jazz Band é hoje o símbolo e a inspiração de toda a humanidade. Vive-se em Jazz Band; pensa-se em Jazz Band; faz-se arte Jazz Band; faz-se política Jazz Band..."[30].

Compositores eruditos debruçaram-se sobre esta nova corrente, chegando mesmo a criar inspirados nesta música.

> "Já hoje somos senhores de uma experiência estética e histórica que não nos permite negar a importância do Jazz e ignorar-lhe a qualidade de um dos fenómenos musicais mais vivos e importantes da música moderna. No interesse dos grandes músicos deste século de Debussy e Ravel a Honegger e Stravinsky o valor da inspiração exercida pelo *Jazz* na chamada música séria é provar também o seu valor intrínseco"[31].

A origem do *Jazz* foi motivo de reflexão durante algumas décadas. Alma Mahler, esposa do compositor erudito Gustav Mahler, na

---

[29] Kunstadt, Charters, 1962, *Op. Cit.*, p. 119.
[30] X, "Os Bailarinos de Cera" *in ABC*, 09/09/1926.
[31] Introdução ao texto de Darius Milhaud "Perspectivas do Jazz" *in Arte Musical*, ano 27, 3.ª série, Maio/Junho, 1958, pp. 54.

sua autobiografia cuja primeira edição data de Outubro de 1963, afirma:

> *"Brahms und Verdi sind irgendwie die Erfinder der Jazz-Musik, ohne das zu wollen. Beide frönen dem schlechten Taktteil in der Musik und ahnten so, für unsere Welt, den Negerrhytmus voraus"*[32].

Alma Mahler apresenta a sua opinião sobre o surgimento do *Jazz*. Sabe-se hoje que tal, por si só, não corresponde à realidade dos factos. Porém, com esta afirmação, fica a noção de que o *Jazz* é associado a grandes compositores, o que certamente prova a consideração que os meios culturalmente mais favorecidos dirigiam ao *Jazz*, que não ignoravam esta música, e que, pelo contrário, a valorizavam. Obras como *Parade* de Erik Satie, *Adieu New York* de Georges Auric, *Piano Rag Music* de Igor Stravinsky, *Sonatine Syncopée* de Jean Wiéner, *Rhapsody in Blue* de George Gershwin, entre muitas outras compostas entre 1910 e 1930, comprovam o poder do *Jazz*. Provam o impacte que o *Jazz* causou na sociedade da época e o sentimento que esta música suscitou em distintos compositores da música erudita que a receberam com agrado e respeito, inspirando algumas das suas criações no *Jazz*, influenciando a sua evolução ao longo da primeira metade do século XX, e, desta forma, fazendo a sociedade acreditar no valor da música *Jazz*.

> "(...) o *Jazz* era o símbolo do próprio modernismo: subversão, velocidade, alegria, juventude, irracionalidade e impulsividade"[33].

Apesar disso, não deixava de causar controvérsia e gerar polémica entre os intelectuais. Havia posições várias relativamente ao valor estético-artístico desta música que o século XX deu a conhecer.

---

[32] "Brahms e Verdi são de alguma forma os inventores da música *Jazz*, mesmo sem o quererem. Ambos exploraram a parte fraca do tempo na música, e anteciparam assim, para o nosso mundo, o ritmo dos negros". *in* Mahler-Werfel, 1963, p. 327.

[33] Barros, 1990, *Op. Cit.*, p. 16.

Esta nova música, o *Jazz*, constituía para alguns um exemplo de:

"(...) decadência de valores, para outros a música popular da cidade industrial, para outros ainda é a manifestação nova de um mundo activo, enérgico, trepidante ou então a manifestação da espontaneidade contra o maquinismo, ou ainda uma revolta alegre contra as convenções, ou até a revolta das emoções contra a depressão"[34].

[34] Leon, 1982, *Op. Cit.*, p. 180.

CAPÍTULO 2

AS PRIMEIRAS NOTÍCIAS DO *JAZZ* EM PORTUGAL – DOS ANOS 20 À INSTAURAÇÃO DO ESTADO NOVO

2.1. A repercussão em Portugal do paradigma sociocultural emergente no Ocidente

No início do século XX Portugal era um país pacato, de brandos costumes, marcadamente rural, tradicionalista e conservador. Lisboa pode ser considerado o único polo que detinha as condições estruturais, comparativamente a outros centros urbanos do país, para receber as novas ideias veiculadas pelo Ocidente. Não obstante, é fundamental compreender a efectiva repercussão em Lisboa do paradigma emergente no mundo ocidental.

Enquanto a classe mais alta da sociedade lisboeta continuava a frequentar o Teatro de S. Carlos, as corridas de carros, de veleiros, os concursos hípicos, as praias de Estoril, Figueira da Foz e Foz do Douro e os salões de chá mais conceituados, as massas populares continuavam a divertir-se nas romarias, feiras, festas populares e tabernas.

Ultrapassadas as dificuldades da guerra, o cidadão, confiante no futuro, anseia por viver. Após a I Guerra Mundial surgem atentados esporádicos à tradicional tranquilidade da capital portuguesa. Uma disponibilidade para a nova cultura social emergente nos países desenvolvidos, principalmente nos Estados Unidos, desponta em certos grupos sociais de Lisboa. Apesar de, mesmo em Lisboa, sentir-se um quotidiano marcadamente rural, Portugal atravessava um período de instabilidade política muito acentuado. Vivia-se a I República. Sentiam-se os resquícios da monarquia recentemente desaparecida, pólos de revolução que surgiam por todo o país, a miséria, o trauma da guerra, uma certa desorientação de valores assolavam o quotidiano, e Portugal procurava um caminho político para o futuro.

A propagação dos padrões culturais nunca anteriormente se processou com tanta rapidez como nesta época. Os mass media aumentaram o poder de influência dos países desenvolvidos. A nova corrente, padrão de uma nova cultura social que surgia, modificou os costumes e Lisboa sintetizou a assimilação de um novo padrão cultural e estilo de vida que importava com acentuadas resistências estruturais que herdara do passado.

> "Hoje a portuguesa, a madrilena, a parisiense, a berlinense, a vienense, a argelina, a pequimnense, a new-yorquina, a carioca, vestem todas o mesmo tailleur"[1].

No artigo seguinte, do qual se extraiu a citação anterior, poder-se-á constatar que o colunista lisboeta do jornal ABC, de 7/10/1926, reconhecia, ainda que de uma forma um tanto irónica e simultaneamente caricaturada, a difusão de um novo paradigma sociocultural no mundo ocidental, proveniente dos países economicamente favorecidos, mas, principalmente, dos EUA.

Em Lisboa, o «novo rico», fruto de uma parte substancial da burguesia que ascendera motivada por negócios pouco claros (comerciantes, jogadores de bolsa, industriais, partidários políticos) vem modificar o tecido urbano da cidade, trouxe consigo um dinamismo que influenciou múltiplos aspectos do quotidiano da capital portuguesa. Esta mobilidade social é, para alguns, a destruição dos valores, a decadência de uma civilização.

No caso de Lisboa não se poderá falar de um aumento do consumo como o que se verificou noutras capitais europeias. Contudo, o aparecimento de um grupo cada vez maior de indivíduos com capacidade financeira, que fomenta o ócio e a ostentação, fez multiplicar a oferta de bens e serviços: joalharias, lojas de luxo, locais de diversão, jogo, prostituição, clubes, bares, restaurantes, etc.. Carvalho

---

[1] "Tudo Dança o Charleston ou a Teoria do Internacionalismo", *in ABC*, 07/10/1926.

Fig. 1

TUDO DANÇA O CHARLESTON
ou
A TEORIA DO INTERNACIONALISMO

TEMPOS houve em que, como dizia a velha: cada terra tinha seu uso e cada roca seu fuso. Os homens viviam pachorrentamente arrumados nos cantos onde o destino os tizera nascer, seguindo religiosamente as maximas avoengas e a'cunhando de barbaros ou franceses, todos os que vinham de terras alheias.

Havia nesse tempo uns papeis pintados, a que se chamava cartas geograficas, onde umas divisorias de linhas pontuadas desenhavam cabazes em que creador amontoára as varias familias humanas, impiedosamente separadas pelas suas coifas de renda, ou pelos seus gibões agaloados.

Foi nessa idade de oiro que fizeram fortuna os autores de amenos livrinhos de viagem, que vinham contar aos patricios incredulos, que na Alemanha os soldados usavam trança ou que em Paris as mulheres tinham o descaramento bastante para se exibirem num palco.

Pobre Fernão Mendes Pinto, que te atreveste a falar de pagodes e arroz comido com dois pausinhos aos teus compatriotas que julgavam que para alem de Castela começa a terra de pretos.

Fernão Mentes? Muito. Foi a alcunha que alcançaste.

Bom tempo era esse, dirás tu leitor pacato, que não gostas do automovel porque corre muito.

Então, uma portuguesa usava um lindo saiote de lã com seu justilho decotado, a espanhola distinguia-se logo pelo chaile garbosamente traçado e a francesa pela saiita tufada em que a riqueza dos laçarotes marcava, com precisão, a categoria da dona.

Bons tempos em que a côr de uma capa distinguia a classe do burguês, melhor que os letreiros das ruas de hoje, em que a fivela dum chapeu ou dum sapato marcava uma raça, melhor que as bandeirinhas dos policias poliglotas.

Mas hoje, meu caro leitor sedento do progresso, que já não suportas o automovel, porque o avião anda (pelo ar bem entendido) muito mais depressa. Hoje já não ha povo fechado em caixinhas de rotulos diferentes, hoje as fronteiras só servem para pagar á guarda fiscal e dar de comer aos contrabandistas. Hoje a portuguesa, a madrilena, a parisiense, a berlinense, a vienense, a argelina, a pequimense, a new-yorquina, a carioca, vestem todas o mesmo tailleur e embainham as pernas, brancas, morenas, rosadas, amarelas ou pretas nas mesmas meias de seda.

Hoje os homens, qualquer que seja a sua côr, usam um colarinho de goma. Qualquer que seja a sua lingua, a sua politica ou a sua profissão, acham piada ao Charlot e apaixonam-se pela Napierkowska.

O mundo é só um, e os homens são todos iguais.

Se em Filadelfia um fabricante de suspensorios de celuloide-elastico-metalica lançou uma nova marca, barata, inestetica o inusavel apesar do USA, que todas elas trazem, imediatamente brancos, pretos, amarelos e encarnados trocam os seus escudos, coroas, plastras ou sapecas pelos supracitados suspensorios.

E compreendes leitor, que entre dois homens, por mais afastados que sejam os seus respectivos paizes, desde que usem a mesma marca de suspensorios, ficará estabelecido um grande laço de solidariedade.

Se em Paris uma costureira celebre, que em geral é do sexo forte, lançar um novo modelo de soutien-gorge em simili-seda, e se tiveres a agradavel possibilidade de observar os dessous de varias senhoras, de varios paises, poderás convencer-te de que 99% delas usam o modelo internacional.

Ora quereis melhor propaganda do internacionalismo do que levar todas as raças a usarem as mesmas vestes, a apreciarem os mesmos artistas, a divertirem-se da mesma maneira?

Eis o comunista vencedor do momento, Frank Farnun, o creador dos passos do charleston, que todo o mundo dança, indiferente ás ameaças do Duce italiano e ao problema da invasão amarela nos Estados Unidos.

Para terminar, e não julgue o leitor que estou ao serviço de Moscou, em propaganda do comunismo, direi que é minha convicção, que no dia em que todos os homens, vestidos do mesmo modo, dansarem a mesma dança e comerem a mesma lata de conserva acabará a guerra de sobre a face do mundo. — A. C.

Araújo, já em 1918, exprimia a sua apreensão em relação ao aumento do consumo que se começava a sentir em Lisboa:

"Nunca foi tão grande o movimento das praias e das termas, nunca as batotas, os teatros, os casinos, as praças de touros, todos os sítios de prazer, estúrdia e regabofe tiveram tão larga concorrência. Nunca as lojas de moda e os estabelecimentos chics fizeram tanto negócio, e nunca a podridão dos snobs e dos dandys das classes altas conseguiu contaminar tão profundamente as classes populares. O vício, a corrupção de costumes, a lepra moral invadem todas as classes e alastram por todo o País como nauseantes nódoas de gordura. Os que enriquecem rapidamente à sombra da guerra, recorrendo a torpes especulações e sujas negociatas, e condenáveis expedientes, à exploração da fome e da miséria de muitos e à imbecilidade dos governos, esbanjam às mãos cheias o dinheiro que tão pouco lhes custou a ganhar e procuram afogar em indigestões de prazer as dificuldades e privações dos largos anos de mediania"[2].

Miséria e ostentação apresentavam-se no mesmo espaço. De um lado a vida «moderna» representada por uma pequena parte da população, do outro a Lisboa tradicional, rural, que passava à margem do tempo.

"(...) a maior parte das ruas de Lisboa estava praticamente liberta de toda a espécie de veículos (...). No que respeitava a automóveis era uma espécie de... «lá vem um»"[3].

Enquanto nas principais capitais europeias os primeiros anos da década de 20 transformaram radicalmente a vida urbana, Lisboa continuava a viver num ambiente quotidiano marcadamente rural.

"Carroças, sim, essas apareciam de vez em quando e quase sempre puxadas por um burro lazarento (...)"[4].

A capital portuguesa era o reflexo do país. Tendo como caso de estudo os seus habitantes, uma grande parte destes vivia consoante os padrões culturais do passado. Havia quem reprovasse esta nova

---

[2] Araújo, "A Única Salvação" *in A Fronteira*, 25/08/1918.
[3] Agostinho, 2002, p. 15.
[4] *Idem, ibidem*.

forma de estar na vida, de cultura social, outros havia que nem sequer se apercebiam das vontades e dos valores que constituíam o paradigma da modernidade do mundo ocidental desses «loucos» anos 20. Resumidamente, e muito superficialmente, pode dizer-se que este grupo social era constituído por uma parte substancial da aristocracia e a restante pela classe mais desfavorecida da população. O analfabetismo e a necessidade de lutar pela sobrevivência sobrepunham-se ao despertar para novas correntes de organização social, económica e cultural que os anos 20 acordavam. Segundo Júlia Leitão de Barros, existe apenas um escritor que elogia a modernidade e o *cabaret*.

> "O *Nome de Guerra* de Almada Negreiros é o único que elege a urbanidade e mitifica o quotidiano boémio da cidade. Para ele, o *cabaret* moderno é um local de reconciliação do «Eu» com todas as suas aspirações mais secretas e impulsos renovadores"[5].

A mesma autora refere que os restantes escritores se preocupam "(...) em dar uma imagem decadente e podre dos clubes nocturnos"[6] e da vida moderna, mundana.

"(...) tornam-se claras as características contraditórias de uma sociedade que assistia, quer ao ressurgimento de uma intolerância conservadora, quer à explosão de uma liberdade de costumes desintegradora dos velhos valores tradicionais"[7].

É com esta dualidade que Lisboa dos anos 20 se debate. Acontecimentos houve, registados na imprensa da época, dos quais se pôde concluir efectivamente acerca desta dualidade sociocultural. Com a apresentação no Teatro da Trindade da peça *Garçonne*, em Janeiro de 1927, os partidários das vigentes posturas anacrónicas passam das palavras à acção:

> "A cada uma das scenas mais imprevistas da peça ouvia-se na sala um sussurro de reprovação que logo era acalmado com o «chiu» dos que estavam agradados (...) Dos insultos passaram os partidários das duas correntes a vias de facto"[8].

---

[5] Barros, 1990, *Op. Cit.*, p. 34.
[6] *Idem, ibidem.*
[7] *Idem*, p. 35.
[8] "No Teatro da Trindade", *in Diário de Notícias*, 13/02/1927.

Com efeito, surgiam novos espaços e divertimentos. Ao lado das tradicionais touradas, das tascas e do fado, apareciam mais salas de teatro. O *Trindade* reabriu em 1924, o *Ginásio* foi reconstruído em 1925 e na sala do novo *Tivoli* António Ferro fundava o seu *Teatro Novo*. Abrem mais salas de cinema: *Triannon, Max Cine, Lys, Royal, Europa*; surgem as estações de rádio locais e regionais – em 1925 são emitidas as primeiras emissões regulares radiofónicas pela *Estação Rádio Lisboa* – e os clubes nocturnos que fizeram despontar o *Jazz-Band* produzido em Portugal de que se falará mais adiante.

Outro factor importante que terá contribuído para o tímido aparecimento da cultura dos «loucos anos 20» em Portugal terá sido o turismo. Com a melhoria das condições de vida no mundo ocidental o turismo teve o seu consequente incremento e desenvolvimento. Se analisados alguns artigos de jornais da década facilmente constatamos a importância turística de Lisboa na época:

> "(...) os que desembarcam em Lisboa para visitar a cidade, falam línguas estranhas, línguas de quasi todos os países europeus (...) [Lisboa] toma um carácter internacional"[9].

Mas não somente devido às rotas marítimas se cruzavam diferentes culturas em Lisboa. Os transportes ferroviários também há muito tinham iniciado o seu percurso pela Europa. O mesmo ambiente internacional também se sentia na estação do Rossio, à hora dos grandes expressos europeus:

> "(...) Malas com rótulos de todos os países, de todos os hotéis, de todos os comboios. Ingleses glabros, *miss* com oculos, noruegueses, alemães, quasi todas as raças... Gente que nunca vimos em Lisboa. (...) Olhos azuis, olhos verdes, olhos enigmáticos, olhos tropicaes, (...). Lisboa é sem dúvida a capital da Europa que melhores condições possue, para que, debaixo de todos os pontos de vista se torne o maior porto do Atlântico"[10].

---

[9] Valente, "Como se embarca e desembarca em Lisboa – Nos Caes da Cidade", *in ABC*, 28/01/1926.

[10] Valente, "Como se embarca e desembarca em Lisboa", *in ABC*, 04/02/1926.

Este constante movimento internacional, juntamente com a proliferação da rádio, do cinema e da publicidade, levou a que um determinado grupo de cidadãos lisboetas ambicionasse viver em consonância com a forma de vida europeia. As normas sociais e as fórmulas culturais foram importadas principalmente de França e Inglaterra. Estes Lisboetas imitavam não querendo ficar atrás:

> "Os Estoris, principalmente o Monte, são uma espécie de sucursal da Côte-Azur, onde abunda o elemento britânico que empresta à praia um ar *chic* de civilização. Janta-se de smoking e à noite vai-se até ao casino jogar a *roulette* ou ajudar a digestão com um charuto e a leitura dum jornal ou dum *magazine* londrino. Há portugueses que pretendem passar por filhos de Albion, (...) entram nas mesas *bridge* e fumam cachimbo. Algumas vezes deslocam-se até Carcavelos e fazem causa comum com os ingleses do Cabo Submarino nos jogos desportivos. (...) As corridas na Marinha trouxeram a Cascais um aspecto mais afrancesado, como convém à sociedade elegante"[11].

Imitava-se o resto do mundo desenvolvido, civilizado, elegante, moderno. Adquiriam-se os hábitos de uma cultura organizada em função do lazer.

Tal como noutros países, embora em muito menor escala, os sectores capitalistas apercebem-se que o divertimento e o lazer constituem uma fonte de receitas por explorar. Surgem clubes, *boites* e *cabarets*. No quadro seguinte apresentam-se os clubes nocturnos, seleccionados por Júlia Leitão de Barros, que, pelas suas características se aproximavam dos modernos clubes europeus dos «loucos anos 20».

---

[11] Valente, "Como se embarca e desembarca em Lisboa", *in ABC*, 04/02/1926, *Op. Cit.*.

QUADRO 1[12]

Clubes Nocturnos Seleccionados			
Nome do Clube	Fundação	Localização	Encerramento
Club dos Patos	1913 (anterior)	Largo do Picadeiro n.º 10	1928
Club dos Restauradores (Maxim's)	1913 (anterior)	Praça dos Restauradores n.º 30 (mudança para o n.º 43 da mesma Praça a partir de 1916)	1930 (posterior)
Palace Club	1917 (anterior)	Rua Eugénio dos Santos n.º 89	1920
Club Internacional	1917	Rua 1.º de Dezembro n.º 59	1922
Magestic Club/Club Monumental	1917 (em 1920 passa a chamar-se Monumental)	Rua Eugénio dos Santos n.º 58	1928
Bristol Club de Lisboa	1918	Rua Jardim do Regedor n.º 7	1927
Rato Club	1920 (anterior)	Praça do Brasil	?
Club Moderno	1920	Av. Almirante Reis n.º 103 – 1.º	1927
Olímpia Club	1920	Rua Condes n.º 9 (mudança para o n.º 27 – 1.º em 1926)	1930 (posterior)
Palais Royal	1920	Rua do Mundo (mudança para a Av. Da Liberdade n.º 3 em 1921)	1923
Petit Foz/Ritz Club	1920 (em 1921n passa a chamar-se Ritz Club)	Praça dos Restauradores n.º 27	1929
Club da Regaleira	1921	Largo de S. Domingos n.º 14 e 15	1922
Club Montanha	1923	Rua da Glória n.º 57	1928
Club Avenida Parque	1923/24	Rua do Salitre n.º 1	1926-27
Salão Alhamdra	1925	Parque Mayer	?
Club das Avenidas	1926/27 (anterior)	Av. da República n.º 46 – 1.º	1930 (posterior)

---

[12] Barros, 1990, *Op. Cit.*, Anexos (Quadro III).

Estes poucos clubes lisboetas são uma cópia dos existentes nos grandes centros europeus. Para alguns cidadãos, constituem uma autêntica destruição de valores sociais, morais e éticos, para outros, Lisboa caminhava para o futuro e, outros ainda, julgavam serem fracos exemplares de modernidade os clubes existentes:

> "Em Portugal é certo que muito poucos «clubs» temos dignos desse nome e é certo também que a respeito de «cabarets» ainda somos mais pobres. O «club», não em Portugal, evidentemente, é um verdadeiro centro de mundanismo e não se é verdadeiramente elegante (...) se não se pertence a «club» algum..."[13].

O cidadão da época debatia-se entre o antiquado e o moderno, a tradição e a novidade. Lisboa, perdida entre a fronteira do moderno e da tradição, com uma população dividida social, económica, cultural e politicamente, debatia-se entre dois paradigmas socioculturais: o vigente – tradicionalista e conservador –, e o emergente – moderno, cosmopolita, em consonância com o resto do mundo «desenvolvido e civilizado». Mantinha-se assim sem se poder afirmar que tenha vindo a optar verdadeiramente. Assimilava a novidade com as resistências estruturais tradicionais e conservadoras. O paradigma vigente teimava em imperar e só uma pequena parte dos lisboetas ambicionava viver de acordo com os novos valores ocidentais.

Sendo Lisboa a capital não se pode esperar que o país, na sua generalidade, marcasse a diferença adoptando o paradigma sociocultural emergente no Ocidente: o ruralismo, o tradicionalismo e o conservadorismo mantinham na província a função estruturante e organizacional do quotidiano em todos os sectores sociais.

2.2. **O impacte do *Jazz* na sociedade da época**

Conforme abordado anteriormente, a questão principal prendeu-se com o quadro de valores peculiar, tradicionalista e conservador, que constituiu uma estrutura de resistência a este movimento vanguardista que emergia nas principais capitais do Ocidente.

---

[13] Valente, "Figuras de Clubs e Cabarets", *in ABC*, 07/01/1926.

De seguida, através do estudo dos sectores socioculturais que se apresentam, será feita uma análise acerca do impacte que a nova música causou na sociedade lisboeta da época.

2.2.1. A Radiodifusão

Tal como nos Estados Unidos e noutros países europeus, também em Portugal a rádio iniciou a sua instituição no panorama cultural português. A partir desta época a transmissão de informações processou-se cada vez mais rapidamente. Ouvia-se música, notícias de última hora, as novidades do momento.

O quadro que se expõe de seguida é um levantamento das estações de rádio que surgiram durante a década de 20 e 30, através do qual se fará uma explanação da actividade radiofónica e das programações. Deve salientar-se que, apesar do excessivo número de emissoras, algumas delas tiveram uma curta existência.

QUADRO 2[14]

Estação/Indicativo	Fundação	Proprietário	Cidade
Rádio ORSEC	1923	Jorge, Francisco e António Oliveira	Porto
Rádio Hertz	1924	José Joaquim de Sousa Dias Melo (?)	Lisboa
Rádio Lisboa	1924	Abílio Nunes dos Santos	Lisboa
P1AC	1924	Eduardo Dias	Lisboa
P1AE	1924	Eugénio D'Avilez	Lisboa
P8AM	1924	Maurice Mussche	Lisboa
P1AF	1924	António da Costa Faria	Lisboa
Rádio C. Torres Vedras	1924	(?)	Torres Vedras
Rádio Condes	1925	Arnaldo de Abreu	Lisboa
P1AL	1925	José Joaquim Lourenço	Lisboa
P1AR	1925	António Lemos	Lisboa
Ideal Rádio	1925	Júlio Augusto Silva e José Martins	Porto

---

[14] Tabela elaborada através de informações recolhidas em *www.classicosda-radio.com/radios_lx.hyml* entre Novembro de 2003 e Junho de 2004.

Estação/Indicativo	Fundação	Proprietário	Cidade
Rádio Porto	1925	António Rodrigues	Porto
R. Clube Albicastrense	1925	(?)	Castelo Branco
P1AG	1925	(?)	Setúbal
Rádio Coimbra	1927	António Neves da Costa	Coimbra
Rádio Hertziana	1928	Abílio Cunha	Lisboa
Rádio Parede	1928	Jorge Botelho Moniz	Cascais
Rádio Sonora	1929	Francisco Lombe Neves	Lisboa
Rádio Motorola	1929	(?)	Lisboa
CT3 AG	1929	(?)	Funchal
CT1EK	1930	Guilherme Castro	Lisboa
CT1IN	1930	Ilídio Neves	Lisboa
CT1BM	1930	Fernando Medeiros	Lisboa
CT1DH	1930	Luís Rau Salles	Lisboa
Sonora Rádio	1930	Agostinho, Antero e José Calheiros Lobo	Porto
Alcântara Rádio	1931	(?)	Lisboa
Rádio Clube Português	1931	Jorge Botelho Moniz e Alberto Lima Basto	Lisboa
Rádio Algarve	1931	João Alfredo Pessoa Chaves	Faro
CT2 AJ	1931	João Soares Júnior	Ponta Delgada
CT2 AV	1931	Henrique Pereira da Costa	Ponta Delgada
CT1 DS	1932	(?)	Lisboa
Rádio Luso	1932	João Dias Pais	Lisboa
Rádio Graça	1932	Alice Santos, Américo e Alberto dos Santos	Lisboa
Invicta Rádio	1932	Henrique Aguiar	Porto
Rádio Clube Lusitânia	1932	(?)	Porto
Rádio Amadora	1932	(?)	Amadora
Rádio Setúbal	1932	Ramiro Queirós (?)	Setúbal
Rádio Peninsular	1933	Irmãos Laranjeiras	Lisboa
Branco e Irmão	1933	(?)	Porto
Casa Forte	1934	(?)	Porto
Rádio Gaia	1934	(?)	Porto
R. Regional de Setúbal	1934	Virgílio Santana	Setúbal
CT3 AA	1934	Alberto Carlos de Oliveira	Funchal
CT2 AI	1934	(?)	Ponta Delgada
Emissora Nacional	1935	Estado Português	Lisboa
Rádio Renacença	1936	Patriarcado Português da Igreja Católica	Lisboa
Rádio Sanjoanense	1936	Abílio Gomes	S. João da Madeira

Ao longo dos primeiros anos do século XX, alguns radioama-
dores portugueses emitiam e/ou recebiam sinais. A capacidade de

enviar e/ou receber sinais não poderá por si só definir uma estação de rádio. Será importante equacionar a relevância das emissoras no que concerne às audiências e à sua capacidade de manutenção das emissões. Segundo Rogério Santos as características fundamentais são a existência de uma grelha de programas e a continuidade/regularidade das emissões.

Para este autor, na década de 20, não se passou de sessões radiofónicas experimentais. Santos refere como exemplo do que poderia ser na época uma emissora de rádio o clássico do cinema português *Pátio das Cantigas*, no qual a determinada altura se ouve pelo receptor: "... Alô, alô D. Rosa chegou a sua filha".

A generalidade das emissões é fruto do empenho de alguns apaixonados que nas suas horas vagas transmitiam para o seu bairro música, poesia, peças de teatro, mensagens, etc.[15].

A estação Rádio Lisboa de Abílio Nunes dos Santos poderá ser considerada pioneira em Portugal uma vez que possuía uma certa regularidade e continuidade nas suas transmissões e programações diárias.

As estações mais activas, como a Rádio Lisboa, utilizavam orquestras residentes de um hotel, restaurante ou casas de espectáculos. Estes concertos na rádio, tanto quanto se sabe, não eram remunerados. As estações não tinham fontes de receitas e a publicidade radiofónica ainda não era prática comum. As orquestras profissionais e instituídas no mercado utilizavam esta oportunidade para se afirmarem publicamente e publicitarem o seu repertório, enquanto os músicos amadores a aproveitavam para mostrar o seu talento, procurando, através do reconhecimento público, a possibilidade de uma carreira profissional.

Para se analisar a repercussão do *Jazz* em Portugal no que concerne ao papel desempenhado pelas emissoras nacionais, importa conhecer as suas programações. Analise-se, então, a grelha de programação para um dia de emissão de uma rádio nacional da época, a Rádio Hertziana.

---

[15] Santos, *in www.aminharadio.com/portugal_história*, 09/12/2003.

QUADRO 3[16]

Emissora	Data	Hora	Programa	Alinhamento
Rádio Hertziana	14/12/1930	13:00	Concerto Extraordinário (primeira transmissão de um concerto sinfónico)	«Orchestra Lisboa» Maestro Frederico de Freitas 1.ª Parte I – 5.ª Sinf. de Beethoven - Allegro con brio - Andante con motto - Allegro e final II – Danças Guerreiras, Opera Príncipe Igor (Borodine) III – Rapsódia Valsa (David de Sousa) 2.ª Parte I – Declaração (António Melo) II – A Java (Frederico de Freitas) III – Saúr (valsa, F. de Freitas e António Melo) IV – Marcha dos Granadeiros (Parada do Amor)
		22:00	Notícias de Última Hora	(bloco informativo)
			Programa de Discos	1.ª Parte I – Parle-moi de ma Mére qui…, Opera Carmen (Bizet), Sop. Heldy, Tenor Ansseau II – Oberon (Weber) III – Chanson de Selveig (E. Grieg), Sop. Amelita Galli-Curci IV – Sheherazade (Rimsky-Korsakov) V – Quando le sere al placido, Opera Luiza Miller (Verdi), Tenor Tito Schipa VI – Danza Espagnola (Granados), Violino Jacques Thibaud VII – Geisha (Banda Goldstream Guards) Belle of New York (Banda Goldstream Guards) VIII – Ah non chedea mirarti, Opera Sonambula (Bellini), Sop. Toti del Monte IX – Pagliaci X – Da voi lontan in sconosciuta terra, Tenor Ameliano Pertile

---

[16] Informações recolhidas do artigo de Paulo Ferreira *in www.aminharadio. com/oldbooks/ver-radioprograma.html.*

Emissora	Data	Hora	Programa	Alinhamento
			Notícias de Última Hora	(bloco informativo)
			Programa de Discos	2.ª Parte I – Santiago Jimmy Valentine six-eight (Rio Grand Band) II – Fado da Inocência A Cruz (voz – Fernando Coutinho) III – You've got me pickin petals off of daisies (*fox-trot*) Doing the boom boom (*fox-trot*, Orchestra de Jazz) IV – Chitas Beijos de Amor (voz – Adelina Fernades) V – Gay Cov (*fox-trot*) Perhaps (*fox-trot*, Orchestra Jazz) VI – Fado Maria Alice (one-step) Esperteza Saloia (corridinho, Maxim's Jazz)
			Notícias da Última Hora	(bloco informativo)

Conforme se constata, a maior parte do tempo de transmissão estava dedicado à música erudita. Este tipo de selecção musical era seguido pela grande maioria das rádios da altura.

Reflectindo um pouco sobre as conjunturas de então, entende-se a razão deste facto: algumas estações possuíam quartetos ou quintetos de cordas; a discografia deste género musical estava, relativamente a outros, substancialmente difundida em Portugal (as grafonolas desempenharam um papel fundamental); era mais fácil a aquisição de discos de música erudita do que de discos de *Jazz*; e os valores estéticos e artísticos mantinham-se quase inalterados.

O fado e a música ligeira passavam regularmente nas emissões radiofónicas. Com o início da década de 30 estes géneros passaram a ocupar maior tempo de emissão devido à axiologia que o Estado Novo se incumbiu de difundir e implantar, tal como se compreenderá mais adiante.

Quanto à música *Jazz*, depois de analisadas as programações, não se pode dizer que fosse completamente ignorada. Como se pode perceber através da grelha de programação, temas como *You've got me picking petals off of daisies* ou *Doing the boom boom*, ambos apresentados como *fox-trot* e interpretados pela *Orchestra de Jazz*, seriam inspirados pela música *Jazz* praticada nos Estados Unidos. Os temas apresentados por estas formações vinham sempre caracterizados nas programações com a denominação do estilo de dança para a qual teriam sido compostos – *fox-trot, one-step, shimmy* –, ou simplesmente como «música de dança».

Uma vez surgidas estações de rádio portuguesas, as atenções viram-se ainda mais para as emissões radiofónicas, o que vem alterar significativamente o serão dos portugueses. Os serões passam-se a «olhar» para os aparelhos de rádio, ouvindo tudo o que se transmite: os programas, a música, as notícias de última hora, tudo estava na rádio. A maioria da população não possuía condições financeiras para adquirir um receptor de rádio e juntava-se nos cafés, nas pastelarias, em casa de familiares ou amigos para ter acesso a esta caixa mágica. Havia mesmo quem colocasse na varanda a telefonia, designação atribuída na época aos receptores de rádio:

> "(...) aproveitava as noites cálidas de verão para proporcionar audições gratuitas aos moradores de Campolide. (...) E era ver toda aquela legião de ouvintes enchendo os passeios da pacatíssima [Rua] Vítor Bastos, onde muitos se sentavam durante horas (...)"[17].

2.2.2. A Imprensa

Além da Rádio, a Imprensa portuguesa das décadas em estudo teve também importância considerável para se avaliar e concluir acerca do impacte e da natureza do acolhimento relativo ao *Jazz* em Portugal. Foi um importante sector de informação documental para a realização deste trabalho. Através dos artigos jornalísticos foi possível analisar as reflexões e os sentimentos que esta música suscitou.

---

[17] Agostinho, 2002, *Op. Cit.*, p. 67.

O *Jazz* despertou o interesse dos articulistas da época. Chegou-se mesmo a levantar a hipótese de ter sido inventado por um português:

> "Esse homem, que nas feiras e arraiais do Minho, era conhecido pelo «homem dos sete instrumentos», por sete instrumentos tocar ao mesmo tempo, apresentou-se um dia num *cabaret* de Boston (...) surpreendidos por aquele tumulto musical, em breve os americanos o adaptavam à sua maneira e a «orquestra» do nosso minhoto (...) ao transplantar-se de Boston para Nova-York, adquiriu o nome de «Jazz-band»"[18].

Todavia, não era a vontade de informar o leitor acerca da genealogia do *Jazz*, dos seus principais músicos ou dos concertos que aconteciam um pouco por toda a Europa, mas sim artigos de opinião maioritariamente «anti» *Jazz*. Mesmo os artigos de carácter histórico, que ao longo das décadas de 20 e 30 não terão chegado à dezena, são carregados de sarcasmo, ridicularizando o seu aparecimento e o grupo étnico e social que o terá «inventado». No artigo citado anteriormente apresentam-se algumas teses sobre o surgimento da música *Jazz*. Além da hipótese levantada sobre o músico minhoto dos sete instrumentos são apresentadas outras não menos interessantes:

> "Os alemães, porém filiam noutra parte o «Jazz-band». Segundo eles, a música estrepitosa, não é de origem portuguesa, mas sim de origem negra (...) Numa aldeia de pretos, com os clássicos macacos e batuques, com um trombone e algumas pistolas roubadas aos brancos, organizavam-se constantes festas. O preto-chefe esmurrava o bombo indígena, o preto guerreiro disparava as pistolas, bufavam os macacos sobre as palmeiras (...) e todos os outros pretos bailavam e cantavam demonicamente".

O jornalista prossegue explicando que estes africanos demandam para Virginia do Sul, onde viveram as maiores vicissitudes:

> "Certa tarde (...) numa praça pública, com improvisados instrumentos eles organizam uma espécie de batuque, findo o qual pedem às pessoas (...) algumas moedas".

---

[18] "Como Nasceu o JAZZ-BAND", *in ABC*, 14/10/1926.

Devido à reacção do público ter sido extremamente positiva, todos os dias se realizava o mesmo espectáculo. Segundo o jornalista, a tese alemã defendia que daqui teriam sido contratados por um proprietário de um cinema, no qual passaram a tocar durante os intervalos. Do cinema passam para o *cabaret* e assim se criou o *Jazz--band*.

> "Meses depois por toda a América a música infernal triunfa. (...) para se tornar agradável era necessário que algum branco se resolvesse dirigir, dando-lhe assim um carácter de civilização, uma das estrepitosas «orquestras». Surge (...) o maestro Whiteman [Paul Whiteman] (...) Whiteman tornou-se o mais célebre «jazz-bandista» da América"[19].

O jornalista transmite no artigo o sentimento que, desta forma, os americanos poderiam usufruir descansados o *Jazz-band*.

> "(...) sem se revoltarem contra os pretos... E assim, «civilisado», o «Jazz-band» embarcou um dia da América a caminho da Europa – e deu a volta ao mundo, triunfalmente, gloriosamente..."[20].

Enquanto que em Lisboa de 1926 a temática do *Jazz* não suscitava aos articulistas nada mais do que simples humor, sete anos antes, em Inglaterra, surgiu um artigo, este sobejamente conhecido, que data de 19 de Outubro de 1919, redigido pelo maestro Ernest Ansermet (1883-1969)*, depois de assistir à actuação da *Southern Syncopated Orchestra*, de Will Marion Cook*, na qual se apresentava Sydney Bechet.

> *"Ansermet's article (in translation) has been reprinted in dozens of jazz magazines and several anthologies. It thoroughly deserves that singular honour, because its initial publication marked the first occasion on wich jazz performance was seriously and skilfully reviewed in print*"[21].

O concerto realizou-se no Royal Hall de Londres e Ansermet redigiu aquela que se julga ser a primeira crítica mundial a um

---

[19] "Como Nasceu o JAZZ-BAND", *Op. Cit.*, 14/10/1926.
[20] *Idem, ibidem.*
[21] Chilton, 1987, *Op. Cit.*, p. 39.

Fig. 2 a)

COMO NASCEU O
JAZZ-BAND

SEGUNDO uma entrevista que ha tempos o jornal «A Tarde» publicou, o «jazz», o «jazz» tumultuoso, infernal, que espalha ruidos como uma fogueira onde atiram uma pedra pode espalhar faulhas, nasceu da necessidade que tinha de ganhar a sua vida, um velho português exilado na America. Esse homem, que nas feiras e arraiaes do Minho, era conhecido pelo «homem dos sete instrumentos», por sete instrumentos tocar ao mesmo tempo, apresentou-se um dia dum *cabaret* de Boston e tal foi o exito da sua «orquestra» que, ao morrer, pode deixar à filha dinheiro para esta comprar um estabelecimento de viveres...

Surpreendidos por aquele tumulto musical, em breve os americanos o adaptavam à sua maneira de ser e a «orquestra» do nosso minhoto, corredor de feiras e romarias, ao transplantar-se de Boston para Nova-York, adquiriu o nome de «Jazz-band».

Quem teria feito isto?

Um preto, um preto inteligente, com a cumplicidade de alguns americanos brancos...

E o «jazz», então, já não teve paternidade; o «homem dos sete instrumentos» foi esquecido e se não houvesse deixado uma filha, que «A Tarde» entrevistou, o seu papel de percursor teria sido completamente ignorado dos portugueses.

A IDENTIFICAÇÃO ALEMÃ

Os alemães, porem, filiam noutra parte o «Jazz-band».

Segundo eles, a musica estrepitosa, não é de origem portuguesa, mas sim de origem negra, absolutamente negra.

Numa aldeia de pretos, com os classicos macacos e ba-

tuques, com um trombone e algumas pistolas roubadas aos brancos, organisavam-se constantes festas.

O preto-chefe esmurrava o bombo indigena, o preto guerreiro disparava as pistolas, bufavam os macacos sobre as palmeiras, o trombone roncava e todos os outros pretos bailavam e cantavam demonicamente.

Grande orgia ia na aldeia e a'propria floresta dir-se-ia estarrecida ante aquele tumulto barbaro, que se repetia sempre que a lua estava em quarto minguante.

Um dia, porem, alguns daqueles pretos resolvem tornar-se homens civilisados e demandam a Virginia do Sul, onde passam as maiores vicissitudes.

Certa tarde, porem, numa praça publica, com improvisados instrumentos eles organisam uma especie de batuque, findo o qual pedem ás pessoas que os escutavam, algumas moedas, — como esses homens que percorrem com ursos e macacos as feiras de Portugal.

O auditorio gosta; nos dias seguintes os pretos continuavam os seus «concertos» ao ar livre e, por fim, o'dono de um cinema popular contrata-os para eles tocarem durante os intervalos.

Do cinema eles passam para um *cabaret* e ali, o exito é enorme, porque quando os pretos gritam, todas as pessoas presentes os imitam — estabelecendo-se assim um grande ruido de entusiasmo e alegria.

FIG. 2 b)

Estava creado o «Jazz-band». Meses depois, por toda a America, a musica infernal triunfa Mas para a tornar agradavel a todas as pessoas — é conhecido ;o desdem que os americanos votam aos pretos — era necessario que algum branco se resolvesse a dirigir, dando-lhe assim um caracter de civilisação, a uma das estripitosas «orquestras».

Surge, então, com o seu sorriso cheio de bonhomia, o maestro Whitman, que todos os americanos admiravam e que tomou a direcção dum «jazz» que tocava num dos principaes teatros de New-York.

Em breve Whitmann tornou-se o mais celebre «jazz-bandista» da America, passou a realisar contratos fabulosos e a sua presença à frente do «jazz» era garantia de que os americanos podiam ouvir a musica infernal sem se revoltarem contra os pretos...

E assim, «civilisado», o «Jazz-band» embarcou num dia na America a caminho da Europa — e deu a volta ao mundo, triunfalmente, gloriosamente...

A COMPOSIÇÃO DO «JAZZ»

Mas de que é composto o «Jazz--band»?

Que pode sugerir ao espirito essa musica infernal?

Vamos tentar objectivar os seus satanicos ruidos...

Primeiro do que tudo um *cabaret* — porque o «jazz» é sobretudo musica de *cabaret.*

Temos, pois, um *cabaret* ruidoso, quasi inverosimil, com gente louca de alegria, gente que dança e que bebe... E aqui principiou o «jazz»...

Um creado que passa, deixa cair uma rima de pratos, que se quebram estrepitosamente... Trrr-tchi-tchi.

Outros creados abrem junt) a outras mesas, garrafas de *champagne.*

As rolhas batem na cabeça duma dama que grita: Ui! Ui!

Um que se lembra de ter feito um desfalque, exclama: «Estou perdido».

De traz dum reposteiro, saem três pretos com caras de salteadores e começam a bailar desengonçadamente...

Mas neste momento o tecto e o soalho resolvem encolher-se, angulisar-se, formar altos e baixos como uma montanha russa; o panico faz toda a gente gritar, as mesas tombam, os cristaes partem-se e pela janela, cuja existencia todos desconheciam, entra um bando de sinetas aladas, que começam a badalar, a badalar, loucamente... As estrelas descem do céu como pirilampos; o *cabaret* já está desengonçado e neste momento um aeroplano, por artes magicas, entra ali, fazendo um ruido pavoroso com o seu motor...

A ele se agarram os três pretos e o aparelho desaparece em seguida, deixando apenas no ar esta exclamação dos seus passageiros: — Uáá!

Então, toda a gente, que julgava já ter perdido a cabeça, olha em seu redôr e vê com espanto que as mesas no seu logar, que tudo está como estava — tudo, menos o «Jazz-band» que deixou de tocar...

O «JAZZ», AS MULHERES E O «SCALA»

O «jazz» hoje tem uma grande categoria social, e não é apenas musica de pretos, musica só para homens...

As gentis mãos femininas que outrora percorriam, em adejos euritmicos, o teclado dos pianos, já hoje se entregam à execução do «Jazz-band».

Recentemente, numa praia de S. Francisco da California, as mais elegantes e distintas veraneantes organisaram um «Jazz-band», uma autentica orquestra, como se pode vêr pela nossa fotografia.

É não se pode afirmar que se trata de mulheres feias, que procuram naquela musica ruidosa um lenitivo para a tristeza da sua fealdade.

Felizmente elas deixaram-se fotografar em fato de banho, o que permite que admiremos mais amplamente a sua galharda belesa.|

Mas nem só isto marca a actual aristocracia do «jazz».

Ultimamente, o «Scala», o austero, o nobre «Scala» de Milão, onde é obrigatorio passaram [todas as celebridades do canto e da musica, abriu as suas portas a um notavel «jazz-bandista» — Bobby Hind. Quem ante tão ruidoso triunfo, pode fazer qualquer objecção?

Nas gravuras: — 1.° Whitman, o homem que na America aristocratisou o «Jazz-band»; 2.° Um grupo de banhistas que, em S. Francisco da California, organisaram um «jazz»; 3.° Caricatura dos negros d) «Cabaret» alemão «Die Goudeb»; 4.° Como se compõe um «Jazz-band»; 5.° A origem do «Jazz-band» segundo os alemães.

músico de *Jazz*, com todos os requisitos para que assim seja denominada. Ansermet escreveu:

> "(...) *There is in the Southern Syncopated Orchestra an extraordinary clarinet virtuoso, who is, so it seems, the first of his race to have composed perfectly formed blues on the clarinet. I've heard two of them (...) Extremely difficult, they are equally admirable for their richness of invention, force of accent, and daring in novelty and the unexpected. (...) with a brusque and pitiless ending like that of Bach's second Brandenburg Concerto. I wish to set down the name of this artist of genius; as for myself, I shall never forget it, it is Sydney Bechet*"[22].

Darius Milhaud (1892-1974) publica em França na revista *Currier Musical*, em 1923, aquele que poderá ser o primeiro artigo na Europa com alguma profundidade musicológica acerca da música *Jazz*. No artigo de Darius Milhaud[23], o *Jazz* chega a França, mais exactamente ao *Casino de Paris*, em 1918, através de dois músicos: Gaby Delsis e Pilcer. Milhaud descreve o estímulo positivo que esta música representou para os músicos parisienses:

> "(...) o despertar súbito, essa escola de ritmo que nos agita, esses elementos sonoros até então nunca agrupados e repentinamente à nossa disposição".

O compositor prossegue descrevendo a «essência» técnico musical do *Jazz*:

> "A importância da síncope nos ritmos e nas melodias (...) tão essencial como a circulação do sangue, as pancadas do coração (...) a *mise au point* da percussão".

Darius Milhaud esclarece também a origem da bateria:

> "(...) todos os instrumentos de bateria, cuja nomenclatura figura simplificada nos tratados de orquestração, agrupados, tornando-se num único instrumento complexo, e tão completo, que quando Buddy, o *drummer* do *Syncopated Orchestra*, executa um solo de bateria, encontra-

---

[22] Ernest Ansermet *cit. in* Chilton, 1987, *Op. Cit.*, p. 40.
[23] Milhaud, 1958, pp. 54 a 56.

mo-nos face a um trecho construído, equilibrado ritmicamente e de uma incrível variedade de expressão que provém dos timbres de diferentes instrumentos de percussão tocados ao mesmo tempo".

Através do artigo, Milhaud transmite o que se ouvia no *Jazz* da época, analisando a função do instrumentário utilizado: o piano "com a secura e precisão do tambor e do banjo (...) a ressurreição do saxofone", o trompete e o trombone "cujos glissandos se tornaram num dos meios de expressão mais correntes, e ao qual se confiam as mais doces melodias, (...) os empregos frequentes da surdina, do porta-voz, dos vibratos da vara ou do pistão". Descreve também a função e as novas técnicas no clarinete "violência no ataque, (...) força no som, uma técnica de glissandos e de oscilações de nota que desconcerta os nossos melhores instrumentistas", o violino com "glissandos mais longos, agudo e áspero".

O compositor demonstra a sua perplexidade e entusiasmo face ao *Jazz*:

> "A força do *Jazz* vem da novidade da sua técnica em todos os domínios. (...) Sob o ponto de vista da orquestração, o emprego dos diversos instrumentos enumerados acima (...) utilizando orquestrações de valor indiscutível".

O autor aborda ainda as origens negras do *Jazz*: as canções dos escravos negros norte americanos, os espirituais negros. Em suma, apresenta uma resenha social e cultural sobre a genealogia do *Jazz*. Considera esta música dotada de um "lirismo que só as raças oprimidas podem produzir".

Milhaud não só analisa musicologicamente como também demonstra a sua preocupação em relação à definição da música *Jazz*, pois reconhece a existência de um certo enleio acerca desta música. Toda a música sincopada, barulhenta, frenética, nervosa e dansável era considerada *Jazz*. Esta postura constata-se no mesmo artigo de Darius Milhaud:

> "É preciso, naturalmente, para se julgar, encontrarmo-nos na presença de uma Jazz-band séria. (...) Houve, e isso originou muitos erros e mal entendidos, Jazz-bands medíocres (...) confiada a instrumentistas que pen-

savam enriquecê-la com «falsos» elementos, como as buzinas, as sereias, os clacksons, etc.(...) O erro esteve em utilizar, transcrevendo-os para a orquestra de Jazz e servindo-se dos seus elementos como temas de dança, trechos célebres, desde a oração da Tosca até ao Peer Gynt passando pela Berceuse de Gretchaninow. Esta falta de gosto é do tipo da que permitia misturar aos instrumentos de percussão as buzinas, etc."[24].

Enquanto assim se escrevia em França, em Portugal não foram encontrados artigos com profundidade semelhante, o que comprova o desinteresse e o desprezo com que esta corrente estético-musical era tratada:

> "Haverá um pouco de Arte nessa música desarticulada que cabriola e gesticula como se fosse um clown de circo? (...) Beethoven e Mozart, se pudessem despertar do sono eterno que não conseguiu esquecer os inspirados acordes da sua música, desejariam morrer novamente, considerariam talvez um insulto à «Divina Arte»"[25].

Foi também através dos artigos da época publicados em Portugal que se constata, por um lado, o desinteresse da maioria da população relativamente ao *Jazz*, e, por outro lado, a existência de alguns apoiantes e defensores da música que simbolizava o paradigma emer-gente:

> "(...) Mas, o que não se compreende, o que não é admissível neste ano de 1926 é que se não vibre, é que se não agite, é que não se seja um pouco desvairado, ao ouvir o moderno Jazz-band"[26].

Enquanto que nos restantes países europeus, desde a década de 20, apareceram artigos de análise musical e sociológica sobre o fenómeno *Jazz*, assinados por músicos eruditos de renome internacional – o que permitiu o rápido esclarecimento do público, clarificando a posição deste em relação à própria música, favorecendo a produção e promoção de músicos intérpretes/compositores de música *Jazz* –, em terras lusas foram necessários 25 anos até que surgisse alguém interessado em divulgar a «verdadeira música de *Jazz*».

---

[24] Milhaud, 1958, *Op. Cit.*, p.56.
[25] Miriam, "Na Idade do Jazz", *in ABC*, 13/05/1926.
[26] "Na época do Jazz-band", *in ABC*, 08/04/1926.

FIG. 3

NA IDADE DO JAZZ

ASSIM como a «toilette» difere e os costumes se alteram, assim a dansa evoluciona atravez os seculos, o ritmo muda, a expressão da musica varia.

A atitude da jeunesse dorée de 1865, em nada se parece com a atitude da mocidade elegante dos nossos dias

Assim a dansa foi passando por transformações sucessivas, até chegar ao fox-trot que exige o ruido alarmante a barulheira infernal de complicados instrumentos que se agrupam em volta do piano, apagando-lhe o som sem o dispensar para estofo das suas endiabradas fantasias!

Ninguem se lembra de evocar o som delicado do cravo que acompanhou o ritmo suave, lento, dengosamente lento, dos minuêtes de côrte, em que as Secias se curvavam em venias e mesuras, valendo-se duma graça de meneios e gesto que hoje se classificaria de ridiculo.

Creio que a «toilette», portanto a moda, tem uma certa influencia na dansa e na musica.

Não ficaria bem a uma figurinha «bouclée» e empoada, de corpinho justo e ampla saia roçagante e rodada, a moderna «Scie».

Só com a perna à vista e cabeleira «à la garçonne» se concebe que se possa tirar partido, um grande partido, desse serrote que, esquecido da sua faina, dessa canseira em que labuta e se gasta, roendo a madeira para lhe dar forma, se atreve a entrar nos salões, recebendo a pancada do feltro para se recurvar, dobrando se para gemer em sons inesperados uma saudação original de arrastado assobio!

Com fichu de rende, brincos até aos ombros, penteado em canudos, emoldurando o rosto, que efeito produziria «l'ocarillute» que, semelhante a uma pinça de qualquer instituto da beleza para corrigir os defeitos do nariz. tão dificil é de tocar, exigindo uma forte corrente de ar vinda das fossss nasais para articular o som.

Só na época actual com a independencia de costumes reclamada pelos modernos tempos, se admitiria o Jazz, esse fanfarrão que faz de cada executante um palhaço, pelo menos um «jongleur!» Arte?!

Haverá um pouco de Arte nessa musica desarticulada que cabríola e gesticula como um clown de circo?

Será uma revelação de Arte, êsse batuque nos acessórios barulhentos do tambor indispensavel, lembrando o sertão e as momices dos dansarinos negros?

Beethoven e Mozart, se pudessem despertar do sono eterno que não conseguiu fazer esquecer os inspirados acordes da sua musica, desejariam morrer novamente, considerariam talvez um insulto à «Divina Arte» as resonancias modernistas dos instrumentos caprichosos, cujo som, cuja desarmonia, inebria a mocidade de hoje, pelo espalhafato duma alegria que incita ao movimento.

Será isto um avanço?

Será um retrocesso?

Não será folhear ao contrario as paginas do grande livro da Vida, para encontrar a selvageria dos tempos primitivos, o sinal do chefe de orquestra para começar a musica excentrica que faz o ritmo da moderna dansa?

Já vai longe essa atitude moderada do pianista de ontem, fazendo ecoar por um salão acordes sentimentais, harmonias dolentes, quando os pares deslisavam pelos «parquets», enlaçando-se com uma certa cerimonia... de que ficariam a rir-se os ousados campeões do fox!!...

A dansa é uma aliada do amor, faz-lhe capa, pensa muita gente.

Não digo, que não brotasse um pensamento amoroso no turbilhar duma valsa, que não batessem mais forte os corações embalados na harmonia deliciosa da musica de ontem.

Hoje, hoje, mas ha algum cerebro que devaneie e sonhe, alguma alma que se enterneça na algazarra do Jazz?

Todos pensam apenas no alvoroço... do momento, na excentricidade original da musica creada para dansar, na necessidade de rir, rir constantemente em face da Vida, cujo livro se folheia rapidamente, para mais depressa se lhe decifrar o segredo!!

Pois não é o Jazz uma formidavel gargalhada?!

Inconsciencia?

Desatino?

Loucura?

Influencia do meio da epoca, de «toilete.»

A musica de ontem sorria, suspirava.

O Jazz pula, salta, ri, faz «blague.»

Em duas palavras:

A diferença que existe entre emoção e sensação!

MIRIAM

Ao contrário de grandes nomes da música erudita de outros países europeus, os músicos eruditos portugueses revelaram-se publicamente (tanto quanto se sabe) indiferentes relativamente à música *Jazz*. Na pesquisa realizada não foram encontrados artigos redigidos por músicos eruditos portugueses, ou então, caso se tenham debruçado sobre esta nova música, escondiam-se atrás de algum pseudónimo. Qual seria a sua posição em relação a esta corrente musical? Por que razões não terão publicado as suas reflexões acerca desta música? Questões que aguardam ainda uma solução...

2.2.3. O Cinema

A indústria cinematográfica começava também a impor-se como um factor importante de difusão cultural. Através dos filmes difundidos internacionalmente ditavam-se novos valores estéticos, como as danças, a moda, os novos cortes de cabelo, novas formas de estar e de agir:

> "As novas casas cinematográficas são (...) alfaiatarias de gestos e de atitudes. Tudo passa a vir de lá... – O gesto parado e frio com que, num baile, umas palavras de amor são repelidas, ou o gesto lânguido e quente com que elas são aceites, (...) Gestos de desespero para apertar os pulsos da amante infiel (...). Maneiras elegantes de se suicidar (...) É realmente assim. Em certas pessoas sem individualidade, o animatógrafo tem, de facto, artificializado quase todos os gestos, quase todas as atitudes, sujeitando cada sentimento a uma fórmula de expressão"[27].

Em 1896 foram exibidos os primeiros espectáculos de cinema português no animatógrafo de Rousby. A 12 de Novembro desse ano, os filmes de Aurélio da Paz dos Reis são exibidos no Teatro Príncipe Real. O primeiro filme de ficção, intitulado *O rapto de uma actriz*, foi exibido em 1907. O ano de 1909 é marcado pela fundação da produtora *Portugália Film*, em Lisboa. Em 1911, o filme *Os crimes de Diogo Alves*, realizado por João Tavares é apresentado publicamente.

---

[27] "As Grandes Trágicas do Silêncio", conferência de António Ferro, 1917, *in* Baptista, 2002, p. 23.

Iniciou-se assim uma verdadeira produção cinematográfica nacional que viria a aumentar gradualmente[28].

O cinema de então é "mudo" exactamente porque "(...) estes filmes não têm som e nisso se distinguem dos filmes sonoros"[29]. Para ultrapassar esta particularidade técnica os promotores recorriam aos serviços de pianistas que rapidamente deram lugar a outros instrumentistas, alargando as formações que sonorizavam estes filmes.

> "Em Lisboa, a partir de 1908, o Salão Fantástico e o Salão Chiado exibiam os seus filmes ao som de quartetos. Nos anos 10, as orquestras não iam além dos seis elementos e eram dirigidas, na sua maioria, por maestros estrangeiros. No final dos anos 20, os agrupamentos podiam contar com quase uma vintena de executantes – foi o caso do cinema Tivoli, cuja orquestra foi especialmente apreciada"[30].

Estes maestros estrangeiros terão certamente recorrido aos sons da «moda». O *Jazz* dos anos 20 talvez tenha sido ouvido nas exibições destes filmes, no entanto, não há certezas.

No início dos anos vinte inicia-se uma discussão pública preconizada por realizadores, produtores e críticos que defendiam uma produção cinematográfica de cariz nacional.

> "(...) os filmes que valia a pena fazer e ver deviam necessariamente mostrar no ecrã a especificidade das tradições, da história, dos costumes, dos monumentos e das paisagens nacionais (...)"[31].

Contrapondo o cinema português produzido nas primeiras duas décadas do século XX, as produções cinematográficas da década de 20, que se seguiram a esta discussão de defesa de uma estética nacionalista, assumem um carácter tipicamente português. Esta característica influenciou obviamente a música que sonorizava estas produções. Os filmes produzidos pela *Invicta Film*, que entre 1918 e 1924

---

[28] Baptista e Granja, 2002, pp. 34 a 37.
[29] Baptista, 2002, *Op. Cit*, p. 21.
[30] *Idem, ibidem.*
[31] *Idem*, p. 27.

lançou dezoito filmes, tinham composições originais. O compositor Armando Leça, conforme afirma Baptista,

> "(...) escreveu quatro das mais importantes produções da empresa portuguesa (...) compôs as partituras originais de *A Rosa do Alvo* (de Georges Pallu, 1919), *Amor de Perdição* (de Georges Pallu, 1921), *Os Fidalgos da Casa Mourisca* (de Geroges Pallu, 1920) e de *Mulheres da Beira* (de Rino Lupo, 1921)"[32].

A música destes filmes inspirava-se na música tradicional portuguesa, devido aos ambientes que as imagens e as histórias transmitiam.

Com a instauração do Estado Novo a questão do nacionalismo no cinema português passou a ser defendida pelo Poder. A partir da década de 30, a produção cinematográfica nacional alcança níveis de popularidade que a farão ser reconhecida nos anos 40 como "os anos de ouro do cinema português"[33].

As composições musicais para estes filmes acompanharam, obviamente, a linha estética nacionalista, sendo produzida uma música ligeira de carácter nacional, muito difundida na época.

> "(...) depois de 1920, em Portugal, começou a notar-se o efeito de ainda outra evolução nos mercados de distribuição e exibição cinematográfica. Desta feita, o novo país produtor não seria ultrapassado por nenhum outro até aos nossos dias. Depois do final da Grande Guerra, o cinema americano conseguiu a proeza de se tornar preponderante em todos os mercados mundiais"[34].

Com a imposição do cinema norte-americano a nível mundial, a nova música surgia não só como fundo sonoro, mas também como inspiração para a produção cinematográfica. Muitos músicos de *Jazz* foram protagonistas em obras de relevo das décadas de 20 e 30: em 1927, a Warner Brothers produziu o primeiro filme sonoro, *O Cantor de Jazz*, de que foi vedeta o cantor de *music-hall* Al Jolson; Lionel Hampton participou em *Hollywood Hotel* e *All Star*; Bessie Smith e

---

[32] Baptista, 2002, *Op. Cit.*, p. 21 e 22.
[33] Granja, 2002, p. 30.
[34] Baptista, 2002, *Op. Cit.*, p. 27.

James P. Johnson em *St. Louis Blues*; Duke Ellington e a sua orquestra em *Black and Tan Fantasy*; entre muitos outros[35].

Mesmo que o filme não fosse acerca de *Jazz*, os críticos, influenciados pelo poder deste género musical na sociedade de então, logo encontravam um mote para o associar ao filme:

> "Causou tanta sensação o *film* que os franceses protestaram contra o que se passava. Declaravam os jornalistas que, sem dúvida, se tinham fardado de franceses alguns negros dos *Jazz bands* de Munich (...)"[36]

Em Portugal, se foram exibidos estes filmes, não causaram o efeito esperado. Uma vez mais, no quadro de valores estéticos que imperava, tornava-se difícil a compreensão e até a aceitação destes filmes pela maioria da população.

2.2.4. O Teatro

A partir da segunda metade da década de 20, Lisboa e Porto assistiram a espectáculos de companhias de teatro estrangeiras, nos quais os sons do *Jazz* e as suas danças, juntamente com o exotismo de alguns interpretes negros (músicos, bailarinos ou actores), atraíam as audiências.

Segundo informações cedidas pelo investigador alemão Hans Pehl, para a realização deste estudo, a revista africano-americana *Black Follies** esteve em Portugal em 1928, o que se comprova nos periódicos da época. *Black Follies* apresentou-se em Lisboa, no teatro da Trindade, de 2 a 10 de Janeiro e no Porto de 11 a 13 de Janeiro. O espectáculo em Lisboa foi um dos mais longos de toda a digressão europeia (mais longo que os de Madrid e Barcelona).

> "O arrojo e iniciativa da Empresa José Loureiro-Erico Braga tiveram a sua compensação no formidável triunfo que, no elegantíssimo Teatro da Trindade, vem obtendo a companhia «Revue Négre»"[37]

---

[35] Ernie Smith *in* Kernfeld (ed.), 2000, *Op. Cit.*, p. 376.
[36] «A Fita dos Negros», *in* *ABC*, 11/02/1926.
[37] *in* *O Século*, 03/01/1928.

FIG. 4 a)

Diário de Lisboa 2-2-1928

FIG. 4 b)

Diário de Notícias 1-1-1928   O Século 1-1-1928

Segundo os críticos, este espectáculo foi um acontecimento de vulto, como nunca se vira em Portugal:

"(...) o maior acontecimento teatral registado nos últimos anos em Portugal (...) Louis Douglas, o glorioso fantasista único no seu género em todo mundo, com Babe Gomes e Boby Vincent formam a guarda avançada da grande atracção do momento – a maior e mais exotica manifestação de uma arte exquisita, original e inédita"[38].

Outros críticos dão a conhecer a relutância existente da parte do público português face à cultura negra norte-americana:

"Por maior que seja o preconceito contra os negros e contra a sua arte instintiva, não se lhes pode negar formidáveis qualidades coreográficas (...) há artistas superiores, no seu género, grandes bailarinos e grandes acrobatas. Louis Douglas, por exemplo, é inexcedível. O seu trabalho, que

---

[38] *in O Século*, 03/01/1928.

arrancou uma ovação à plateia empolgada, é do melhor que temos visto (...) É justiça dizer que o espectáculo, apesar das suas danças desengonçadas, bárbaras, não repugna nem oferece cruezas. O público, que foi muito desconfiado para a Trindade, assim o compreendeu. Deixou-se dominar pela sugestão do Charleston e do Black Bottom e aplaudiu a revista em quasi todos os seus números"[39].

É ainda no mesmo artigo que surge um curtíssimo apontamento dirigido à orquestra que acompanhava a revista: "O «Jazz» negro é o mais completo que tem passado pelos nossos teatros", e mais não se diz. Contudo, é de registar que outras formações de *Jazz* teriam passado pelos teatros de Lisboa daquela época, tal como também refere António Ferro. Numa crítica ao espectáculo por si redigida, depois de enaltecer a sua qualidade e de fazer notar também o preconceito vigente face à arte e à cultura negra norte-americana, surge um curto apontamento sobre a orquestra:

"Notável a harmonia entre o «Jazz». É o «Jazz» – o melhor que tem vindo a Portugal – que dá corda a todos aqueles bonecos, a todos aqueles autómatos desenfreados. A cantora de «blues», que me lembrou uma página de Covarrubias ou uma noite no «Small's Paradize» merece uma referência. É necessário muito sentimento, muita nostalgia, muita alma para suavizar os traços daquela (...) máscara de bom papão. Uma bela salva de palmas para o cantor de «Ay! Ay! Ay!»"[40].

Este espectáculo, apesar da relutância com que o público de Lisboa o recebeu, acabou por ser um sucesso inesperado. Os jornalistas da época registaram o grande êxito:

"Não está nas possibilidades das apreciações, das justas qualificações, nos lugares comuns dos elogios, a impressão causada pelo soberbo espectáculo"[41].
"A companhia «Revue Négre», o entusiasmo delirante com que todas as noites é acolhida, a verdadeira revolução que vem causando a sua actuação no Trindade, sugestionou as pessoas mais avessas ao modernismo e

---

[39] *in Diário de Notícias*, 03/01/1928.
[40] *Idem*, 04/01/1928.
[41] *Idem,* 06/01/1928.

arrastando outras a novas concepções artísticas – é positivamente o caso do dia, o «mot d'ordre» da população de Lisboa"[42].

"Depois de uma formidável actuação que trouxe Lisboa interessadíssima, constituindo um formidável sucesso, ontem confirmado na festa do famoso fantasista bailarino Louis Douglas, despede-se hoje do público do Trindade a célebre companhia da «Revue Négre», constituída por 40 artistas negros norte-americanos, representando-se, pela última vez definitivamente, a ruidosa revista «Black Follies» que o público do Porto já amanhã verá em scena, no seu elegante Teatro Sá da Bandeira, para uma série única de três exibições"[43].

Este sucesso excedeu mesmo as expectativas da empresa José Loureiro – Erico Braga, que "(...) lamenta agora (...) não ter conseguido um contrato mais longo com a companhia da «Revue Négre» e não poder obter uma prolongação em virtude da companhia ter de cumprir no Porto três espectáculos"[44].

FIG. 5 a)

O Século 10-1-1928

Diário de Notícias 10-1-1928

---

[42] *Diário de Notícias*, 07/01/1928.
[43] *Idem*, 10/01/1928.
[44] *Idem*, 06/01/1928.

FIG. 5 b)

IMPRESSÕES E NOTÍCIAS

PRIMEIRAS REPRESENTAÇÕES

Teatro da Trindade—A «Revista Negra»

«Chorus Girls»
(Desenho de Covarrubias)

Uma bailarina do Harlem
(Desenho de Covarrubias)

A. F.

Diário de Notícias 4-1-1928

FIG. 5 c)

Primeiras representações

Teatro da Trindade—«Black Follies», revista de Luís Douglas, em dois actos e seis quadros.

O espectaculo de ontem, na Trindade, marcou pelo ineditismo, pela movimentação, pelo ritmo trepidante. Por maior que seja o preconceito contra os negros e contra a sua arte instintiva, não se lhes pode negar formidaveis qualidades coreograficas. Na «Troupe» negra, que ontem se exibiu, ha artistas superiores, no seu genero, grandes bailarinos e grandes acrobatas. Luís Douglas, por exemplo, é inexcedivel. O seu trabalho, que arrancou uma ovação á plateia empolgada, é do melhor que temos visto. Boby Loins e Boby Vincent são duas artistas duma vivacidade rara. O «Jazz» negro é o mais completo que tem passado pelos nossos teatros. E' justiça dizer que o espectaculo, apesar das suas danças desengonçadas, barbaras, não repugna nem oferece cruezas.

O publico, que foi muito desconfiado para a Trindade, assim o compreendeu. Deixou-se dominar pela sugestão do Charleston e do Bick Bottom e aplaudiu a revista em quasi todos os seus numeros. A «Revista Negra», que tem despertado o maior interesse em todo o mundo, será comentada amanhã, numa critica desenvolvida, pelo nosso camarada Antonio Ferro.

Diário de Notícias 3-1-1928

Trindade
A «Revue Negre»

Não está nas possibilidades das apreciações, das justas qualificações, nos lugares comuns dos elogios, a impressão causada no publico pelo soberbo espectaculo que a companhia da «Revue Negre» vem proporcionando ha quatro dias aos espectadores do teatro da Trindade. Lamenta agora a empresa José Loureiro-Erico Braga não ter conseguido um contrato mais longo com a companhia da «Revue Negre» e não poder obter uma prolongação em virtude da companhia ter de cumprir no Porto três espectaculos, seguindo imediatamente para Madrid. A companhia «Revue Negre» que dá o seu ultimo espectaculo irrevogavel na proxima terça-feira, atendendo aos pedidos que de toda a parte lhe são dirigidos, resolveu dar uma grande e unica «matinée» no proximo domingo, 8, especialmente dedicada ás crianças, posto que a revista «Black Follies» é bem um divertimento para as idades e para todos os temperamentos e gostos.

Diário de Notícias 6-1-1928

TEATROS

Trindade
A «matinée» da «Revue Negre»

A Companhia Révue Négre, o entusiasmo delirante com que todas as noites é acolhida, a verdadeira revolução que vem causando a sua atuação no Trindade, sugestionou as pessoas mais avessas ao modernismo e arrastando outras a novas concepções artisticas—é positivamente o caso do dia, o «mot d'ordre» da população de Lisboa. Infelizmente, para a empresa José Loureiro-Erico Braga, a Companhia Révue Negre não pode prolongar o seu contrato, que termina na proxima terça-feira, irrevogavelmente. Nesta conformidade, e porque de toda a parte chovem pedidos, acedeu a direcção da Companhia a realizar amanhã uma grandiosa «matinée» com um programa sensacional.

Diário de Notícias 7-1-1928

Quanto à presença de Sidney Bechet a dúvida mantinha-se há muito. Teria este histórico clarinetista actuado nestes espectáculos? Com efeito, Sidney Bechet esteve efectivamente em Portugal e foi neste espectáculo que se apresentou ao público português. Num artigo publicado por Gerard Conte em *Cahiers du Jazz*, afirma-se:

"Le dernier jour de l'année 1927, il fera viser son passeport lors de son entrée au Portugal par le poste frontière de Vilar Formoso"[45].

---

[45] Conte, 1996, p. 45.

Segundo o seu passaporte, a entrada de Bechet em Portugal deu-se a 31 de Dezembro pelo posto fronteiriço de Vilar Formoso. Ao contrário de Ansermet que assistiu ao concerto de Londres, nenhum nome consagrado da música erudita portuguesa, se esteve presente, lhe terá reconhecido algum valor, ou por não fazer parte da plateia ou, mais uma vez, por indiferença, desinteresse.

FIG. 6

As produções de espectáculos desta natureza, apesar do sucesso da *Revue Black Follies*, não atingiram as proporções de outros países europeus como Inglaterra, Alemanha ou França. O fascínio que estes países sentiam relativamente ao exotismo dos bailarinos e músicos negros, com as suas danças e o seu *Jazz*, teve uma aceitação muito positiva, conforme se constata pelas críticas citadas anteriormente. Todavia, as digressões europeias de espectáculos desta natureza raramente contemplavam terras lusas. Do que se conseguiu apurar, apresentaram-se mais dois espectáculos em Portugal de revistas africano--americanas: em 1930, com a *Revue* de Harry Fleming *Blue Birds* e, em 1931, a mesma revista com uma nova atracção, a actriz, bailarina e cantora Josefine Baker que deixou o seu nome escrito num dos restaurantes do Bairro Alto, em Lisboa. Aliás, a passagem de Josefine Baker por Lisboa foi seguida *pari passu* pelos jornalistas e fotógrafos da imprensa da época.

Estas produções, de orçamentos avultados, estariam possivelmente fora do alcance dos empresários e casas de espectáculos portuguesas.

O teatro português, especialmente a partir da década de 30, influenciou indirectamente a quase inexistência de programações teatrais com revistas africano-americanas, pois gozava de muita popularidade, detinha um estilo próprio, enquadrava-se nos valores defendidos pelo Regime e os actores e actrizes eram figuras reconhecidas.

2.2.5. Músicos de *Jazz* Estrangeiros em Portugal nas décadas de 20 e 30

Segundo o musicólogo alemão Hans Pehl, além de Sidney Bechet, outros músicos importantes na história do *Jazz* terão actuado em Portugal nas décadas de 20 e 30.

Claude Hopkins, o pianista de *Revue Nègre*, depois da sua dissolução em Berlim viajou pela Europa com o saxofonista Joe Hayman. Actuou durante 8 semanas em Portugal, provavelmente entre Agosto e Setembro de1926.

O saxofonista Henry Butler esteve em Portugal, no primeiro semestre de 1930, com a *Revue* de Harry Fleming *Blue Birds*. Henry Butler, músico da orquestra desta revista, tocou no Hotel Americano em Lisboa durante a sua estadia.

Willie Lewis viajou com os *Exeter*, em Outubro, de Lisboa para os EUA. Segundo informações de Pehl, W. Lewis realizou espectáculos a 6 e a 9 de Setembro no Casino de Estoril.

T. Benford, o baterista da Orquestra de Willie Lewis, numa entrevista para a revista *Storyville*, afirmou ter actuado anteriormente em Lisboa.

Existe a probabilidade da orquestra de Cab Calloway ter também actuado em Portugal, contudo, não foi encontrada nenhuma referência que comprove a sua passagem por terras lusas.

Oscar Aleman que, segundo os seus dados biográficos, esteve nesta altura a trabalhar na revista de Fleming, apresentou-se em Portugal, em 1931, com a revista *Blue Birds*.

2.2.6. A Indústria de Hotelaria e Restauração

Apesar das barreiras tradicionais e conservadoras, morais, éticas e estéticas, a vida nocturna lisboeta alterou-se significativamente. Lisboa tinha cada vez mais clubes, bares, *boites, dancings*, restaurantes, e os cidadãos usufruíam a oferta.

O clube era essencialmente um local de dança, de vício, de luxúria e de prazer. Era nestes locais que se dançava *fox-trot* ao som de uma *Jazz-band*, era nestes locais que se jogava, bebia e se faziam as conquistas amorosas.

Júlia Leitão de Barros, na obra *Os Night Clubs de Lisboa nos Anos 20*, considera 2 tipos de clubes:

> "Clubes de tipo A – o Clube com fins comerciais, lucrativos, que funciona como ponto de reunião, onde a dança, o jogo, o serviço de restaurante e os espectáculos se entrecruzavam"[46];

"Clubes de tipo B – Clubes recreativos, bairristas ou não, que funcionavam com um fim determinado, fosse ele cultural, desportivo, político ou artístico"[47], não tinham objectivos lucrativistas, a acção da sua intervenção estava definida em estatutos de regulamentação interna através dos quais se estabeleciam normas para a admissão de novos membros e a forma pela qual se regeriam financeiramente (quotas, jóias, doações, etc.). Estes clubes, influenciados pelos ventos da mudança próprios da época, poderiam ter modificado a sua actividade. O jogo e o *dancing* talvez tenham substituído as áreas de inter-

---

[46] Barros, 1990, *Op. Cit.,* p. 37.
[47] *Idem, ibidem.*

venção para as quais o clube teria sido fundado e que os estatutos definiam:

> "Estes [Clubes de tipo B], por vezes podem camuflar-se com um rótulo de «Clube Recreativo», «Grémio», «Clube Desportivo», escondendo uma outra realidade, mais próxima da dos Clubes de tipo A"[48].

Na sua maioria, os clubes estavam licenciados na Câmara Municipal de Lisboa como restaurantes.

> "É sabido que muitos deles, aliás como as cervejarias que então iam despontando, apresentavam, não só um horário nocturno – alguns mesmo abertos toda a noite – como tinham a sua própria orquestra de *jazz-band*"[49].

Estes clubes lisboetas, que devido ao provincianismo próprio da cidade se assemelhavam timidamente aos clubes de outras cidades europeias, situavam-se, na sua maioria, entre a Avenida da Liberdade, os Restauradores e o Chiado.

> "Bancos, casas de jogo, teatros, cinemas acotovelavam-se nesse local com outros tantos cafés, lojas e armazéns"[50].

Relativamente ao *dancing* acompanhado por *Jazz-bands*, não foram somente os clubes a aderir à sua criação e implementação. Alguns cinemas como o *Tivoli*, o *Eden*, o *Royal Cine*, criaram os seus *dancings* que ofereciam aos seus clientes durante os intervalos, arrendavam para festas particulares ou organizavam bailes em datas especiais, tais como Carnaval, Ano Novo, ou outras datas festivas[51].

O *Jazz-Band* «à portuguesa» marcou o ambiente das noites lisboetas. As danças da época que motivavam sobremaneira os clientes a frequentar os clubes (para além do jogo, do absinto, da cocaína, das paixões efémeras, da estúrdia libertadora dos tempos) só poderiam ser acompanhadas ao som da música e pelas orquestras de *Jazz-Band*.

Os clubes, os bares, restaurantes e cervejarias só conseguiriam transformar o seu ambiente transpondo-o para as novas dinâmicas

---

[48] Barros, 1990, *Op. Cit.*, p. 38.
[49] *Idem., ibidem.*
[50] *Idem*, p. 43.
[51] *Idem*, p. 39.

morais, sociais e culturais do paradigma emergente no Ocidente, e o *Jazz* marcava a diferença, sinalizava a modernidade, simbolizava uma nova era.

2.2.7. As *Jazz-Bands* Portuguesas

Com o incremento dos clubes, bares e restaurantes, surgem as *Jazz-Bands* portuguesas.

As formações musicais que abrilhantavam os bailes tinham agora interesse em actualizar os seus repertórios introduzindo temas da tão famosa linguagem musical, composições originais e/ou populares cuja orquestração e interpretação eram inspiradas no *Jazz* norte-americano.

Na tabela que se segue são apresentadas algumas orquestras de Lisboa e Porto, que desenvolveram actividade durante as décadas de 20 e 30[52]:

QUADRO 4

Identificação da Orquestra	Cidade	Local de actividade habitual
Maxim's Jazz	Lisboa	Maxim's Clube
Oquestra de António Melo	Lisboa	(restaurantes, clubes, hotéis)
Orchestra Jazz	Lisboa	(restaurantes, clubes, hotéis)
Orq.ª de António Cândido Ferreira	Lisboa	(restaurantes, clubes, hotéis)
Orquestra de J. Bento Monteiro	Lisboa	(restaurantes, clubes, hotéis)
Black-Melody Band	Lisboa	(restaurantes, clubes, hotéis)
Bristol Jazz-band	Lisboa	Bristol Clube
Orquestra Torta	Porto	Restaurante Monumental
Orquestra de Júlio Pimenta	Porto	Grande Hotel do Porto
Orquestra de Fernando Carriedo	Porto	Cinema Olímpia
Orq.ª de René Bohet e 15 professores	Porto	Jardim Passos Manuel

---

[52] Tabela elaborada através de informações recolhidas nos jornais da época.

Apesar destas orquestras desenvolverem a sua actividade habitualmente nos locais acima referidos, poderiam ser contratadas pontualmente para abrilhantar sessões de dança noutros estabelecimentos:

"(...) no salão «Ilustração Portuguesa» a festa (...) foi abrilhantada pela «Jazz-band» do Bristol"[53].

Além das orquestras enumeradas acima, que centralizavam a sua actividade musical em Lisboa e Porto, mesmo que tenham realizado um ou outro espectáculo em qualquer outra localidade do país, existiram igualmente orquestras no interior. Silvestre Valente, no ABC de 4 de Fevereiro de 1926, afirma:

"(...) Cascais é a praia elegante do final da *season* onde as meninas aristocratas vão descansar nos *fox-trots* vertiginosos as fadigas dos *shimmies* dançados nas estâncias termais"[54].

As estâncias termais do interior do país, extremamente populares na altura, ou abrilhantariam os seus bailes ao som da não menos popular grafonola, ou ao som de uma orquestra de *Jazz-Band*, marcando o ritmo dos «cansativos *shimmies*».

Ao longo do processo de recolha de informação para a elaboração deste trabalho foi encontrada alguma informação que prova a existência de agrupamentos no interior do país contratados para tocar nas estâncias termais, hotéis ou noutras empresas hoteleiras. Um dos documentos recolhidos é um postal de publicidade às bolachas *Jazz-Band* das *Fábricas Triunfo*, no qual surgem cinco músicos negros. O remetente, Henrique, fazia parte de um grupo de baile da vila da Lousã entre as décadas de 20 e 30, e no texto que enviou a Manuel Leitão, no verso do postal, informa este conterrâneo de outros grupos de baile e das datas e locais para as quais o grupo já teria contratos assinados: Castanheira de Pêra e Figueiró dos Vinhos.

---

[53] "A Favor da Escola Israelita", *in ABC*, 08/12/1927.
[54] "Como se embarca e desembarca em Lisboa", *Op. Cit.*, 04/02/1926.

FIG. 7

Neste particular, há ainda o testemunho de Jorge Costa Pinto, no qual afirma que, na década de 30:

"O meu pai era músico profissional, foi o primeiro que tocou em Portugal standards de jazz com uma grande orquestra. Mas os tempos estavam difíceis em Lisboa e ele não conseguia ganhar a vida como músico. Surgiu a oportunidade de ir trabalhar para umas caves da Bairrada e fomos todos para lá. Mal chegou, tratou logo de criar uma orquestra. Os ensaios eram em nossa casa, onde havia um piano e uma bateria. O meu pai era pianista mas eu preferia a bateria, decidi logo em criança que ia ser jazzbandista"[55].

Estes grupos de baile do interior, tal como nos grandes centros, conheciam a música *Jazz*. Seria natural que tentassem interpretar os temas mais famosos da rádio e dos discos da altura, pouco provável seria que o resultado musical correspondesse ao *Jazz* nascido nos EUA. Algumas críticas jornalísticas referiam a característica enfadonha, triste, do *Jazz* tocado pelas orquestras portuguesas. Além disto, nas programações de rádio existem referências a temas populares/tradicionais como sendo *fox-trots* ou música de dança. Recorrendo à tabela anterior da programação radiofónica (Vd. Tabela 2), poderão ficar como exemplos os temas: *Fado Maria Alice – one-step*, *Esperteza Saloia* – corridinho, ambos interpretados pela orquestra *Maxim's Jazz*.

Existem dúvidas relativamente ao género musical interpretado pelos *Jazz-bandistas* portugueses. Por um lado, de acordo com os dados anteriormente expostos, uma parte da população portuguesa conhecia e apreciava a nova música; algumas empresas nacionais utilizavam a imagem do *Jazz* para divulgar os seus produtos; os intérpretes nacionais de música popular, dansável, denominavam-se como «*Jazz bandistas*» ou «músicos de *Jazz*»; algumas estâncias termais, alguns hotéis, restaurantes, clubes, etc., divulgavam os seus estabelecimentos realçando a sua orquestra de *Jazz-band*; existem em Portugal partituras manuscritas que datam das décadas de 20 e 30 do *Jazz* norte-americano – peças de Duke Ellington e Louis Armstrong são importantes testemunhos da sua execução em Portugal nestas déca-

---

[55] Jorge Costa Pinto *in http://www.projazz.pt/jcostapinto.htm*, 15/02/2005.

das[56] –; partituras para piano de *fox-trot, charleston, shimmy*, etc., eram publicadas nas páginas de alguns jornais portugueses; e segundo a programação das rádios referida anteriormente consta-ta-se também que alguns temas do *Jazz* norte-americano eram executados por orquestras nacionais.

Por outro lado, não se conhece registo fonográfico de nenhuma orquestra deste período que permita analisar as características interpretativas, técnicas e musicais dos instrumentistas, impossibilitando, através da respectiva análise, a identificação da corrente estética por eles executada e o seu enquadramento estilístico; a crítica jornalística não é musicologicamente esclarecedora, contudo, alguns artigos dos jornais da época referem-se às «valsas e tangos» que as orquestras de *Jazz* tocavam e à sua interpretação enfadonha; os percussionistas, que nos bailes das bandas filarmónicas nas décadas de 30 e 40 tocavam bateria, vulgarmente afirmavam tocar *Jazz*[57] querendo referir-se ao instrumento e não à música que executavam; ainda hoje, nalgumas zonas do interior do país, a bateria e os grupos de baile são vulgarmente denominados por *Jazz* ou *Jazz-Band*, principalmente por indivíduos de uma faixa etária que ronda os 70/80 anos de idade[58]; há ainda relatos que se referem às versões que estas *Jazz-Bands* interpretavam dos temas mais conhecidos da música erudita e popular.

Neste enleio, qual seria então o enquadramento da música executada pelas *Jazz-Bands* portuguesas?

---

[56] A famosa *Caravan,* composição de Duke Ellington e Juan Tizol, manuscrita possivelmente na década de 30 e com o título *Fox-Trot Oriental*, foi encontrada em Portugal por João Moreira dos Santos, crítico da revista portuguesa *ALLJAZZ*.

[57] João Malta, de 90 anos de idade, baterista e compositor da Orquestra Ligeira da Banda Filarmónica da Lousã nas décadas de 30, 40 e 50, afirma ainda hoje ter tocado *Jazz*. Manuel Jorge Veloso, na entrevista cedida para a realização deste trabalho, afirma também que o termo «Jazz-band» era a denominação atribuída à bateria desde a década de 20. *in* Entrevista a Manuel Jorge Veloso, 13/02/2003, faixa n.º 1, 29:18 min..

[58] De facto, a bateria é uma criação dos músicos de *Jazz*. Haverá eventualmente a possibilidade de, sendo a bateria um instrumento recente na época e directamente associado à música *Jazz*, todos os agrupamentos que possuíssem uma bateria estarem automaticamente conotados com a música *Jazz*, daí que se possa concluir que a confusão em relação à nomenclatura «*Jazz*» possa ter acompanhado esta geração.

Júlia Leitão de Barros adianta duas hipóteses para justificar o diferente resultado musical entre o *Jazz* norte-americano e o *Jazz* português. Segundo a autora as formações portuguesas não realizavam improvisações e o número de músicos não excedia os cinco elementos por agrupamento[59]. Porém, pode observar-se na Tabela 4 a existência de uma orquestra composta por 16 músicos.

Desde meados do séc. XIX que em Portugal se instituíram, um pouco por todo o país, as Sociedades Filarmónicas. Certamente alguns músicos do interior, oriundos destas formações musicais, terão procurado na capital, ou noutros centros urbanos mais desenvolvidos, uma oportunidade para viver da música, razão que terá contribuído para a existência de orquestras com mais de cinco elementos, sem excluir a hipótese da existência de formações mais reduzidas; as salas de cinema tinham as suas orquestras, algumas delas com quase vinte músicos, como se viu anteriormente; além disto, o número de elementos por agrupamento não define o seu enquadramento em determinado género musical.

Quanto à segunda justificação apresentada pela autora, não se pode afirmar que os músicos não improvisassem, até porque não é a improvisação, por si só, que define a música *Jazz*. Na corrente estilística que emergiu em Chicago nos anos 20 – *Chicago School/Chicago Style* – a improvisação muito raramente fazia parte da estrutura da peça. A questão que se coloca é saber quais os recursos sonoros, o vocabulário e a técnica musical que os músicos portugueses utilizariam. Possivelmente, tanto as interpretações dos temas como as improvisações estavam sobejamente influenciadas pela escola tradicional da música erudita, da música tradicional ou popular: a técnica, o som, os recursos melódicos, harmónicos e rítmicos, a interpretação e a musicalidade, estariam a condicionar o desempenho *jazzístico* dos músicos portugueses.

---

[59] "(...) o conjunto de músicos de jazz – em Portugal não deve ter excedido os quatro ou cinco elementos"; "(...) as nossas bandas de jazz não realizavam improvisações", *in* Barros, 1990, *Op. Cit.*, pp. 64 e 65.

2.3. O anúncio do *Jazz* em Portugal

Depois de avaliados os condicionalismos e factores dos diversos sectores socioculturais destacados anteriormente, e tendo como referência o excerto de um artigo da imprensa da década de 20 cuja transcrição se segue, pode afirmar-se que o *Jazz* tinha chegado a Portugal:

> "hoje os sons burlescos e todavia gloriosos do jazz-band ouvem-se em toda a parte: nos clubes elegantes, nos cinemas, nos parques públicos, nos restaurantes da moda e até em modestas leitarias que outrora viviam silenciosas, olvidadas as descobertas da civilização"[60].

Contudo, reconhecendo que o produto musical das bandas portuguesas seria consideravelmente diferente do produto das formações norte-americanas e europeias; alguma incoerência no repertório das formações portuguesas na década de 20; que, tal como os restantes portugueses da época, também os músicos lusos estavam sujeitos à influência da *reprodução cultural*; que esta música era extremamente recente o que dificultava ainda a sua compreensão; que igualmente nos Estados Unidos somente uma pequena parte da produção musical que na época se denominava «Jazz» pode ser hoje denominada como tal (o êxito extraordinário de música composta para dançar com o rótulo «Jazz» espelha bem a indefinição também dominante nos EUA dos anos 20); pode afirmar-se que em Portugal existiu apenas uma tentativa de executar o *Jazz* «dos loucos anos 20».

Sendo crível a crítica jornalística da época, esta tentativa de execução/interpretação estava longe de satisfazer o público afecto ao género musical. Os críticos aficionados consideravam os *Jazz-bandistas* portugueses das seguintes formas:

> "(...) uns cultivadores do fado que tocam todas as músicas com o mesmo andamento (...) onde estão esses instrumentos ensurdecedores, barulhentos, com gritos selvagens, esses assobios e gargalhadas que dão um espírito tão vivo e uma alegria tão contagiosa aos Jazz estrangeiros? Falta a alegria em Portugal. Somos tristes, muito tristes. E alguém que seja alegre (...) tem que ir ao estrangeiro procurá-la"[61].

---

[60] Castro, «A Propagação do Jazz-Band», *in Ilustração Portuguesa*, 19/01/1925.
[61] Triska, "As Férias das Elegantes", *in ABC*, 09/09/1926.

FIG. 8 a)

A PROPAGAÇÃO DO JAZZ-BAND

E' o *jazz-band* a musica do momento, aquela que leva em si a tumultuosidade desta hora de transição que atravessamos,—no *jazz-band* dir-se-ha existir o tropel das ambições que nos corroem, a marcha satanica das anciedades que cruzam, desvairadas, enlouquecidas, um firmamento desolado, onde as proprias sombras dos ídolos se vão desvanecendo lentamente.

Musica de selvagens, donde se levitam gritos de desbravadores de selvas, onde ha mãos que rufam tambores como nos batuques africanos, mãos negras que tangem peles de veado distendidas sobre troncos ôcos, o *jazz-band* não tem a suave harmonia das musicas classicas; — a languidez dum minueto de antanho, a plastica ritmica duma pavana, que os corpos estilisados das mulheres de outrora dançavam com lentidão, com sonambolica volupía, esculturando passos em doirados salões.

Não tem o *jazz-band* a harmonia da musica civilisada:—o *jazz-band* é uma gama de ruidos dispares, heterogeneos:—e comtudo forma um ritmo uno, glorioso, como esse que se evola das multidões quando aclamam ou quando serpenteiam em marchas triunfaes.

A abstração divina que a musica insufla na alma não se desprende do *jazz-band*, que é musica epidemica, sem deliquescencias, — musica de atrabilinismos que só transpoz o pórtico da civilisação no momento em que esta delira e forma um intervalo entre um Passado que parece não persistir e um Futuro que é ainda um misterioso hieroglifo desenhado na ampola da Humanidade.

E todavia o *jazz-band* tem qualquer coisa de impulsivo, de impetuoso, a desafiar a decadencia dos que o amam, — a inocular vigor, alegria, no coração definhado desta tristeza que estende agora sobre o mundo a mancha negra de suas azas.

Dos *cabarets* norte-americanos, num vôo estrepitoso e longinquo, ele rumou á Europa,—e a Europa surpreendida quebrou por momentos o marasmo em que que a deixou a guerra e para o *jazz-band* teve aplausos, como já os tira para o *cak walk* e para o tango.

E a musica selvagem, suflando sons gloriosos num momento em que os povos parecem ouvir em extase a marcha funebre do seu fracasso, invadiu os teatros, os *bars*, os cinemas, — em toda a parte ela foi executada, primeiro com uma frieza ironica, quasi depreciativa, depois com franco aplauso.

E então, como a Argentina havia feito quando o tango teve na Europa sua consagração, á Europa e America remeteu os embaixadores da nova musica, bandos de negros, sacerdotes maximos do *jazz-band* — e Paris concedeu-

77

85

FIG. 8 b)

hes aclamações que muitos notaveis maestros não desdenhariam.

E aureolado na capital da Europa, que é a fecundadora de todos os verdadeiros triunfos, o *Jazz-band* alastrou-se aos outros paizes, invadiu tambem a Portugal — e nos proprios salões aristocraticos, que constituem ainda o refugio da tradição, já audaciosos pés vão ensaiando os passos da musica selvagem, já ha corpos voluveis bailando suas mefistofelicas contorsões.

E hoje os sons burlescos e toda via gloriosos do *jazzband* ouvem-se em toda a parte: — nos *clubs* elegantes, onde a luz embriaga e o topasio do *champagne* adquire estranhas refulgencias,

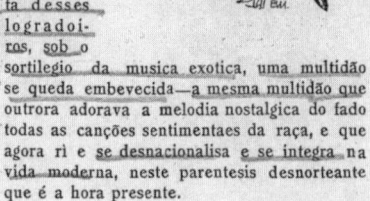

nos cinemas, nos parques publicos, — nos *restaurants* da moda e até em modestas leitarias que outrora viviam silenciosas, olvidadas de todas as descobertas da Civilisação... E á porta desses logradoiros, sob o sortilegio da musica exotica, uma multidão se queda embevecida—a mesma multidão que outrora adorava a melodia nostalgica do fado todas as canções sentimentaes da raça, e que agora ri e se desnacionalisa e se integra na vida moderna, neste parentesis desnorteante que é a hora presente.

FeRREIRA DE CASTRO.

"A psicologia dos Jazzs lisboetas é triste, é enfadonha. Não sentem a vertigem dos instrumentos sonoros (...) são enfim uns Jazzs tão pequeninos, tão suaves, tão técnicos, que o riso se afasta e a tristeza nos vence"[62].

Com estas tentativas de produção *jazzística* em Portugal não se pode afirmar, sem mais, que o *Jazz* tenha emergido em Portugal na década de 20. Os músicos portugueses necessitariam de reformular a sua educação musical, auditiva, a sua técnica instrumental e espírito interpretativo, assimilar esta nova linguagem musical e o seu vocabulário. Em Portugal, "sociedade de mais lenta transformação, onde as velhas oligarquias se mostravam reticentes em partilhar o monopólio da vida política e dos negócios"[63] o paradigma emergente no Ocidente não conseguiu impor-se.

Com as barreiras estruturais, morais, sociais e culturais que dominavam a sociedade portuguesa dos anos 20, é compreensível que os portugueses tivessem produzido uma música inspirada no *Jazz* dos EUA embora não tenha passado de meras experiências que, acusando a onda «louca» americana, não conduziu ainda à verdadeira assimilação da música *Jazz* em Portugal.

Não obstante a localização geográfica de Lisboa, que lhe permitia impor-se como ponto estratégico para as rotas marítimas e ferroviárias que cruzavam o Atlântico e o continente Europeu (não só para trocas comerciais e manutenção das embarcações, mas também como centro turístico de grande relevo) e o contacto directo que mantinha com as mudanças culturais que se processavam no resto do mundo (através dos *mass media* e do próprio turismo, sector económico que atravessava um período áureo), a repercussão do *Jazz* em Portugal processou-se de uma forma peculiar: a esmagadora maioria da população rejeitava e não compreendia esta nova música, outro grupo social mais reduzido aceitava esta música e não entendia a rejeição que alguns lhe dirigiam, Quanto ao *Jazz* de produção nacional havia ainda aqueles que não lhe reconheciam nenhuma característica capaz de o identificar como tal.

---

[62] "Na Época do Jazz-Band" *Op. Cit.*, ABC, 08/04/1926.
[63] Rosas, 1992, p. 10.

Fig. 9

Na epoca do Jazz-band

A dansa é de todos os tempos e de todas as nações. Quando Adão e Eva se viram, à solta, no Paraiso dansaram qualquer coisa arriscada que os levou à perda da sua felicidade inconsciente... Na Grecia, as bailarinas eram umas deusas prodigas de beleza que desvendavam aos mortais o culto magnifico da Arte; na India, as bailadeiras são as linhas flexiveis da fé supersticiosa dos brahmanes. Já Salomé alcançou a cabeça dum santo com os seus pequeninos pés descalços e, ainda, hoje as Salomés modernas que não exigem a cabeça dos inimigos — conseguem, muitas vezes, com um tango sensual ou com um jazz atordoador captivar a alma dos homens.

Ouvir um jazz parisiense, tocado por um meeting de seis instrumentos, com todos os guinchos e assobios possiveis, com essas exclamações alucinantes dos musicos, com esses gritos guturais dos negros, com toda essa mixordia de gargalhadas, de palmas, de palavras, dá a ilusão de que escutamos uma trombeta fenomenal em que os sons atingem uma força e uma sonoridade impossivel de descrever.

Homens e mulheres bailam, cantam, riem, agitam-se com uma alegria tão sincere, com um desejo tão intenso de viver, que as maguas são olvidadas, são desfeitas ao ritmo estonteador do prazer. As rolhas do champagne dão ao jazz um novo som e aos individuos um desejo mais violento de gozar.

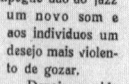

Depois, a vida moderna atingiu uma vertiginosidade que lembra a helice dum aeroplano ao agitar-se nos ares. Tudo é rapido, tudo é imprevisto.

O amor moderno é, igualmente, um jazz-band. Um par enamora-se, casa-se e divorcia-se. E' o culto da rapidez, é o vicio do modernismo. As mulheres já não morrem de amor e os homens já não desafiam a espada pelas suas damas. A Terezinha do «Amor de perdi-

ção» e a Margarida Gautier deram lugar à «Garçonne» e às mulheres que matam, mas não morrem...

A dança deste seculo compara-se à Russia vermelha, à Russia dos soviets...

Se as nossas avós assistissem aos bailes de agora, teriam uma apoplexia: onde se encontram os adoraveis minuettes e as aristocraticas pavanas? Para onde fugiram as cabeleiras empoadas e os calções de setim? Naturalmente, adormeceram na tumba do passado à espera de que a vertigem moderna se exgote e cance e volte a ser pacifica, a ser suave...

Por isso as mulheres vestem smoking, exibem monóculo e cortam os cabelos. Com as dansas modernas, as anquinhas do tempo de Luiz XV e XVI seriam desfeitas no turbilhão do baile; e as cabeleiras brancas, empoadas com esmero, iriam parar, no fim da noite, às mãos grosseiras dos criados ou às lojas dos adelos proximos. Mas — perguntarão alguns, voltaremos à suavidade dos tempos passados? Não o creio, embora a grande Ivette Guilbert alcançasse um sucesso com as suas canções medievais não teve discipulas, o que é sintomatico. E se os parisienses aplaudiram essa grande chanteuse é porque se quiseram desembriagar momentaneamente do Jazz. Mas, para que esta dansa infernal desaparecesse seria necessario que a America não continuasse a invadir as neções com os seus Jazzs arrogados e as milionarias a entregarem-se, doidas de amor, aos cultivadores do genero. A psicologia dos Jazzs lisboetas é triste, é enfadonha.

Não sentem a vertigem dos instrumentos sonoros; tocamos com a mesma sensibilidade com que tiram da guitarra uma canção melancolica; são, enfim, uns Jazzs tão pequeninos, tão suaves, tão tecnicos, que o riso se afasta e a tristeza nos vence.

Ser ou não ser... eis a questão: ou tocam o jazz ou uma melodia de Debussy. Mas, o que não se compreende, o que não é admissivel neste ano de 1926 é que se não vibre, é que se não agite, é que se não seja um pouco desvairado, ao ouvir o moderno Jazz-band

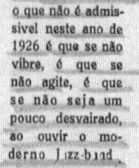

· · ·

CAPÍTULO 3

ESTADO NOVO, IDEOLOGIA E FOLCLORIZAÇÃO – FACTORES QUE RETARDARAM A EMERGÊNCIA DO *JAZZ* EM PORTUGAL

Não obstante a tendência muito generalizada a considerar a música como
uma esfera separada da política, ela é, pelo contrário, uma das artes que,
desde a mais remota antiguidade, mais se inter relaciona com as questões
do Estado e do Poder, de estratificação social e de identidade nacional ou de grupo,
de religião e de moral, de descriminação ou de afirmação do género, etc.[1]

MÁRIO VIEIRA DE CARVALHO

Este Capítulo, de abordagem sucinta e superficial, reveste-se, no entanto, de importância fulcral para a compreensão da sociedade portuguesa na primeira metade do séc. XX, com especial incidência no período sob domínio do Estado Novo.

Ao longo da década de 30, regimes autoritários, nacionalistas e de inspiração fascista, subiram ao poder: em Itália o Partido Nacional Fascista sobe ao poder em 1922; os nacionais-socialistas em 1933 na Alemanha; na Áustria em 1934; na Grécia em 1935; em Espanha inicia--se em 1936 a Guerra Civil que levará os franquistas ao poder em 1939.

"(...) parece ter chegado a hora dos «regimes de autoridade» porem cobro simultaneamente a um século de liberalismo, e a vários anos de «perigo bolchevista»"[2].

---

[1] Mário Vieira de Carvalho *in* Rosas e Brito (direcção), 1996, Vol. II, "Música Erudita", pp. 647 a 654.

[2] Rosas, 1992, *Op. Cit.*, p. 13.

A década de 30 é um período de profundas modificações políticas internacionais que tiveram também as suas repercussões em Portugal. A Ditadura Militar, instaurada com o golpe militar de 28 de Maio de 1926, desembocou no Regime ditatorial que dominou Portugal ao longo de mais de 40 anos – o Estado Novo. Esta transição, da Ditadura Militar do 28 de Maio para o Estado Novo, é facilmente perceptível atendendo ao contexto político europeu, nacionalista e autoritário, que se estendeu a outros países no período que se situa entre as duas grandes guerras.

Abordar o Estado Novo é, portanto, essencial para concluir acerca do fenómeno do *Jazz* em Portugal e compreender as razões que contribuíram para a sua afirmação retardatária.

3.1. A consolidação do Estado Novo

> *Com motivos de ocasião no eclodir, sem dúvida, com a cor local que lhe dá a especial gravidade dos nossos problemas, certamente; com a modalidade que haviam de imprimir-lhes as circunstâncias da política portuguesa e a nossa maneira de ser e de sentir, a Ditadura, ainda que indecisa, titubeante e irregular na marcha e na acção (...) é um fenómeno da mesma ordem dos que por esse mundo, nesta hora, com parlamentos ou sem eles, se observam, tentando colocar o poder em situação de prestígio e de força contra as arremetidas da desordem, e em condições de trabalhar e de agir pela nação.*[3]

OLIVEIRA SALAZAR

No início dos anos 30, valores conservadores, tradicionais e rurais, fomentados pelos interesses das classes dominantes, levavam o país a atrair sobre si as inspirações ideológicas que assolavam a Europa fascista. Não obstante estes interesses, a crise geral – social, política e económica – que se mantinha desde a implantação da República, levaram a uma reflexão profunda por parte dos sectores políticos acerca da redefinição do papel do Estado. No sentido de

---

[3] "Princípios fundamentais da revolução política", discurso de 30/07/1930 *cit. in* Rosas, 1992, p. 9.

dotar o Estado de poderes absolutos de inspiração fascista que privilegiassem o interesse nacional, que repusessem a estabilidade social e orçamental, protegessem o mercado nacional e colonial de concorrências internacionais, no sentido de gerir os anacronismos e as tensões entre os diversos sectores sociais, políticos e económicos visando o equilíbrio estrutural do sistema, e também para acabar com as reivindicações das classes trabalhadoras, sujeitando-as, através de soluções repressivas, às necessidades económica e financeira do conjunto das classes fortes, o Estado Novo constitui-se política e filosoficamente.

> "Cumprindo o seu propósito justificador, o relatório do projecto constitucional começa por explicar a necessidade de um «Executivo forte» como antídoto para a crise de autoridade em que o parlamentarismo da I República lançara o país, provocando o «amesquinhamento das funções do chefe de Estado» e a «anarquia do Legislativo». Ficam desde logo feitas as demarcações em relação às ideias liberais"[4].

O ano de 1930 foi decisivo: Oliveira Salazar estava reforçado no poder através de uma imagem positiva que vinha construindo desde 1928 à frente do Ministério das Finanças, cargo que assumiu a 27 de Abril desse ano. As forças opositoras estavam desmobilizadas e Salazar afirmava-se como o construtor ideológico do Estado Novo. Durante este ano foram publicadas as orientações essenciais da nova organização estatal. Em Julho, Oliveira Salazar traçou a doutrina e o programa do novo Regime e apresentou aos portugueses a União Nacional (UN), o partido da nação.

Entre 1930 e 1933, foram criados instrumentos governativos para que o Estado Novo se afirmasse e se consolidasse no panorama político português. Reformas administrativas, financeiras, a restruturação da censura prévia à imprensa e aos espectáculos (já existente anteriormente), a criação do Secretariado de Propaganda Nacional (SPN) em Outubro de 1933, a reorganização das forças militares e policiais para que ficassem salvaguardados o controlo, a vigilância e a repressão da acção política de forças opositoras à «nova ordem», a

---

[4] Ribeiro, 2002, p. 44.

nova orientação do Ministério da Educação Nacional (MEN), entre outros organismos, foram algumas medidas fundamentais.

Um outro factor importante foi a nomeação de Manuel Gonçalves Cerejeira para Cardeal Patriarca da Igreja Católica Portuguesa. Amigo de juventude de Salazar, do tempo de estudantes em Coimbra, ideologicamente sintonizado com o ditador, Gonçalves Cerejeira fulcral para o processo de doutrinação da nação portuguesa e das novas regras que Salazar traçava, através do poder evangelizador da Igreja.

Oliveira Salazar assume a Presidência do Conselho a 5 de Julho de 1932, numa fase em que todos os sectores administrativos e políticos estavam prontos para receber o «novo estado». Salazar tinha preparado, estrategicamente para dominar e durar, esta reorganização do sistema, escolhendo a altura para assumir o poder: avaliou os condicionalismos internacionais, principalmente a situação espanhola, cuja influência de esquerda poderia suscitar focos revo-lucionários em Portugal.

Propunha-se fazer "(...) uma criação política estruturalmente portuguesa"[5], procura aliados internos; afasta as oposições sindicalistas, socialistas, comunistas e anarquistas, comprometendo a existência de forças opositoras.

> "Confiante na força militar e policial e na eficácia da censura, Salazar constitui-se como um líder – quase indiscutível –, no final de 1933"[6].

O Estado Novo de Salazar utilizaria políticas totalitárias com o objectivo final de resgatar o indivíduo – a população – para os seus desígnios: uma nação (império) na qual predominasse uma mesma axiologia nacional.

O que realmente importa compreender, no que concerne, não só à música *Jazz*, mas também relativamente a outros comportamentos expressivos, é que o Estado Novo criou uma estrutura política e institucional de orientação e formação ideológica para a inculcação e doutrinação destes valores no indivíduo. Para atingir estes objectivos reformou o ensino, veiculou valores de reorganização familiar, do

---

[5] Salazar, 1951, Vol. III, p. 30.
[6] Farinha, 1998, p. 58.

trabalho, definiu campos de acção e enquadramentos estéticos da produção cultural da nação e dos seus artistas e criadores, dominou a imprensa e fundou estruturas de supervisionamento e controlo destas áreas de intervenção.

Logo em 1933, com a aprovação da Constituição, é fundada a Polícia de Vigilância e Defesa do Estado (PVDE) que, em 1945, passaria a ser denominada por Polícia Internacional e Defesa do Estado (PIDE).

> "(...)[A PVDE] foi o factor primeiro da organização omnipresente do medo, da delação e da perseguição como elemento pesante e constante do quotidiano"[7].

O ano de 1934 constitui o final do processo de implantação do Estado Novo. Realizou-se o I Congresso da UN, inaugurou-se a Exposição Colonial no Porto, remodelou-se o governo e, em Dezembro, realizaram-se as eleições para a Assembleia Nacional (AN) às quais concorreu uma única lista, a da UN. As oposições democráticas e operárias, que desde 1931 desencadearam um conjunto de ataques à política do governo, ficaram mais enfraquecidas. Muitos dos seus protagonistas foram obrigados a exilar-se, outros detidos e deportados. Esta repressão das forças políticas opositoras constituiu a aniquilação de movimentos democráticos capazes de fazer frente ao regime político de Salazar.

No entanto, Espanha constituía uma forte razão de preocupação para o governo português.

> "Em pleno processo de consolidação interna, o Estado Novo acompanhou com extrema apreensão o evoluir da situação em Espanha após a vitória da Frente Popular nas eleições de Fevereiro de 1936"[8].

O partido formado por republicanos, socialistas e comunistas espanhóis, poderia influenciar os desígnios do Estado Novo, apoiando a regeneração de forças opositoras, incentivando revoltas, protegendo exilados perseguidos, servindo de plataforma para as

---

[7] Rosas, 1992, *Op. Cit.*, p. 29.
[8] Oliveira, 1999, p. 40.

campanhas revolucionárias definidas na III Internacional Comunista.

Com a eclosão, em meados de Julho de 1936, da Guerra Civil de Espanha que só viria a terminar em 1939, Salazar, consciente que o desfecho deste conflito poria em causa a implantação da política do Estado Novo e percebendo que só a vitória da direita espanhola poderia criar um ambiente profícuo para a implantação em Portugal da política por si defendida, decide apoiar esta força beligerante que viria a ser comandada, a partir de 1 de Outubro de 1936, pelo general Francisco Bahamonde Franco.

A Guerra Civil de Espanha fez acentuar as características fascistas do Regime português. Tornou-se mais autoritário e repressivo tanto no plano político, impondo os interesses do estado sobre o interesse dos cidadãos, como no plano social e cultural, através do controlo da opinião pública e da propaganda político-filosófica.

Assim, em Maio de 1936, é fundada a Mocidade Portuguesa (MP); é criada a Legião Portuguesa (LP); é fundada a Junta Nacional de Educação (órgão do Ministério da Educação Nacional incumbido de estudar as questões relativas à formação do carácter, ao ensino e à cultura, do cidadão português); reforçam-se os papéis das organizações policiais, sobretudo da polícia política e a propaganda de ideário nacionalista e imperial através do SPN; torna-se mais célere a criação de estruturas sindicais corporativistas; é criada no Tarrafal – arquipélago de Cabo Verde, ilha de Santiago – a «Colónia Penal para presos políticos e sociais» e o poder concentra-se no seu líder, Oliveira Salazar: Primeiro Ministro, Ministro das Finanças, Ministro da Guerra e Ministro dos Negócios Estrangeiros.

Através das medidas de criação e fundação de instituições capazes de controlar, organizar, gerir e «formar» uma mentalidade rural e tradicionalista a nível nacional, com o desmantelamento das forças oposicionistas do Regime e com a subida de Francisco Franco ao poder espanhol, o Estado Novo possuía todas as condições para prosseguir com os seus desígnios sem perturbações.

3.2. Aparelhos e mecanismos do Estado Novo no processo de doutrinação ideológica

O Estado Novo sente-se investido das legitimidades sociais
que sustentam as práticas de doutrinação,
edificando políticas educativas que só se compreendem «ad extra», isto é,
através das expectativas pessoais e das dinâmicas colectivas que desencadeiam.[9]

ANTÓNIO NÓVOA

O Estado Novo procedeu a uma síntese daquilo que considerava serem os valores e o imaginário portugueses. Tornava-se fundamental que o processo de doutrinação ideológica fosse iniciado nas faixas etárias mais jovens, para assegurar a sua durabilidade e estabilidade e instituir-se como uma nova ordem política que deveria vir a ser sentida e defendida por todos. Processo moroso que tornava imperioso aguardar que as gerações se sucedessem. O empreendimento de doutrinação e inculcação de valores não poderia estar circunscrito às faixas etárias mais baixas, o que motivou o Governo a fundar um conjunto de instituições – institutos, corporativas, associações, Casas do Povo, a Federação Nacional para a Alegria no Trabalho (FNAT). Desta forma, o Estado Novo lutava por garantir, também na população de faixa etária mais elevada (sobretudo na classe trabalhadora), a doutrinação dos seus valores, "indiscutíveis e atemporais para a nação portuguesa".

Em síntese, as medidas institucionais que consagraram a unicidade político-social, tão pretendida pelo Estado Novo, foram: a monopolização da vida política através de um único partido, a UN; o saneamento de funcionários públicos por motivos político-ideológicos e a criação e o estabelecimento de legislação que definiu critérios políticos para o acesso aos cargos públicos e privados; a imposição de uma organização corporativa totalitária, através do enquadramento dos diversos sectores económicos, sociais, culturais e administrativos dentro da axiologia do Regime, o que originou o desaparecimento progressivo de quaisquer formas de associação que não aceitassem a

---

[9] Nóvoa, 1992, p. 456.

tutela do Estado Novo ou não se integrassem no seu quadro de valores; a organização dos tempos livres dos trabalhadores por um organismo de estado – FNAT, criada em 1935 –, que preenchia os tempos livres de uma forma lúdico-pedagógica com actividades subliminares de inculcação política e moral oficiais; a orientação do ensino, ideologizada, com maior incidência nos níveis primário e secundário; o saneamento por razões político-ideológicas dos docentes e a adopção oficial de «livros únicos» (com a revisão constitucional de 1935, o ensino público passa a estar constitucionalmente vinculado aos «princípios da doutrina e moral cristãs»); o enquadramento e vinculação político-ideológica dos estudantes dos ensinos primários e secundários numa estrutura miliciana (a Mocidade Portuguesa, fundada em 1936); a «formação e educação das futuras mulheres/mães», através de instituições estaduais, como a Obra das Mães para a Educação Nacional (OMEN) fundada em 1936, a Mocidade Portuguesa Feminina (MPF) fundada em Dezembro de 1937, ou o Instituto para a Defesa da Família; a elaboração, a adopção, a veiculação e inculcação de uma «Política do Espírito», sob a tutela do SPN[10].

Seguidamente analisam-se as reorganizações ministeriais desenvolvidas pelo Estado Novo e outros órgãos por si criados; estruturas governamentais de importância fulcral para a implementação da «Política do Espírito», assim definida por António Ferro, que se traduzia por:

> "(...) uma orientação oficial para a cultura e as artes, explicitamente destinada a «educar o gosto dos portugueses» no culto dos valores estéticos e ideológicos modelares, apresentados e divulgados pela propaganda do Estado (...)"[11].

---

[10] *in* Rosas, 1992, *Op. Cit.*, p. 142.
[11] *Idem, ibidem.*

3.2.1. O Ministério da Educação Nacional

A Lição de Salazar:
DEUS, PÁTRIA, FAMÍLIA – Trilogia da Educação Nacional
(cartaz comemorativo dos 10 anos de Salazar no poder)

O mestre não é um burocrata,
mas um modelador de almas e de portugueses.[12]

CARNEIRO PACHECO
(Ministro da Educação Nacional, 1936-1940)

O sistema educativo é fundamental para a instituição de um modelo sociocultural. O Salazarismo reconhece-lhe essa função e instrumentaliza-o para coadjuvar no processo de reeducação ideológica.

Entre 1930 e 1936, o Ministério da Instrução Pública (MIP) procurava um novo rumo. Sucediam-se os ministros e as reformas sem que o Regime conseguisse encontrar uma conduta que satisfizesse os seus propósitos. No entanto, uma linha de acção consubstancia as diferentes fases: a importância que o Regime dedicava ao desmantelamento dos conceitos, símbolos e práticas da «Escola Republicana». As medidas levadas a cabo pelos sucessivos ministros não se revelavam eficientes para os objectivos de Salazar.

> "As frequentes intervenções estatais (mudança do nome das escolas, dos programas, da direcção, dos professores, etc.) não conseguem resolver o cerne do problema: as escolas mantêm uma cultura pedagógica própria, caldeada no tempo republicano, que a Ditadura não consegue modificar"[13].

Para o MIP, a única forma de se edificar um ensino defensor e difusor dos ideais do Estado Novo, seria através da extinção de

---

[12] *in* Nóvoa, 1992, *Op. Cit.,* p. 459.
[13] *Idem*, p. 457.

alguns estabelecimentos de ensino, como foi o caso da Escola do Magistério Primário de Coimbra:

"A Escola do Magistério Primário de Coimbra deve ser dissolvida (...) Dos elementos que ficassem, a maioria não deixaria de ser o que é actualmente, um peso morto, mas que não renegaria nunca as tradições (republicanas) da Escola. (...) A Escola formou-se à sombra de certas doutrinas. A ideia da Escola está ligada à ideia dessas doutrinas. Tudo as recorda"[14].

Com o objectivo de diluir o movimento republicano na educação, o Salazarismo reestrutura a administração do ensino e o processo de formação dos professores.

As linhas de orientação para a política educativa começavam a ser delineadas:

"(…) separação dos sexos e dos grupos sociais (...); a definição de uma lógica de «realismo pragmático», que tenta ajustar a oferta institucional à procura social de educação, traduzindo-se numa espécie de nivelamento por baixo das aprendizagens escolares (redução da escolaridade obrigatória, redução dos conteúdos programáticos, redução do nível de competências dos professores, etc.); a imposição de uma «administração mais centralista e autoritária» do sistema educativo (...); uma atitude de «desprofissionalização do professorado», através da desvalorização das bases profissionais e científicas da actividade docente (...)"[15].

Para pôr em prática este modelo educativo, é nomeado Carneiro Pacheco para Ministro da Instrução Pública. No processo de reorganização deste ministério, Carneiro Pacheco baptiza o MIP como Ministério da Educação Nacional (MEN). O ano de 1936 é um marco de viragem na política educativa do Estado Novo que se caracteriza "(...) pela tentativa de edificação da escola nacionalista, baseada numa forte componente de inculcação ideológica e de doutrinação moral"[16].

---

[14] *Autos de Inquérito ao funcionamento da Escola do Magistério Primário de Coimbra*, 1935, *in* Nóvoa, 1992, *Op. Cit,* p. 457.

[15] Nóvoa, 1992, *Op. Cit.*, p. 458.

[16] *Idem, ibidem.*

A partir desta data os manuais escolares apresentam um forte enquadramento político-filosófico, ideológico, principalmente com a imposição dos «Livros Únicos».

"O Estado Novo compreendeu todas as potencialidades do ensino como factor de socialização: inculcou valores, subordinou corpos, disciplinou consciências"[17].

O Regime conhecia também a inoperância de uma acção de doutrinação circunscrita exclusivamente ao espaço escolar. Para que a doutrinação ideológica se tornasse eficiente, o Estado Novo alarga o seu âmbito de intervenção. Criou novas áreas curriculares (introduzindo a disciplina de Educação Moral e Cívica, transversal a todas as áreas disciplinares), instituiu processos de controlo das famílias, unidimensionando a actividade dos agentes educativos: Estado- -Igreja-Escola-Família.

Em 1936 é fundada a Mocidade Portuguesa (MP) que desempenhou um papel extremamente importante na reeducação ideológica salazarista servindo de elo de ligação entre todos os agentes educativos e a sociedade em geral. Segundo o próprio governo, esta organização tinha como principal objectivo "formar homens de carácter (...) servir a Deus, a Pátria (...) e [ser formada] para com a concepção cristã da sociedade ocidental".

O Salazarismo reforça o controlo das famílias, utilizando para o efeito os serviços médico-escolares.

"A glorificação nacionalista das famílias exige uma vigilância apertada da vida no lar (...) o trabalho dos médicos escolares é complementado pela acção das visitadoras escolares"[18].

Data também de 1936 a criação da Obra das Mães pela Educação Nacional (OMEN) que visava defender a «célula social básica», a família. A este organismo cumpria «estimular a acção educativa da família», orientando e formando as futuras mães portuguesas no «embelezamento da vida rural», na «defesa dos bons costumes», na

---

[17] Nóvoa, 1992, *Op. Cit.*, p. 511.
[18] *Idem*, p. 517.

gestão e orientação da Mocidade Portuguesa Feminina (MPF), incutindo nas raparigas, além dos mesmos valores político-filosóficos aduzidos aos rapazes, a «devoção ao serviço social» e o «gosto pela vida doméstica».

Num discurso desse ano, Gustavo Cordeiro Ramos afirma:

> "alargou-se a acção da escola, cujo fim não é apenas ensinar, mas sobretudo educar e educar politicamente, no sentido nobre da palavra, isto é, transmitir conhecimentos que não contrariem, antes favoreçam os fundamentos morais do Estado"[20].

Outro órgão que veio coadjuvar na difusão ideológica foi a Junta Nacional da Educação (JNE), baseada no princípio de «órgão técnico e consultivo» do MEN, que viria a ter um papel mais relevante: analisaria os "(...) problemas relativos à formação do carácter, ao ensino e à cultura do cidadão português, a par do desenvolvimento integral da sua capacidade física"[21]. O Governo, com este órgão, ambicionava dotar-se de metodologias educativas capazes de impor no cidadão os seus princípios políticos, religiosos e filosóficos. A JNE debruçava-se sobre vários níveis de conhecimento e de ensino inseridos nas seguintes secções: Educação Moral e Cívica; Ensino Primário; Ensino Secundário; Ensino Técnico; Belas-Artes; e Alta Cultura.

Este processo visava o estabelecimento de relações com associações/organizações cujo objectivo fosse a difusão de «conhecimento», a promoção cultural, artística, desportiva, religiosa e/ou académica, fossem elas de natureza pública ou privada: universidades, institutos superiores, museus, sociedades musicais e recreativas, etc.. A JNE controlava todas as agremiações: da imprensa à rádio, dos espectáculos ao turismo, das associações de trabalhadores às juvenis, das religiosas às educativas.

Através da JNE, o Estado Novo encontrou a plataforma governamental que uniformizaria os conceitos, os conteúdos e as práticas de cada uma das subsecções que a constituíam, instrumentalizando-a como uma instituição de produção metodológica para a implementação dos seus princípios.

---

[20] Nóvoa, 1992, *Op. Cit.*, p. 459.
[21] Ramos do Ó, 1992, p. 399.

Com a aplicação deste conjunto de medidas inspiradas no conservadorismo e nacionalismo, Portugal rompe com as teorias vanguardistas de pedagogia e educação que outros países implementavam. As trocas de conhecimentos e experiências pedagógicas internacionais deixaram de circular em Portugal o que levou, num curto espaço de tempo, ao isolamento cultural a todos os níveis e áreas de conhecimento. Desta maneira, somente uma parte muito reduzida da população conseguia transpor o sistema e aproximar-se das correntes políticas, culturais, estéticas e artísticas que o mundo desenvolvido veiculava, o que constituía também um dos objectivos da política Salazarista: o controlo das massas através de uma formação cultural rudimentar, de valores religiosos que fundamentassem a subordinação e o conceito de «destino»; e uma classe de *elite*, afecta ao Regime, que acedesse culturalmente a todos os níveis de conhecimento e em todas as áreas da sua produção: ciência e arte.

3.2.2. António Ferro e o Secretariado de Propaganda Nacional

Com o objectivo de coadjuvar na instituição nacional dos valores morais, religiosos, sociais, políticos e culturais defendidos pelo Estado Novo, é criado pelo Decreto 23.054 de 25 de Setembro de 1933, o Secretariado de Propaganda Nacional (SPN)[22] e nomeado António Ferro para seu director.

A famosa «Política do Espírito» começava agora a ser veiculada. Oliveira Salazar, consciente da necessidade de existir uma coesão nacional moral, incrementa, através da íntima interacção dos múltiplos aparelhos de estado, órgãos e sectores governamentais (MEN, JNE, MP, Academia Nacional de Belas Artes – ANBA –, o Conselho Superior de Belas Artes – CSBA –, a Polícia de Vigilância e Defesa do Estado – PVDE – e a Censura), uma política de carácter naciona-

---

[22] Rosas e Brito, *Op. Cit.*, p. 893. Com o decreto de lei 33.545, de 23 de Fevereiro de 1944, é criado o Secretariado Nacional de Informação e Cultura Popular (SNI) que concentrará o SPN, os serviços de turismo, a imprensa, a censura, as exposições nacionais ou internacionais e os serviços de radiodifusão, mantendo-se António Ferro na sua orientação. *in* Ramos do Ó, 1999, p. 257.

lista e impõe os valores morais, sociais, culturais e estéticos de uma «portugalidade» por si imaginada, uma axiologia nacional.

O SPN teria a função de coadjuvar nesta missão doutrinadora da nação, através da coordenação, organização e difusão sistemática das medidas políticas e ideológicas do Estado, como instituição aglutinadora dos restantes sectores de poder. Segundo o Decreto 23.054: "todas as repartições e serviços do Estado, corpos e corporações administrativas são obrigados a prestar informações" a este Secretariado, bem como "enviar-lhe todas as publicações oficiais ou oficiosas" para que o referido órgão pudesse analisar, gerir e difundir as conclusões que destas informações se retiravam. O SPN era o instrumento político unificador, não só da acção governamental, como da sociedade civil.

Nos decretos de 25 de Setembro de 1933, o Governo atribuiu-lhe as seguintes funções: regular as relações da imprensa com os poderes do Estado; fomentar a edição de publicações que se destinem a fazer conhecer a actividade do Estado e da nação portuguesa; organizar um serviço de informação acerca da acção desenvolvida pelos diferentes serviços públicos e difundi-la através da Propaganda Nacional; servir permanentemente como elemento auxiliar de informação dos respectivos ministérios; organizar manifestações nacionais e festas públicas com o intuito educativo ou de propaganda; combater por todos os meios ao seu alcance a penetração de quaisquer ideias perturbadoras e dissolventes da unidade nacional; colaborar com artistas e escritores portugueses, podendo estabelecer prémios que se destinem ao desenvolvimento de uma arte e de uma literatura acentuadamente nacionais; utilizar a radiodifusão, o cinema e o teatro como meios indispensáveis à sua acção; colaborar com todos os organismos portugueses de propaganda existentes no estrangeiro; promover a realização de conferências em vários centros mundiais por individualidades portuguesas e estrangeiras; elucidar a opinião internacional sobre a acção civilizadora do Estado e de modo especial sobre a acção exercida nas colónias para o progresso do Império Ultramarino; e promover a expansão de todas as manifestações de arte e literatura nacionais[23], remetendo-as para uma posição essen-

---

[23] *in* Ramos do Ó, 1992, *Op. Cit.*, p. 398.

cialmente funcional, na medida em que, sendo agora considerados meios de propaganda, serviriam os interesses políticos e filosóficos do Poder.

A ideia da criação de um organismo estatal desta natureza partiu de António Ferro, que dirigiu o SPN durante quinze anos ininterruptamente, de 1933 a 1948.

O seu percurso ideológico divide-se em duas fases distintas. Numa fase inicial intimamente associado ao «primeiro modernismo português», integrou os articulistas da revista *ORPHEU*, publicada em 1915, tendo sido editor a convite de Mário de Sá-Carneiro. Neste movimento, Ferro estava conotado com a "ala mais mundanamente escandalosa"[24] pelas posturas críticas de defesa em relação à cultura artística, estética e social do modernismo emergente. Numa segunda fase, a partir da segunda metade da década de 20, assume uma admiração pelos ideais fascistas que emergiam na Europa. Chegou mesmo a entrevistar os seus líderes, tais como Benito Mussolini e Primo de Rivera. Intituladas *Viagem à Volta das Ditaduras*, estas entrevistas foram publicadas um ano após o golpe militar de 28 de Maio. Alcança, assim, notoriedade como repórter internacional o que lhe confere prestígio nacional.

Com a admiração assumida pelos ideais fascistas, enceta um percurso que o levará ao Poder. Como jornalista do Jornal de Notícias (JN) publica, ao longo do ano de 1932, um conjunto de artigos através dos quais «aconselha», ainda que indirectamente, o poder governativo a reconhecer a necessidade estratégica e urgente de uniformizar os conceitos políticos, filosóficos e morais da população, dos cidadãos, do indivíduo.

> "(...) é já óbvio que se estava a candidatar a um posto na administração: para além de revelar a existência de espaços de manobra desactivados, o reconhecimento de que designadamente «o teatro, a pintura, o livro» careciam de maior protecção, pois se destacavam de entre os «instrumentos» da sedução colectiva (...)"[25].

---

[24] França, 1985, p. 203.

[25] Ramos do Ó, 1992, *Op. Cit.*, p. 403. Segundo António Ferro, o Regime necessitava de «um poeta de acção». Reconhecendo em Oliveira Salazar a «sua natureza reservada», considerava que o Estado Novo necessitava de alguém cuja

Para António Ferro, a actividade artística, direccionada para a defesa e difusão dos ideais nacionais políticos e filosóficos, revelava--se importante, não partilhando da opinião daqueles que defendiam a retenção orçamental no apoio às artes. Defendia que os investimentos direccionados para a produção artística trariam resultados políticos positivos a médio/longo prazo para o Regime.

Pretendia o aparecimento de uma «arte saudável» e criticava os movimentos artísticos que não se produzissem inspirados nos ideais do Estado Novo apelidando-os de «diabolismo dissolvente», «amoralismo e morbidez», «volúpia do satanismo». Em relação à literatura, exclui as obras de uma escrita «sádica», os romances de «escavações freudianas», de «infatigáveis e doentios rebuscadores de contradições»[26], afirmando:

função fosse a de "martelar constantemente as suas ideias, despi-las da sua rigidez, dar-lhes vida e calor, comunicá-las à multidão (...)". O futuro director do SPN defendia a necessidade urgente de um «metteur-en-scène» que «conduza o baile» e que enquanto se não vislumbre quem o venha fazer "a vida portuguesa continuará a marcar passo, a fingir que anda". Ao longo de 1932, nos artigos que publicou no JN, defendeu que a ditadura, com as características necessárias de controlo e repressão, pode ser atenuada. Fundamenta a importância dos rituais apoteóticos, as paradas com estandartes e símbolos nacionais para que os ideais não se desvaneçam: "As paradas, as festas, os emblemas e os ritos são necessários, indispensáveis, para que as ideias não caiam no vazio (...) A supressão forçada, necessária de certas liberdades, de certos direitos humanos, tem de ser coroada através da alegria, do entusiasmo, da fé (...) vir até ao povo, saber o que ele quer, ensinar-lhe o que ele quer".Difundindo estas ideias, tão ao gosto do poder instituído e do seu líder, acabava por se candidatar ao lugar para o qual, no ano seguinte, Oliveira Salazar o nomeava. Ferro reconheceu as áreas de intervenção que o Estado Novo ainda não ocupara, «aconselhou» o Regime, disponibilizou-se e mostrou-se apto e capaz para assumir este cargo.

[26] Ramos do Ó, 1992, *Op. Cit.*, pp. 411 a 413. De uma forma original e inédita historicamente, António Ferro soube envolver os movimentos artísticos da modernidade com os princípios ideológicos do Salazarismo. Numa das entrevistas com Oliveira Salazar publicadas em 1932 no Diário de Notícias, Ferro ousa lembrar o ditador: "Perdoe-me lembrar-lhe que se é justo (...) pensar na conservação do nosso património artístico, é igualmente justo, e talvez mais urgente, pensar na arte viva (...) que deve ser a expressão do nosso momento. Há aí duas dúzias de rapazes, cheios de talento e mocidade, que esperam (...) para serem úteis ao seu País, que o Estado se resolva a olhar por eles. Perdoe-me que lhe cite Mussolini (...): «A Arte para nós (...) é uma necessidade primordial e essencial da vida, a nossa própria humanidade»". Estava assim lançado o mote para a edificação do «movimento moderno» português. *in* Ramos do Ó, 1999, p. 105 a 107.

"nós queremos declarar guerra publicamente aos déspotas da liberdade do pensamento, aos intelectuais «livres» (...) narcisos da democracia, envenenadores do Mundo"[27].

O SPN instituiu concursos nacionais para atribuição de prémios aos criadores de todas as áreas artísticas. Evidentemente que estes concursos visavam, através da valorização da filosofia estética do Estado Novo, incrementar uma corrente estética/artística nacionalista e alertar todos os criadores para a dificuldade de poderem alvitrar impor-se como artistas nacionais caso não estivessem em consonância com o modelo pretendido. Os artistas passaram a ser seleccionados como «funcionários públicos», com objectivos bem definidos para a sua actividade criadora e instrumentalizados pelo poder governativo como sector coadjuvante na «Política do Espírito».

3.2.3. A Censura

A Censura constituiu uma estrutura de extrema importância no processo de consolidação do Estado Novo, transversal a todos os órgãos políticos e com uma acção orientada para todos os sectores da sociedade portuguesa, no sentido de preservar a «verdade política», reprimir a acção de grupos opositores, manter a ordem na opinião pública e defender os valores morais, culturais e estéticos.

"[A Censura] foi um instrumento político do Estado Novo para condicionar a discussão de opiniões e a divulgação de ideias contrárias ao regime. Permitiu-lhe consolidar-se e manter-se no poder"[28]. "A Censura prévia à imprensa e depois à rádio, ao cinema, ao teatro e à televisão é talvez a mais perene das instituições repressivas criada pela Ditadura Militar, mantida, reforçada e alongadas pelo estado Novo. Estabelecida em Junho de 1926, após o golpe de 28 de Maio desse ano, não haverá um único dia em que ela deixe de estar em vigor até ao 25 de Abril de 1974: 48 anos ininterruptos de mordaça à livre expressão e à criatividade intelectual e artística"[29].

---

[27] António Ferro *in* Ramos do Ó, 1992, *Op. Cit.*, p. 412.
[28] Barros, 2000, p. 46.
[29] Sardica; Samara e Barros, 2000, p. 27.

Existente desde a I República, "no ano de 1927 a censura alarga--se mesmo a todos os espectáculos públicos (teatro, cinema, musicais, bailado, etc.)"[30]. Reestruturada com a nova Constituição Política, que entrou em vigor a 11 de Abril de 1933, a Censura assumia um carácter cada vez mais intolerante:

> "«Na censura prévia»: «jornais, revistas, ilustrações, magazines», «números únicos ou espécimes, manifestos, folhas volantes, folhetos, cartazes, boletins, relatórios, circulares, prospectos,», «originais de telegramas e telefonemas» para o exterior do país; «na censura repressiva»: as mesmas publicações (...), os telegramas vindos do estrangeiro, e pela primeira vez os livros quer produzidos intramuros ou não"[31].

No quadro de valores da "Política do Espírito" este organismo estava incumbido de averiguar jornais, revistas, rádios e mais tarde televisão, anúncios ou cartazes, literatura, cinema, teatro, bailado e espectáculos musicais.

No que concerne ao *Jazz*, em Novembro de 1945, quando Villas--Boas inicia a emissão da rubrica *Hot Clube* na Emissora Nacional (EN), surge um primeiro confronto com a Censura. Depois de algumas rubricas na EN, o *Hot Clube* passa a ser transmitido, logo em Janeiro de 1946, dos estúdios do Rádio Clube Português (RCP). Ressalta aqui uma questão: porque razão terá sido transferida a rubrica para o RCP? Luís Sangareau, amigo íntimo de Villas-Boas, afirma que o programa foi proibido na EN: "Mostraram-nos mesmo um papel (...)"[32] que proibia a sua transmissão da emissora do Estado. Nas orientações de Ferro traçadas no discurso de 12 de Junho de 1941[33], ficou bem patente que o ambiente de bares e

---

[30] Barros, 2000, *Op. Cit.*, p. 46.
[31] Ramos do Ó, 1992, *Op. Cit.*, p. 442.
[32] Entrevista a Luís Sangareau, 11/02/2003.
[33] "No respeitante à EN de Radiodifusão (...) António Ferro enunciaria uma série de mandamentos culturais de tipo ético formulados numa linguagem imperativa e associados a regras concretas", Ramos do Ó, 1992, *Op. Cit.*, p. 445. O Director da EN julga que a grande maioria dos ouvintes gostaria de ouvir fado «de manhã à noite», «palestras humorísticas, maliciosas», «um campo sonoro de futebol», ou uma espécie de «bar e *dancing*». *in* Ramos do Ó, 1992, *Op. Cit.*, p. 445.

dancings e a sua música estavam completamente arredados das programações. Certamente a música *Jazz* estava aqui incluída o que justifica a transferência do *Hot Club* para o RCP. Luiz Villas-Boas, cujo objectivo era a defesa e divulgação da música *Jazz*, nunca abordou esta questão. Sabia que uma postura reivindicativa não traria vantagens. Submisso, prosseguiu a sua missão. O RCP[34], instituição da simpatia do Estado Novo, recebeu o *Hot Club* com a conivência dos representantes do Poder. A EN não deveria, no quadro politico--filosófico do Regime, pela missão que preconizava, opor-se às orientações traçadas em 1941 por António Ferro. Quanto ao RCP, instituição privada, cujos directores eram apoiantes do Regime, poderia transmitir a rubrica. Assim, controlada, a rubrica *Hot Clube* não constituía ameaça.

Já na década de 50, com a organização dos festivais de *Jazz* que o Hot Clube de Portugal (HCP) desejava promover, surge mais uma vez a interferência dos censores. Augusto Mayer afirma:

> "Nunca fizeram nada pelo *Jazz*... pelo contrário (...) houve uma resistência em relação ao *Jazz* (...) Nós, ao princípio, fizemos uns festivais, que nós pomposamente chamámos «Festivais de Jazz», no Condes, no Roma, no Capitólio (...) eu andava de carro com uma máquina de escrever e tinha que ir ao ministério para os tipos darem autorização para os músicos poderem tocar (...) para fazermos a propaganda do concerto nós tínhamos que pôr «Festival de Música Moderna» porque não autorizavam pôr «Festival de Jazz» (...) mas no último (...) pus «Festival de Jazz»"[35].

Por que razão, afinal, aquando do 4.º Festival, em que Augusto Mayer colocou sem o prévio conhecimento dos censores o termo «*Jazz*» no folheto de promoção, não actuaram os órgãos governa-

---

[34] Desde a institucionalização do Estado Novo que o Rádio Clube Português (RCP) apoiava as medidas implantadas pelo Poder. Logo em 1936, com o eclodir da guerra civil de Espanha e em consonância com os desígnios do Salazarismo, reconhecendo que só a vitória de Franco traria estabilidade e durabilidade ao Regime português, o RCP constituiu uma forte base de apoio através da propaganda pró-Franco.. Desde então, o Estado Novo confiava no apoio do RCP nos objectivos filosóficos e políticos que ambicionava implantar. *in* Oliveira, 1992, p. 80.
[35] Entrevista a Augusto e Ivo Mayer, faixa n.º 5, 14:00 min., e faixa n.º 6, 00:00 min..

mentais, uma vez que nos festivais anteriores proibiam o termo «*Jazz*» nos folhetos de promoção?

O 4.º Festival de *Jazz* deu-se a 3 de Novembro de 1958, ano que se caracterizou por uma viragem na vida política nacional. As eleições presidenciais às quais concorreram o general Humberto Delgado (opositor do Regime)[36] e o almirante Américo Tomás (candidato da União Nacional – UN) e o «Verão Quente» deixaram uma certa instabilidade no Regime. Com a opinião pública cada vez mais reivindicativa, com as massas mobilizadas contra o Regime impulsionadas pela campanha de Humberto Delgado, pelo fraudulento processo das Eleições Presidenciais[37], pelas próprias características do Estado Novo que já não satisfaziam a maioria da população e através dos ecos da Europa que inspiravam a democracia e a liberdade, o Poder de Lisboa viu-se obrigado a apaziguar os seus modelos de acção, de controlo e repressão e a proceder a uma remodelação governamental que, segundo Oliveira, "foi das remodelações mais profundas feitas nos Governos de Salazar e traduziu a necessidade de resposta à crise aberta por Humberto Delgado"[38].

O Estado Novo, através da vitória fraudulenta de Américo Tomás, retomava as rédeas do poder, porém, deparava-se com uma crise social, política e militar que deveria saber gerir. A conjuntura não era propensa a controlos demasiadamente repressivos. O Governo tinha utilizado todos os meios ao seu alcance para garantir

---

[36] Esta candidatura "(...) veio imprimir (...) uma viragem profunda na vida política portuguesa, centrada quer no acesso à actividade política de sectores da população recentemente urbanizados, (...) quer nos métodos de actuação. A acção e a capacidade de lutas das massas populares evidenciadas nas manifestações que acompanharam toda a candidatura em iniciativas reivindicativas que se traduziram num surto grevista de dimensão apreciável (...) foram a grande novidade desta campanha eleitoral (...)", *in* Oliveira, 1992, *Op. Cit.*, pp. 80 e 81.

[37] "As eleições de 1958 marcaram, sem sombra para qualquer dúvida, não apenas a evolução política do Estado Novo mas o quadro de referências e de luta do conjunto das forças da oposição". Américo Tomás sai vencedor através de fraude eleitoral, com "(...) o controlo e a manipulação pelas autoridades dos cadernos eleitorais, a impossibilidade de fiscalização plural do processo eleitoral, a acção de forças repressivas, as práticas de censura, a intimidação e o uso de medidas de coacção sobre a opinião pública e sobre os cidadãos (...)", *in* Oliveira, 1992, *Op. Cit.*, p. 80.

[38] Oliveira, 1992, *Op. Cit.*, p. 77.

a vitória do candidato da UN. Os meios a que recorreu para alcançar essa vitória tinham chegado ao conhecimento dos oposicionistas e a própria opinião pública duvidava da honestidade dos resultados eleitorais. Para agravar este cenário, havia ainda rumores da intenção de Humberto Delgado tentar o golpe de estado caso se verificasse fraude nos resultados eleitorais. Por tudo isto, tornava-se agora imperioso apaziguar as massas e reconquistar a opinião pública. O aparelho político geria cautelosamente a situação e colocava toda a sua atenção nas movimentações políticas e militares.

No entanto, a atenção redobrada que o Regime dedicou às forças oposicionistas não conseguiu impedir o «Golpe da Sé» em 1959[39].

Tendo em conta os problemas com que o Governo se debatia, problemas de fundo que poderiam colocar em causa a sua manutenção no poder, é óbvio que um mero folheto de promoção de um festival de *Jazz* não fosse atrair a atenção dos censores.

A Censura, como plataforma de sustentabilidade do Regime, defendia a estabilidade política, dominava a opinião pública e zelava pela manutenção da axiologia que o Estado Novo desejava implantar através da sua «Política do Espírito»[40]. Como um «grande polvo», estendia os seus tentáculos a todos os sectores da sociedade e o *Jazz* não passava despercebido. Não havendo da parte do Regime uma perseguição directa relativamente ao HCP e ao *Jazz*, depreende-se, pelo quadro de valores explanados anteriormente, que havia uma certa relutância relativamente a esta música e às iniciativas do Clube. Todavia, a máquina burocrática e administrativa do Regime delineou um conjunto de trâmites legais para conceder autorização a eventos, espectáculos ou qualquer outro tipo de manifestações culturais, independentemente da sua natureza ou da instituição que os promovia.

Devem considerar-se igualmente dois aspectos: o 4.º Festival da *Jazz* dá-se dois anos após o concerto de Count Basie em Lisboa, altura em que, como se provará, o *Jazz* já tinha conquistado um espaço cultural em Portugal e todas as iniciativas do HCP respeita-

---

[39] "Na tentativa de golpe militar de Março de 1959, o «golpe da Sé», participaram muitos civis e militares (...)" Oliveira, 1992, *Op. Cit.*, p. 82. O apoio prestado por civis ao «golpe da Sé» comprova a insatisfação generalizada dos sectores sociais face ao sistema Salazarista.

[40] Ramos do Ó, 1992, *Op. Cit.*, p. 440.

vam meticulosamente os trâmites burocrático-legais instituídos, o que de certa forma apaziguava os censores – no Arquivo do HCP podem encontrar-se variadíssimos documentos que informam o Governador Civil de Lisboa, quer acerca do seu funcionamento interno, quando o notificam sobre a transferência de local da sede, da realização das Assembleias Gerais, quer acerca das actividades culturais que desenvolviam (Vd Anexo 2).

Só assim, rigoroso e submisso, o HCP conseguiu desenvolver a sua acção em prol do *Jazz*, num contexto político e ideológico que não lhe era favorável.

3.3. O fenómeno da Folclorização e o *Jazz* em Portugal

(…) in the case of Portugal, in the twentieth century, state-defined categorizations of public performances were used to control expressive behaviour for political purposes.[41]

MARIA DE SÃO JOSÉ CÔRTE-REAL

Pela definição de uma corrente estética e cultural «ideal» para o país, também os artistas, criadores, intelectuais, estavam contemplados neste enquadramento de defesa do «interesse nacional». Todas as correntes artísticas que se produzissem em consonância com os movimentos internacionais seriam integradas no quadro do «antipatriotismo», «dissolventes». Os decretos de 5 de Março de 1932 espelham bem os interesses do poder estatal:

"(...) Na crise de orientação em que se encontram actualmente as artes plásticas, o remédio para o mal tem de ser sobretudo obra de uma instituição que, reunindo os maiores valores da especialidade, possa lutar com vantagem contra todos os excessos, fixando o que mereça ser fixado (...) Ocupar-se-ão assim os académicos de tudo o que à arte respeite, dando porém maior importância ao que for nacional (...) no dizer de um grande erudito «salta aos olhos a maneira dos séculos da Nação»"[42].

---

[41] Côrte-Real, 2000, *abstract*.
[42] *in* Ramos do Ó, 1992, *Op. Cit.*, p. 396.

É assim que aparecem a Academia Nacional de Belas-Artes (ANBA) e o Conselho Superior de Belas-Artes (CSBA). O conjunto das medidas facilmente influenciou os artistas a criarem inspirados na doutrina do Estado Novo, no espírito da cultura artística nacional.

Relativamente ao dispositivo cultural, o Estado Novo "reorganizou, remodelou, e regulamentou alguns serviços, discutindo aqui e ali a situação de determinadas actividades, como sejam a rádio e os espectáculos"[43].

A Emissora Nacional de Radiodifusão (EN), inaugurada em 1935 e cuja organização definitiva se concluiu em 1940, estabeleceu-se no quadro de ideias da «Política do Espírito»[44]. António Ferro, no discurso de 12 de Junho de 1941, aquando da sua tomada de posse como director da EN, afirma que a rádio constitui o mais poderoso meio de propaganda. A rádio tinha incumbida a missão da «educação cívica, moral e artística» do povo português, seria «uma fortaleza do Estado»[45]. Quanto ao público que detestaria as emissões de «a boa música de concerto» ou aquelas que abordariam temas como a pátria ou o Estado Novo, António Ferro questiona: "Que consideração nos pode merecer este público? Não foi precisamente para o combater que se fez a revolução? (...) Não! Escravidão, sujeição à mediocridade, nunca"[46].

Em 1942 foram criados o Gabinete de Estudos Musicais da EN, que tinha as funções de recolher, estudar, preservar e transmitir as obras de música antiga portuguesa e auxiliar regularmente os compositores nacionais; a Orquestra Sinfónica Nacional, que teria temporadas regulares de concertos no Teatro Nacional de São Carlos; a Orquestra Típica Portuguesa, o Coro Popular e o Coro Feminino. As reformas na filosofia de programação implantadas na EN eram o reflexo cultural do país, dividido em dois universos antagónicos – o popular e o erudito:

Popular – dirigido à grande massa populacional, que se caracterizava por um conjunto de símbolos nacionais inspirados na cultura

---

[43] Ramos do Ó, 1992, *Op. Cit*, p. 396.

[44] *Idem*, p. 445.

[45] *Idem, ibidem.*

[46] Discurso de António Ferro de 12/06/1941, *in* Ramos do Ó, 1992, *Op. Cit.,* p. 445.

tradicional rural; pela institucionalização do folclore como prática performativa[47]; pela realização de concursos a nível nacional que fomentassem o ruralismo e o tradicionalismo[48] e através da criação de corporações (Federação Nacional para a Alegria no trabalho – FNAT –, as Casas do Povo que dinamizam actividades inspiradas nas tradições rurais, expandem-se grupos de cantares, ranchos folclóricos, marchas populares, etc.).

Conforme afirmam Castelo-Branco e Branco:

> "Ao institucionalizar a prática folclórica, esta iniciativa impulsiona e oficializa o discurso ruralista, modelado nas tradições recuperadas pela história (as datas, as figuras, os monumentos) e no folclore (a memória, os artefactos, as gentes) (...). À institucionalização do folclore segue-se a disseminação da sua prática. A proliferação dos ranchos folclóricos e de outros engrossa o movimento folclórico. (...) o folclore teve um papel importante na mobilização das populações rurais, por meio do enqua-dramento assegurado por organizações vocacionadas para o lazer de massas"[49].

Erudito – dirigido a uma *elite* restrita, financeiramente poderosa, culturalmente enriquecida e, na sua maioria, afecta ao Regime. A estes estavam reservadas as noites do São Carlos e os programas de música erudita transmitidos pela EN e mais tarde, já na década de 50, pela RTP, os bailados da companhia *Verde Gaio* (coreografias inspira-das também pelos valores rurais e tradicionais da portugalidade). Além disto, pelo poder financeiro que detinha, este grupo social tinha o privilégio de aceder a todos os sectores culturais: literatura, rádio, espectáculos, exposições, concertos, turismo, etc., que consti-tuíam todo um conjunto de possibilidades que lhe permitia demar-car-se das massas populares e definir o seu *satus quo*.

---

[47] "A partir de finais dos anos 30, a prática folclórica institucionaliza-se, adqui-rindo estatuto de assunto de estado. Vários organismos e agências governamentais ocupam-se (...) da regulação política e estética do folclore (FNAT, SNI, casas do povo). A mobilização de pessoas e vontades em torno desta prática performativa está na origem da proliferação dos ranchos folclóricos". *in* Castelo-Branco e Branco (orgs.), 2003, pp. 8 e 9.

[48] Em 1938, realiza-se o concurso «A aldeia mais portuguesa de Portugal», *in* Ramos do Ó, 1992, *Op. Cit.*, p. 438.

[49] Castelo-Branco e Branco (orgs.), 2003, *Op. Cit.*, p. 9.

O Estado Novo, com esta capacidade de:

"(...) estruturar e arbitrar autoritariamente os equilíbrios fundamentais entre *élites* políticas e interesses dominantes (...) marca o essencial da natureza peculiar do Estado Novo (...) o modernismo estético posto ao serviço de um nacionalismo passadista, católico, conservador e ruralizante"[50].

Em qual dos universos se integrava a música *Jazz*? Ferro deixou claro que «a música de bares e *dancings*» não seria incluída nas programações da EN[51]. Ao *Jazz* estava reservado um espaço dúbio, não era valorizado nem sequer se acreditava que viesse um dia a definir um espaço cultural em Portugal, certamente, no pensamento dos dirigentes políticos, não passava de uma música para um público jovem e reduzido.

Na década de 30, os músicos de *Jazz* desenvolvem outra corrente estilística, o *Swing*[*52]. Enquanto nas restantes capitais europeias os grandes nomes do *Swing* recebiam ovações, Portugal prosseguia a sua existência alheada do *Jazz*: na imprensa portuguesa da década quase não existem referências ao *Jazz*, não se davam a saber as digressões que alguns músicos norte-americanos efectuavam pela Europa, nem as novidades discográficas do género. Os artigos publicados seguem o estilo dos artigos da década de 20: irónicos, sarcásticos, atingindo por vezes o ridículo, continuam a evidenciar uma mentalidade tradicional e conservadora, defendida e estimulada agora pelo Poder.

[50] Rosas, 1992, *Op.Cit.*, p. 17.

[51] Analisada a conferência «A Idade do Jazz-Band», de 1922, no Brasil, percebe-se uma postura diferente. Sabe-se que o percurso de António Ferro atravessa dois períodos políticos, ideológicos e estéticos distintos. A conferência de 1922 situa-se ainda na sua fase da «vanguarda modernista», daí o elogio ao *Jazz*: "O *jazz-band* é o *ex-libris* do Século. Que as vossas almas bailem ao ritmo dêste *jazz-band* (...)". Ferro, 1924, p. 70.

[52] O *Swing* executado por famosas *Big Bands* como as de Duke Ellington, Count Basie, Benny Carter, Chick Webb, Cab Calloway, Benny Goodman, Jimmy Dorsey, Glenn Miller, Woody Herman, Lionel Hampton, Fletcher Henderson, tornou-se um dos estilos de *Jazz* mais populares do século XX. Algumas destas orquestras efectuaram várias digressões pela Europa. Duke Ellington, já na altura sobejamente conhecido, efectuou duas digressões pela Europa: a primeira em 1933 e a segunda em 1939, ambas deixaram excluído Portugal.

Se a imprensa escrita já estava quase totalmente controlada pelo Regime, a radiodifusão constituía ainda uma ténue ameaça, pois o seu controlo tornava-se mais difícil. Porém, com o eclodir da II Guerra Mundial estritas determinações legislativas acabam por colocar os *mass media* sob o total controlo do Estado Novo, e, desta vez, o principal objectivo era a radiodifusão. À excepção do RCP e da Rádio Renascença (RR), todas as emissoras estavam proibidas de elaborar os seus próprios blocos informativos. Os Delegados de Governo, incumbidos de zelar pela integridade dos valores do Estado Novo na radiodifusão, passaram ao terreno. As emissoras particulares, que anteriormente possuíam um emissor próprio, ficaram agora confinadas a um único emissor e a uma associação: em Lisboa denominava-se Emissores Associados de Lisboa e no Porto de Emissores do Norte Reunidos. Esta medida propiciava um controlo mais eficiente, e, certamente, objectivos ocultos, isto é, com a existência de um único emissor, o tempo de transmissão ficou repartido entre as várias emissoras. Como consequência, devido à redução do tempo de transmissão, muitas emissoras foram obrigadas a terminar a sua actividade. Já no início da década de 30, a legislação do Estado Novo proibia a publicidade radiofónica por defender que esta criava concorrência injusta, o que motivou também o encerramento de muitas emissoras. As dezenas de estações radiofónicas, existentes a partir da segunda metade da década de 20, estavam agora reduzidas a um número bastante inferior. Para além disto, o SPN inicia um conjunto de «colaborações especiais» tendo em vista «a melhoria das programações» das emissoras particulares. A versão oficial veiculada não correspondia aos objectivos reais desta acção governamental. Mais uma vez o Regime instrumentalizava as diferentes áreas e sectores socioculturais, incluindo os privados, tendo em vista a sua funcionalidade no processo de doutrinação ideológica.

A II Grande Guerra motivou a formação em Portugal de duas correntes de apoio às forças em combate: os que apoiavam Hitler – «germanófilos», e os apoiantes dos Aliados – «anglófilos». "O partido anglófilo gozou de maior popularidade conseguindo congregar à sua volta públicos distintos, apoiantes e oposicionistas do regime"[53].

---

[53] Barros, 2000, *Op. Cit.*, p. 52.

A crise financeira que assolava algumas emissoras tornava difícil a aquisição de discografia. Longe dos campos de batalha iniciava-se outra guerra: a da propaganda político-ideológica. Aliados e Nazis, representados pelas respectivas embaixadas, iniciam uma campanha de doação de discos às emissoras radiofónicas nacionais. O poder psicossocial e cultural da música e a sua capacidade subliminar de propaganda ficaram mais uma vez comprovados.

No caso de Portugal, os Aliados, sobretudo os ingleses, saíram vencedores desta «guerra da música».

"A maioria dos homens da rádio simpatizava com a causa britânica"[54].

Os Nazis encetaram então uma outra estratégia: adquirir emissoras através de portugueses germanófilos, pois, legalmente, estava-lhes vedada a aquisição das rádios por não serem cidadãos nacionais. A Rádio Luso, cuja situação financeira vinha já há algum tempo a preocupar João Dias Pais, o seu proprietário, enceta negociações com um representante português da embaixada da Alemanha que, conhecedora da situação, adquire a estação.

"Decidi abandonar, de imediato, a estação (...) Ele [João Dias Pais] compreendeu perfeitamente a minha atitude por saber que as minhas ideias não eram compatíveis com as dos novos «senhores» da Rádio Luso. Estes apressaram-se a imprimir à programação uma característica marcadamente germânica"[55].

Devido à simpatia «anglófila» dos programadores e locutores de radiodifusão, eram transmitidos muitos dos discos enviados pelas representações diplomáticas dos respectivos países aliados, sobretudo das embaixadas da Inglaterra e dos Estados Unidos da América[56]. Decerto alguma música *Jazz* norte-americana foi propagada

---

[54] Agostinho, 2002, *Op. Cit.*, p. 79.
[55] *Idem*, p. 80.
[56] Os EUA editaram uma colecção denominada *VRecords – Vitory Records*, os «Discos da Vitória» – uma compilação de todos os géneros musicais que se produziam nos EUA – Popular, Ligeiro, Erudito e, obviamente, *Jazz* –, que foi enviada para todas as frentes de combate e representações diplomáticas. Estes discos apresentavam uma inscrição obrigando a sua destruição assim que terminasse o conflito pelo

nesta altura por todo o país, mas durante um curto espaço de tempo. A excessiva propaganda que as forças beligerantes introduziam no país levou o Regime a restringir-lhes o âmbito de acção.

> "Outras medidas procuraram restringir o âmbito da propaganda beligerante. Foram proibidos: o uso de emblemas, a audição de rádios estrangeiras em locais públicos, a manifestação de simpatias durante a exibição de filmes, etc."[57].

A grande maioria da população não tinha meios para adquirir uma telefonia. Com a proibição da "audição de rádios estrangeiras em locais públicos" o índice de audiências destas emissoras ficou à partida limitado. As telefonias dos cafés, pastelarias, restaurantes, etc., limitavam-se a sintonizar as rádios nacionais, agora controladas pelo Estado Novo e enquadradas nos seus princípios filosóficos.

Quem tinha o privilégio de possuir ou conhecer alguém que possuísse uma telefonia poderia sintonizar as rádios estrangeiras. Os futuros fundadores do HCP representavam uma parte da assídua audiência dos programas estrangeiros de *Jazz*. Todos os sábados, pelas 11:00, a BBC de Londres transmitia um programa inteiramente dedicado ao *Jazz*. Augusto e Ivo Mayer, Bernardo Moreira e outros, declararam serem ouvintes assíduos destes programas. A *Voz da América*, programa de rádio norte-americano, era também uma emissão com uma audiência dedicada e interessada pelo *Jazz*, que começava a delinear as opções estético-musicais destes ouvintes.

Com a regulamentação do dispositivo cultural, para além dos órgãos de informação, o Estado Novo também instrumentalizou os espectáculos, considerados como mais um dos muitos meios

---

facto de terem sido publicados sem qualquer pagamento dos direitos de autor. Posteriormente, através de um telefonema da Embaixada dos EUA em Lisboa, que o alertava para o destino dos discos devido a "ordens superiores", Luiz Villas-Boas consegue arquivar e preservar esta colecção. Os *VRecords* que se encontram hoje no Hot Clube de Portugal constituem uma das raras colecções completas em todo o mundo.

[57] Barros, 2000, *Op. Cit.*, p. 53.

Fig. 10

direccionados para a doutrinação dos valores definidos e difundidos pelo Regime. Conforme afirma Côrte-Real:

> *"The notion of espectáculo as it was cultivated in Portugal during Estado Novo served well the propagandistic purposes of a regime whose interests, orientations and control covered a wide range of expressive behaviours «from the functioning of the great theatre companies in the major halls of the country, to the most familiar dramatic presentation by a dramatic group at a recreational organization – if not even to the simple balls, brass band concerts and popular festivities on the streets and country roads»"* [58].

Neste quadro, o *Jazz* não servia os interesses do Poder. Ao longo da década de 30 podem constatar-se algumas manifestações que são representativas do sentimento «anti» *Jazz* do poder político. Um dos exemplos mais elucidativos é a peça de teatro musical intitulada *Jazz Infernal* da autoria de Fontana da Silveira[59].

No congresso da União Nacional (UN), realizado em Braga em 1956, tal como se constata nas actas, "(...) houve situações de confronto entre música e política, equacionado em termos de defesa dos valores nacionais considerados ameaçados por produções musicais vindas do estrangeiro (*jazz*, *rock'n'roll*, música *pop*, etc.)"[60]. Confirma-se desta forma que o Estado Novo não via com agrado a difusão do *Jazz* em Portugal.

As medidas incrementadas pelo Estado Novo e pela sua «Política do Espírito» originaram o fenómeno de Folclorização, que se define como sendo "(...) o processo de construção e de institucionalização de práticas performativas, tidas por tradicionais, constituídas por fragmentos da cultura popular, em regra, rural"[61].

---

[58] Côrte-Real, 2000, *Op. Cit.*, p. 53.

[59] José Fontana da Silveira foi um publicista e funcionário corporativo, tendo desempenhado os cargos de Secretário da Junta de Freguesia de Penha de França, em Lisboa, Chefe dos Serviços da filial do Banco Nacional Ultramarino, em Faro, e do Consórcio Português de Pesca e Conserva, em Lisboa. Para além de *Jazz Infernal*, e de peças infantis, operetas, policiais, comédias, drama e revista, Fontana da Silveira publicou também obras de carácter técnico, histórico e didáctico. As sua peças de teatro/musicais contam com a colaboração de Artur Júlio Machado, músico, compositor e empresário teatral, fundador da Real Academia dos Amadores de Música, em 1884. Santos, 2004, pp. 14 e 15.

[60] Castelo-Branco e Branco (orgs.), 2003, *Op. Cit.*, p. 8, n.r. 8.

[61] *Idem*, p. 1.

Ora, tal como afirmam Castelo-Branco e Branco "A acção de mecanismos formais de regulação da prática folclórica (SNI, FNAT, casas do povo, INATEL, FFP) destina-se a promover determinados comportamentos expressivos, apagando ou ocultando outros"[62]. A FNAT foi de importância capital na dinamização e desenvolvimento da expressão musical, especialmente no meio rural, com o devido enquadramento estético definido pelo Estado Novo. Esta instituição contribuiu exponencialmente para o fenómeno da folclorização[63].

Entre 1945 e 1950, com a legalização do Hot Clube de Portugal em curso, Luiz Villas-Boas encetou diversos contactos com o objectivo de tornar o processo mais célere. Um dos contactos foi estabelecido com Ivo Cruz, que, ao saber das intenções de Villas-Boas, o aconselhou a criar uma associação de folclore. Segundo Helena Villas-Boas, presente neste encontro juntamente com Augusto Mayer, as palavras de Ivo Cruz teriam sido: "Oh homem, porquê que você não se larga dessa música!?... deixe-se disso... você é que escolheu mal... vá para o folclore... Eu para isso não intervenho!". Luiz Villas-Boas terá respondido que "(...) gosto muito de folclore senhor doutor... mas já há tanto por aí!"[64]. Na entrevista realizada com Augusto Mayer o entrevistado refere exactamente a mesma passagem[65]. Fomentando e institucionalizando práticas performativas enquadradas na axiologia nacional definida pelo Poder, os comportamentos expressivos que esteticamente não se enquadravam neste quadro de valores eram desencorajados, e, consequentemente, adiados. Assim foi com *Jazz*.

O Estado Novo definiu o Fado como a música nacional:

> *"Fado was (...) a paradigm of the application of the concept of nationalism to urban musical culture in Lisbon during the dictatorship, elected as the musical symbol of national identity"*[66].

---

[62] Castelo-Branco e Branco (orgs.), 2003, *Op. Cit.*, p. 11.
[63] Côrte-Real, 2000, *Op. Cit*, p. 73.
[64] Entrevista a Helena Villas-Boas, faixa n.º 1, 39:35 min..
[65] Entrevista a Augusto Mayer, faixa n.º 5, 03:35 min..
[66] Côrte-Real, 2000, *Op. Cit.*, p. X.

Para além do Fado, o Regime apropriou e recriou "(...) tradições populares, coincidindo com um quadro político de consolidação"[67]. Neste contexto, como afirma Sousa, através dos grupos de folclore:

> "a função política era atingida pela aglutinação social transmitida na criação e/ou recriação de um repertório original e pela sua repetitiva representação. Géneros musicais, modelo estereotipado das coreografias e padrões regionais de indumentária, constituíram as peças chave de um quadro tradicional fixo. Sustentando a formação dos ranchos folclóricos erigiam-se discursos políticos que retomavam ideais românticos associados ao povo, que permitiam a «encenação idílica da crueza do mundo rural», uma autenticidade que fazia do folclore um instrumento simbólico do próprio regime"[68].

As preferências estéticas inculcadas pelo Salazarismo a um grupo social maioritário começavam a repercutir-se nas acções quotidianas do indivíduo. Num processo educativo ruralizante, conservador, castrador de ideias e influências externas inovadoras, seria difícil para aqueles que não provinham de meios socioculturais privilegiados renegar aos valores para os quais tinham sido educados. A maioria da população não conseguiu libertar-se desses mecanismos institucionais do Regime e «reproduzia» as condutas e normas para as quais tinha sido «formada». Relativamente aos comportamentos expressivos, estes factores tiveram como consequência a Folclorização que motivou o desinteresse da maioria da população relativamente a outras correntes estético-musicais, em particular no que concerne ao *Jazz*.

Ao *Jazz* não se reconhecia qualquer importância, mantinha a sua característica de música «menor», para dança, de bares, e o interesse da população não evidenciava nenhum movimento capaz de o impulsionar e promover.

António Curvelo sintetiza, um tanto poeticamente, a razão da morosa emergência do *Jazz* em Portugal:

---

[67] Sousa, 2003, p. 571.
[68] *Idem, ibidem.*

"(...) o jazz chegou tarde a Portugal. Tarde e não atrasado. Que a culpa não foi do jazz, que cedo navegou e voou para o outro lado do Atlântico, mas dos detentores do poder em Lisboa que aprisionaram o país, fechando--lhe as fronteiras. Porque não foi só o caminho para Paris, Londres ou Roma que a ditadura tentou cortar. Também os homens foram cercados, um muro para os olhos, outro para os ouvidos"[69].

---

[69] Curvelo, 2002, *Op. Cit.*, p. 49.

CAPÍTULO 4

A GÉNESE DO HOT CLUBE E A EMERGÊNCIA DO *JAZZ* EM PORTUGAL

4.1. Luiz Villas-Boas, o «embaixador» do *Jazz* em Portugal

Luiz Villas-Boas foi, sem dúvida, o grande impulsionador da promoção, divulgação e afirmação do *Jazz* em Portugal. Com um sentido de missão claro e objectivo, travou, em vários flancos e ao longo dos anos, um conjunto de batalhas que visavam unicamente a divulgação e a promoção do *Jazz* em Portugal. Investiu humana e materialmente nesta causa, apoiado sempre por companheiros e amigos também amadores de *Jazz* com os quais fundou o Hot Clube de Portugal, instituição que hoje é reconhecida internacionalmente, não só pela sua história, mas acima de tudo pela sua escola de *Jazz* que desde a sua fundação, na década de 70, tem servido com qualidade a produção nacional e internacional de *Jazz*.

4.1.1. Enquadramento familiar sociocultural

Luiz Teixeira Pinto Villas-Boas nasceu na Calçada Marquês de Tancos, em Lisboa, a 26 de Março de 1924.

Filho de Eliseu José Pinto Villas-Boas, oficial do Estado Maior do Exército, e de Ester Clotilde Teixeira Pinto Villas-Boas, professora de piano, Luiz Villas-Boas cresceu no seio de uma família com um enquadramento sociocultural favorecido e dinâmico. A mãe tocava piano, violino e harpa e o pai tocava guitarra portuguesa, tendo mesmo acompanhado Artur Paredes (pai de Carlos Paredes). Para além de guitarrista, o pai de Luiz Villas-Boas era um homem dedicado às letras. Republicano convicto, humanista, reunia-se frequentemente com amigos nas livrarias de Lisboa. A irmã, Georgina Teixeira Pinto Villas-Boas, iniciou os seus estudos de *Ballet* vindo a integrar a companhia de dança de Margarida de Abreu. As sessões de poesia e música em casa da família eram muito frequentes. Vários amigos aí se juntavam num ambiente de tertúlia.

Luiz Villas-Boas inicia os seus estudos de piano com a mãe. Ingressa na Academia dos Amadores de Música, passando depois a estudar no Conservatório Nacional do qual desiste quando frequentava o 6.º grau de piano.

Por volta de 1938, o pai, Eliseu Villas-Boas, parte em missão para a ilha da Madeira, incumbido de capitanear o porto do Funchal, fazendo-se acompanhar por toda a família. É nesta altura que Luiz Villas-Boas tem o seu primeiro contacto consciente com a música *Jazz*.

A ilha da Madeira, com o eclodir da II Guerra Mundial, propiciava condições únicas para o intercâmbio cultural: o sistema de controlo político-ideológico e cultural instaurado pelo Estado Novo não conseguia travar as influências externas que chegavam à ilha da Madeira. A este respeito, o guitarrista Carlos Menezes, nascido no Funchal a 20 de Setembro de 1920, declarou, na entrevista que concedeu para a realização deste trabalho, que "(...) tinha mais acesso ao *Jazz* na Madeira do que cá [no continente]"[1].

O porto marítimo do Funchal foi um importante porto turístico que com o eclodir da II Guerra, em 1939, passa também a servir a frota marítima dos Aliados. Sempre que uma embarcação chegava ao Funchal a família Villas-Boas era, usualmente, convidada a visitá-la. Independentemente do tipo de embarcações, militares ou turísticas, todas traziam características culturais identificativas da sua proveniência.

Numa das visitas que a família fez a bordo, os sons do *Jazz* que aí se faziam ouvir atraíram profundamente a atenção do jovem Luiz Villas-Boas[2].

---

[1] Entrevista a Carlos Menezes, Janeiro de 2003.
[2] As embarcações provenientes dos EUA, turísticas ou militares, tinham normalmente a sua *Big-Band*. Para além disso, os *VRecords*, referidos anteriormente, foram também difundidos por este meio. O despertar de Villas-Boas para o *Jazz*

Envolvido pela sonoridade que despertou o seu interesse, Luiz Villas-Boas assume-se como um amador de *Jazz*. Segundo Helena Villas-Boas, aquela que o viria a acompanhar durante toda a sua vida, a família reagiu com alguma relutância. Todavia, a insistência de Luiz Villas-Boas levou a mãe a ceder e a oferecer-lhe o primeiro disco. O disco das *Andrew Sisters*, não sendo um disco de *Jazz*, marcou definitivamente a incursão de Luiz Villas-Boas pelo universo da música popular norte-americana em direcção ao *Jazz*. A progressiva aceitação familiar da corrente estético-musical que agradava ao jovem Villas-Boas motivou-o a interessar-se ainda mais pela música *Jazz*.

4.1.2. O papel de Luiz Villas-Boas na divulgação e promoção do *Jazz* em Portugal

De regresso ao continente, por volta de 1940, a família instala-se novamente em Lisboa. Depois de concluir os seus estudos no Liceu Pedro Nunes, Luiz Villas-Boas ingressa, em 1942, na Faculdade de Ciências da Universidade de Lisboa. Dois anos depois suspende o curso universitário. A necessidade de adquirir discos leva-o a procurar emprego.

Começa como tradutor e passado pouco tempo é contratado para os Serviços de Meteorologia do Aeroporto Internacional de Lisboa (SMAIL). Nesta nova ocupação profissional, Luiz Villas-Boas estabeleceu importantes contactos que lhe permitiram enriquecer a sua discoteca pessoal. Começou assim a ser conhecido pelas tripulações das companhias aéreas. Sempre que lhe era possível, intercedia perante os elementos das tripulações para encomendar discos de *Jazz*, discografia muito difícil de encontrar em Portugal.

Foi também enquanto funcionário dos SMAIL que iniciou a sua actividade sindicalista. Não obstante, esta actividade nunca interferiu com a sua paixão pelo *Jazz* nem com os objectivos que delineava para

---

poderá ter sido motivado, ou pelas possibilidades anteriores, ou pela audição de um qualquer disco de *Jazz* norte-americano do final da década de 30, início da década de 40, numa das embarcações visitadas.

as suas difusão e promoção em Portugal. Pela análise efectuada ao seu perfil através das entrevistas realizadas com os que consigo privaram, Luiz Villas-Boas, pelo conhecimento que lhe cumpria ter da máquina governativa e dos censores, desde logo demarcou a sua linha de acção perspectivando unicamente a divulgação da música *Jazz*, de uma forma desinteressada, sem objectivos pessoais ou político-ideológicos.

É por volta de 1945 que enceta os primeiros passos para a difusão e promoção do *Jazz* em Portugal, importantes iniciativas que se revelaram profícuas para a emergência e afirmação deste género musical em Portugal. O primeiro espaço conquistado por Villas-Boas foi a radiodifusão, actividade que durou mais de 20 anos.

– Na Rádio

Durante o verão de 1945, ao ouvir o *Programa da Manhã* da Emissora Nacional (EN) apresentado por Artur Agostinho, Luiz Villas-Boas decide contactar o locutor do programa propondo-se elaborar semanalmente uma rubrica de *Jazz* para inserir no *Programa da Manhã*. Artur Agostinho, amador de *Jazz* desde a adolescência, transmitia alguma música *Jazz* nos seus programas. Todavia, debatia-se com a grande dificuldade de encontrar discografia do género em Portugal. O locutor do *Programa da Manhã* acatou com agrado a proposta de Villas-Boas.

Em Novembro de 1945, talvez a 19 de Novembro a primeira rubrica radiofónica de *Jazz* denominada *Hot Clube*, inserida no *Programa da Manhã* da EN elaborada por Luiz Villas-Boas e com locução de Artur Agostinho, é transmitida em Portugal.

A inspiração para o nome desta rubrica dedicada ao *Jazz* advém dos primórdios desta música – *Hot Music** – e da influência que o Hot Clube de França, primeiro clube de *Jazz* europeu fundado em 1932 por Hugues Panassié*, preconizava para a divulgação do *Jazz* na Europa. Hugues Panassié, grande divulgador de *Jazz* na Europa que em 1950 tinha já publicado perto de uma dezena de livros sobre *Jazz*, viria a ser amigo de Luiz Villas-Boas tendo trocado correspondência durante algum tempo. Os contactos que Villas-Boas procurava e estabelecia com os ilustres da cena mundial do *Jazz* visavam enquadrar Portugal no circuito internacional desta música.

Conforme se referiu anteriormente, depois de algumas transmissões da EN, devido a uma determinação da direcção que proibia a sua transmissão dos seus estúdios, a rubrica *Hot Clube*, com textos e selecção musical de Luiz Villas-Boas, passa a ser transmitida do Rádio Clube Português (RCP) pelas vozes de Curado Ribeiro e Jaime da Silva Pinto.

Durante os 24 anos que esteve no RCP o programa manteve como indicativo sonoro o tema *Mistery Pacific* gravado pelo Quinteto do Hot Clube de França. Na sua primeira emissão, Luiz Villas-Boas apresenta sucintamente a música *Jazz*:

> "O que é o jazz? Música para músicos. A arte do intérprete e não a do compositor. Música de liberdade, excitação, surpresa e alegria. Estas são as respostas que deixamos nesta análise da música de jazz e seus intérpretes"[3].

Hot Clube desde logo criou um auditório específico, verdadeiramente interessado e fiel. As centenas de cartas recebidas ao longo do tempo de emissão comprovam-no. Enviadas de todos os pontos do país, expressam opiniões sobre discos, músicos e interpretações.

Uma das cartas foi remetida por Alexandre O'Neill, questionando acerca das condições necessárias para vir a ser sócio do HCP, uma vez que, logo no ano de 1945, Villas-Boas tinha lançado na rubrica radiofónica o seu projecto de fundar um clube de *Jazz*.

Outro nome que ficou sobejamente conhecido nesta luta pela divulgação do *Jazz* em Portugal foi o de Manuel Guimarães, conhecido como o «Villas-Boas do Porto». Desde 1946 que Manuel Guimarães tentava fundar o *Hot Clube da Boavista*. Logo em Dezembro desse ano, Guimarães escreve a Villas-Boas dizendo que o processo para o clube de *Jazz* da Boavista está muito atrasado e de difícil concretização. A inexistência de um número de interessados capaz de viabilizar a fundação do clube parece ser a razão principal.

---

[3] Villas-Boas, texto do 1.º programa «Hot Clube», espólio de Luiz Villas-Boas, HCP, cit. in Curvelo, 2002, *Op. Cit.,* p. 56.

"A correspondência trocada com Villas-Boas revela fortes fidelidades ao programa (há nomes (...) que são interlocutores regulares e informados)"[4].

Esta correspondência revela um importante manancial de informações através da qual é possível concluir acerca do conhecimento que os interlocutores possuíam relativamente aos músicos e formações, composições e estilos, ou outras notícias que envolviam os grandes nomes do *Jazz* da época:

"Os amadores de jazz acabam de sofrer uma pesada perda, embora passageira, com a prisão de Billie Holiday (...)"[5].

Esta correspondência revela ainda: as opções quanto à selecção de melhores músicos, intérpretes, e composições ou questionam Villas-Boas acerca da sua opinião relativamente a músicos, intérpretes e composições; a participação nos concursos que Villas-Boas lançava na rubrica radiofónica desafiando o auditório a votar os melhores músicos/intérpretes (que, avaliando pelos resultados que se encontram nos Arquivos do HCP, tiveram grande adesão); os pedidos formulados de discos e de temas que demonstram a popularidade de alguns músicos e/ou orquestras na época; que as condições climatéricas condicionavam a sintonização do programa (existem pedidos para ser repetida a emissão de determinado dia cuja recepção radiofónica ficou prejudicada devido a uma tempestade); as iniciativas que os ouvintes amadores de *Jazz* iam levando a efeito, como as sessões fonográficas públicas e outras.

Existem igualmente cartas de felicitação pelo programa, que comprovam, por um lado, a afirmação de uma emissão radiofónica exclusivamente dedicada ao *Jazz* ouvida a nível nacional, e, por outro lado, o público que se sentia cada vez mais motivado e interessado por esta música.

---

[4] Curvelo, 2002, *Op. Cit.*, p. 61.
[5] Carta do ouvinte Luís Ferreira Cardoso, um dos mais assíduos interlocutores da rubrica radiofónica «Hot Clube», Novembro de 1947, Arquivos do HCP, também citado por Curvelo, 2002, *Op. Cit.*, p. 61.

A actividade que Luiz Villas-Boas vinha a desenvolver na rádio estava devidamente planificada. No programa n.º 500 de *Hot Club*, que comemorava os 10 anos da sua transmissão contínua no RCP, Luiz Villas-Boas faz uma breve resenha dos seus objectivos ao longo deste tempo:

> "Como simples mortais, não podemos facilmente escapar ao fatalismo e fascinação dos números (...) mais um número do nosso programa que corresponde no tempo ao número 500. Pensámos em princípio recordar os nossos 10 anos, sem interrupção, de vida do Hot Club, através dos melhores momentos (...) Mas uma ideia melhor nos surgiu. Apresentar os resultados da nossa actividade em prol da divulgação da música de jazz em Portugal. Com as bases aqui lançadas nos nossos programas desde 1946, surgiu em 1951[6] o Hot Clube de Portugal, ou seja, a primeira fase do que pretendíamos conseguir ao iniciarmos a nossa actividade"[7].

Segundo Villas-Boas os objectivos da sua actividade na rádio eram:

1.º – fundar um clube de *Jazz* em Lisboa;
2.º – incentivar os músicos a desenvolver a musicalidade e técnicas interpretativas próprias do *Jazz*, chegando mesmo a gravar algumas sessões nas sedes e nos estúdios do RCP;
3.º – divulgar, promover e popularizar a música *Jazz* a nível nacional.

Delineados os objectivos, a rádio não se revelava, por si só, suficiente[8] e Villas-Boas prossegue a promoção do *Jazz* recorrendo a outros meios.

---

[6] Conforme se verá de seguida a aprovação do HCP deu-se em 1950 e não em 1951.

[7] Villas-Boas, Textos dos programas *Hot Club* do RCP, prog. N.º 500, Arquivos Hot Clube de Portugal.

[8] *Idem, ibidem.*

Fig. 11

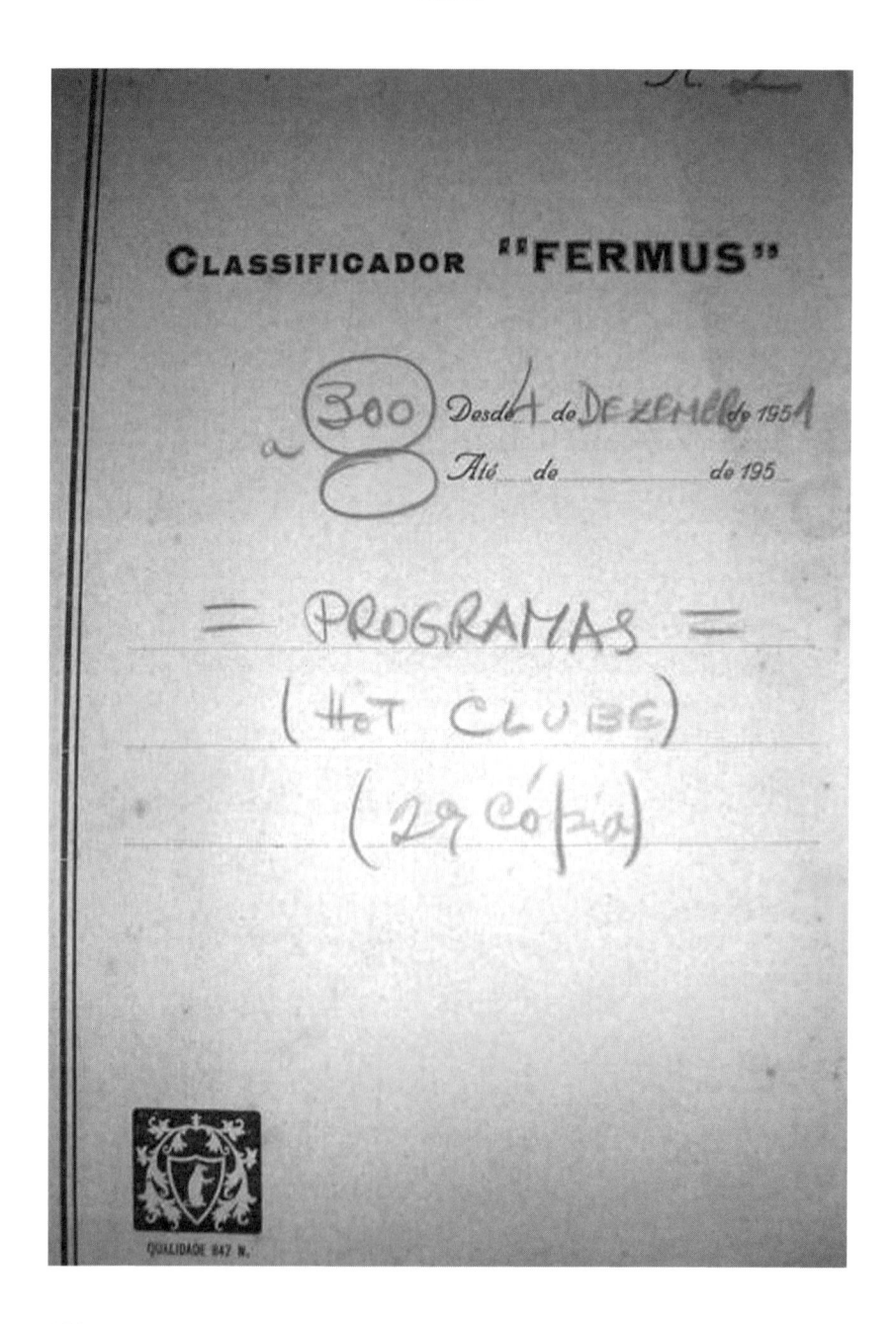

FIG. 12 a)

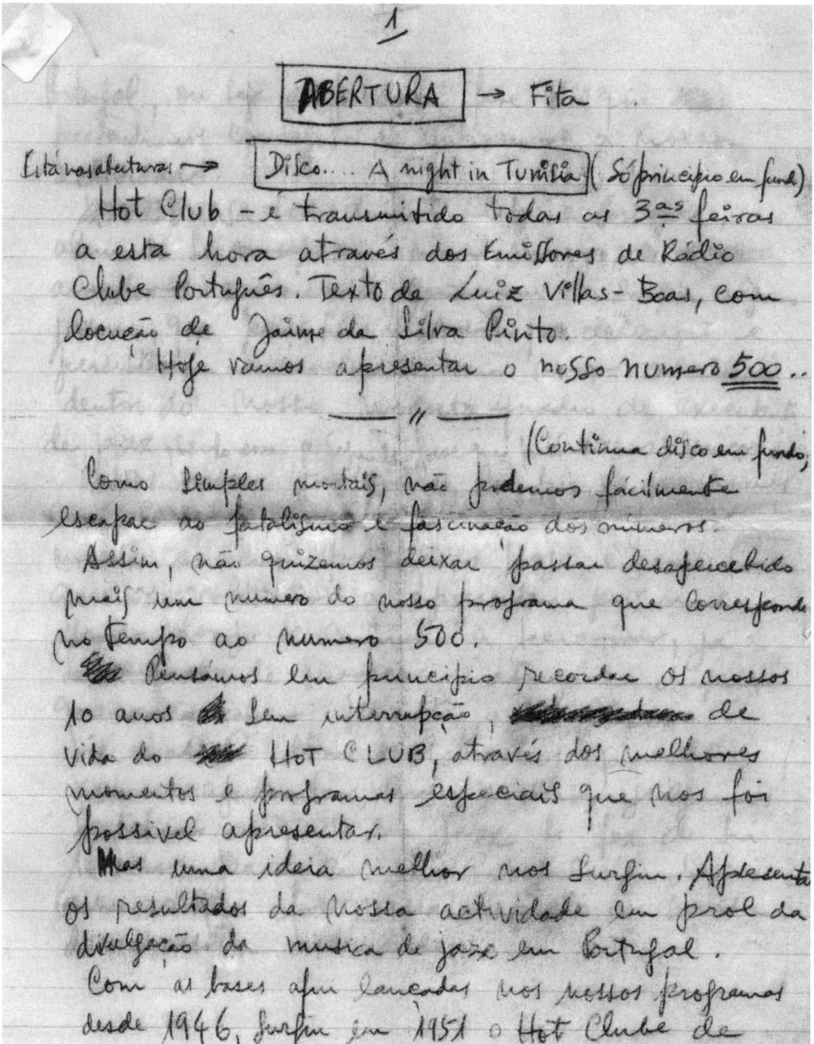

1

ABERTURA → Fita

Fita vai abertura → Disco.... A night in Tunísia (Só princípio em fundo)

Hot Club – é transmitido todas as 3ª feiras a esta hora através dos Emissores de Rádio Clube Português. Texto de Luiz Villas-Boas, com locução de Jaime da Silva Pinto.

Hoje vamos apresentar o nosso numero 500.

—— // ——

(Continua disco em fundo)

Como simples mortais, não podemos facilmente escapar ao fatalismo e fascinação dos numeros. Assim, não quizemos deixar passar desapercebido mais um numero do nosso programa que corresponde no tempo ao numero 500.

Pensámos em principio recordar os nossos 10 anos de sem interrupção, de Vida do Hot CLUB, através dos melhores momentos e programas especiais que nos foi possivel apresentar.

Mas uma ideia melhor nos surgiu. Apresentar os resultados da nossa actividade em prol da divulgação da musica de jazz em Portugal.

Com as bases que lançadas nos nossos programas desde 1946, surgiu em 1951 o Hot Clube de

FIG. 12 b)

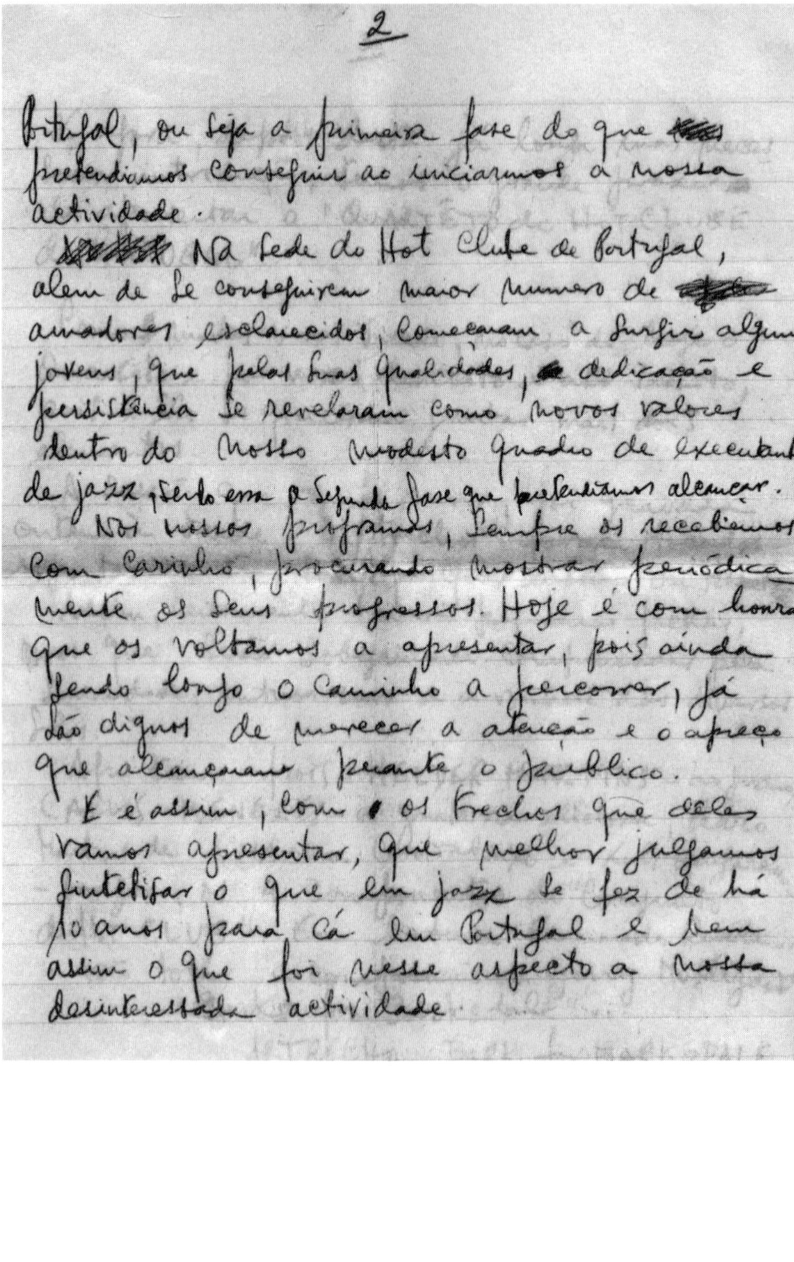

2

Portugal, ou seja a primeira fase do que ~~pre~~ pretendíamos conseguir ao iniciarmos a nossa actividade.

~~XXXXX~~ Na sede do Hot Clube de Portugal, além de se conseguirem maior número de ~~XXX~~ amadores esclarecidos, começaram a surgir alguns jovens, que pelas suas qualidades, ~~a~~ dedicação e persistência se revelaram como novos valores dentro do nosso modesto quadro de executantes de jazz, ~~sendo~~ sendo essa a segunda fase que pretendíamos alcançar.

Nos nossos programas, sempre os recebíamos com carinho, procurando mostrar periódicamente os seus progressos. Hoje é com honra que os voltamos a apresentar, pois ainda sendo longo o caminho a percorrer, já dão dignos de merecer a atenção e o apreço que alcançam perante o público.

E é assim, com ~~a~~ os trechos que deles vamos apresentar, que melhor julgamos sintetizar o que em jazz se fez de há 10 anos para cá em Portugal e bem assim o que foi nesse aspecto a nossa desinteressada actividade.

FIG. 12 c)

3

E afora, depois desta já longa, mas necessária introdução, temos o grande prazer de apresentar o "QUARTETO do HOT CLUBE de PORTUGAL"...

Como muitas vezes sucede, no caso de hoje o Quarteto é por vezes Quinteto e até Sexteto, pois a êle se quizeram juntar mais dois elementos.

A Sessão que vamos ouvir, foi gravada ontem à tarde. Os trechos foram tocados expontaneamente, sem qualquer ensaio ou repetição.

Assim, certamente haverá pequenas falhas, que serão sobejamente compensadas pela sinceridade, entusiasmo e a vontade dos diversos solos.

Aqui temos pois: HELDER MARTINS — ao piano, CARLOS MENEZES — à guitarra electrica, Pedro Martins de LIMA — em contrabaixo e Luís Loufarea — banjos, os 4 componentes do "Conjunto do HOT CLUB". Em bateria Fernando Rueda...

Vão tocar a Composição de Jerry Mulligan "Barks for Barksdale"...

1º TRECHO... BARK for BARKSDALE

4

Todos os musicos que tomaram parte neste despretensioso programa especial, fizeram-se no HOT CLUB de PORTUGAL, salvo Carlos Menezes, que no entanto ao clube deve o estímulo que encontra e a compreensão pelo seu esforço em progredir no nosso modesto ambiente "jazzístico". Outro pormenor digno de registo é a bela camaradagem entre todos os elementos que tão simpáticamente nos quiseram homenagear, em particular entre os dois baterias presentes Luís Sanfareau e Fernando Rueda que contráriamente ao que é costume suceder entre "mestres do mesmo ofício", cediam expontaneamente o seu lugar, como sucede em "I only have eyes for you", em que Luís Sanfareau se encontra à bateria...

2° TRECHO... I only have eyes for you
Em "September in the rain", Fernando Rueda muda para a bateria e Luís Sanfareau toca bongós...

3° TRECHO... I only have eyes for you

Fig. 12 e)

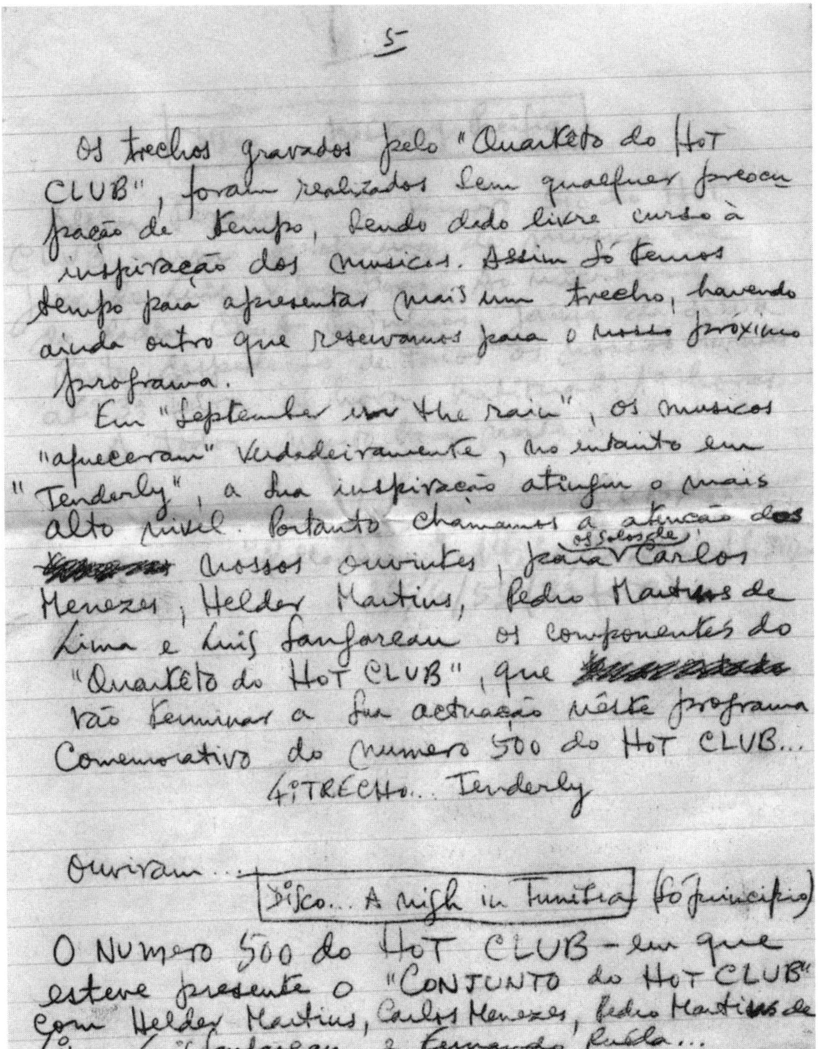

5-

Os trechos gravados pelo "Quarteto do Hot CLUB", foram realizados sem qualquer preocupação de tempo, sendo dado livre curso à inspiração dos musicos. Assim só temos tempo para apresentar mais um trecho, havendo ainda outro que reservamos para o nosso próximo programa.

Em "September in the rain", os musicos "apareceram" Verdadeiramente, no entanto em "Tenderly", a sua inspiração atingiu o mais alto nivel. Portanto chamamos à atenção dos os solosole; ~~nossos~~ nossos ouvintes, ~~para~~ Carlos Menezes, Helder Martins, Pedro Martins de Lima e Luis Fanfareau os componentes do "Quarteto do HOT CLUB", que ~~xxxxxxxxx~~ vão terminar a sua actuação néste programa Comemorativo do numero 500 do HOT CLUB...
4º TRECHO... Tenderly

Ouviram...

| Disco... A nigh in Tunisia (só principio) |

O NUMERO 500 do HOT CLUB – em que esteve presente o "CONJUNTO do HOT CLUB" com Helder Martins, Carlos Menezes, Pedro Martins de Lima, Luis Fanfareau e Fernando Rubla...

FIG. 12 f)

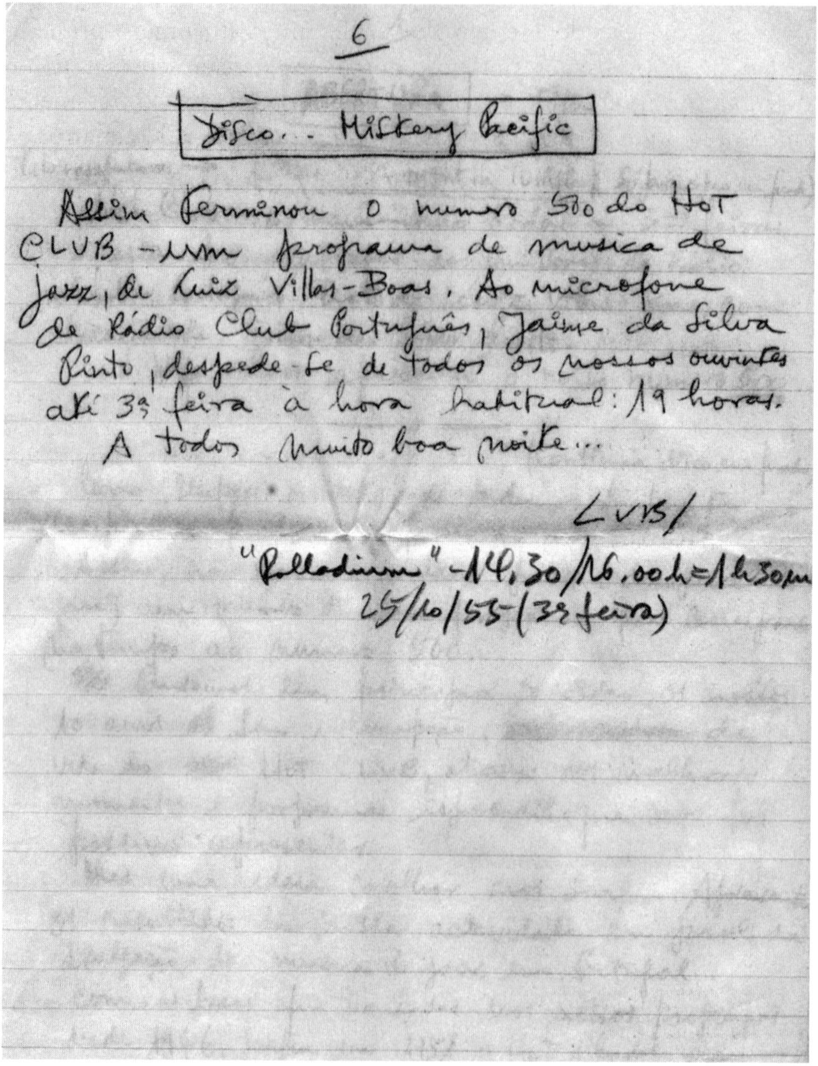

6

Disco... Mistery Pacific

Assim terminou o numero 500 do HOT
CLUB — um programa de musica de
jazz, de Luiz Villas-Boas. Ao microfone
de Rádio Club Português, Jaime da Silva
Pinto, despede-se de todos os nossos ouvintes
até 3ª feira à hora habitual: 19 horas.
A todos muito boa noite...

LVB/

"Palladium" - 14,30/16,00h = 1h30m
25/10/55 (3ª feira)

Para além da rádio Villas-Boas define outras frentes de acção para a divulgação do *Jazz* em Portugal. Em 1946 surge o primeiro artigo na imprensa escrita portuguesa, na revista semanal *Rádio Mundial* propriedade do jornal *O Século*, com um sentido claramente diferente daqueles redigidos nas décadas anteriores. De uma forma séria, o artigo intitulado *«Jazz»* apresenta objectivamente os princípios que baseiam as próximas redacções:

"Esta é uma nova secção de uma nova revista na qual se falará da jovem expressão musical – «jazz» e que é dedicada a todos os leitores de espírito jovem e moderno, qualquer que seja a sua idade (...) procuraremos dar a conhecer o jazz, esse desconhecido[9] que tem sido motivo de tanta incompreensão e má vontade, e sobre o qual, iniciados e não iniciados, têm tão falsas ideias (...) através de artigos dos mais consagrados críticos mundiais de «jazz» e das polémicas que sobre o «jazz» se estão a travar procuraremos pôr as coisas no seu devido lugar (...) indicando o caminho a seguir, para se chegar à «verdadeira» música de «jazz»"[10].

Também em 1946, Hugues Panassié publicou o livro *«La Véritable Musique Du Jazz»*[11] que terá influenciado Villas-Boas a assumir uma postura educativa perante o público para se chegar à «verdadeira música de *Jazz*».

No mesmo artigo apresenta também as razões que, na sua opinião, estão na base do alheamento da população portuguesa relativamente ao *Jazz*:

"(...) principalmente a falta de bons discos dos grandes músicos deste género, tais como: King Oliver, Bix Beiderbecke, Louis Armstrong, etc., e a ausência de informação"[12].

---

[9] «Jazz, esse desconhecido» foi também o nome do programa de rádio criado por José Duarte na Rádio Universidade de Lisboa em 1958.

[10] Villas-Boas, "Jazz", *in Rádio Mundial – O Século*, 1946, p. 20.

[11] Editions Robert Laffont, Paris – 1946. Em 1932 Panassié utilizou a mesma expressão na fundação do Hot Clube de França, clube que segundo ele tinha como objectivo defender e propagar a «verdadeira música de *Jazz*». Hugues Panassié, logo na fundação do clube, nomeava como presidente honorífico Louis Armstrong.

[12] Villas-Boas, 1946, *Op. Cit.*, p. 20.

FIG. 13

Aliás, para suprir esta dificuldade da aquisição de discografia do género em Portugal, Luiz Villas-Boas chegou mesmo a viajar até Espanha. Já na década de 50, quando passou a ser controlador de tráfego no aeroporto de Lisboa, recorria às viagens a que tinha direito para assistir a concertos de *Jazz* em todo o mundo, para visitar os clubes e estabelecer importantes contactos. Chegava a sair ao final do dia e a regressar no voo da manhã, pronto a voltar ao trabalho, conforme transmitiu Helena Villas-Boas na entrevista cedida.

Contudo, as razões apontadas anteriormente para o desinteresse e ignorância relativamente ao *Jazz* por parte da esmagadora maioria da população portuguesa, não passavam da superficialidade. Depois das explanações dos capítulos anteriores, sabe-se que vários factores influenciaram a profunda ignorância em que se encontrava a esmagadora maioria da população portuguesa em relação à música *Jazz*, e não só.

Villas-Boas exprime ainda a sua indignação quanto ao facto das rádios nacionais não adquirirem os discos que chegavam a Portugal:

> "O ano passado chegaram, por acaso, alguns discos de Bix Beiderbecke*, Ed Lang*, Luis Russel*, Frankie Trumbauer*, etc.. Pois, coisa inacreditável: nenhuma estação de rádio comprou qualquer cópia destes e de outros bons discos"[13].

Com esta constatação de Villas-Boas percebe-se o desinteresse global face ao *Jazz*, até por parte dos responsáveis das estações de rádio. A inculcação ideológica e o fenómeno da Folclorização poderão explicar esta evidência.

Na parte final do artigo, Villas-Boas apela aos leitores:

> "(...) [quando ouvirem] às quartas-feiras, pelas 21:00 horas, no Rádio Clube Português «Mistery Pacific»[14] (...) não desliguem imediatamente. Sejam bons desportistas e dêem-lhe uma oportunidade para convencer em vez de dizerem: «Não presta». Oiçam com a melhor boa vontade possível, desapaixonadamente, e, então, no fim, poderão dizer: «Não presta». Isso é mais honesto"[15].

---

[13] Villas-Boas, 1946, *Op. Cit.*, p. 20.

[14] «Mistery Pacific» – tema que abria o programa "Hot Clube", gravado pelo quinteto do Hot Clube de França num disco de 78/rpm, e que se encontra actualmente no espólio de Luiz Villas-Boas na posse do HCP.

[15] Villas-Boas, 1946, *Op. Cit.*, p. 20.

A questão da «verdadeira» música *Jazz* começava a criar, no início dos anos 40, duas correntes divergentes tanto nos EUA como na Europa. No seio do Hot Clube de França esta discussão levou à cisão entre Hugues Panassié e Charles Delaunay[16], ambos apoiados respectivamente por duas facções de sócios. Esta cisão levou o grupo de Charles Delaunay * a abandonar o Hot Clube de França em 1947 e a fundar um outro clube de *Jazz* em Paris.

Villas-Boas terá conhecido a polémica que rebentara em França. Aliás, tal como refere no artigo:

> "(...) polémicas que sobre o «jazz» se estão a travar procuraremos pôr as coisas no seu devido lugar (...) indicando o caminho a seguir, para se chegar à «verdadeira» música de «jazz»"[17].

Luiz Villas-Boas era assinante das mais importantes revistas de *Jazz*, entre as quais se encontrava a revista do Hot Clube de França: *Jazz Hot*. Nos exemplos referidos como bons músicos de *Jazz*, no primeiro artigo de imprensa de Luiz Villas-Boas, constata-se o

---

[16] Hugues Panassié defendia que só a música de *New Orleans*, *Dixieland* e *Swing* poderiam ser consideradas *Jazz*. No início da década de 40, alguns músicos de *Jazz* iniciam uma nova corrente estilística do *Jazz*: o *Bebop*. Para Charles Delaunay e seus companheiros, uma geração mais nova do que aquela que apoiava Panassié, esta corrente encetava um novo caminho para a evolução do *Jazz*. O *Bebop* (musicalmente mais complexo, de difícil compreensão, com recursos técnico-interpretativos, sobretudo na improvisação, que exigiam algum virtuosismo, que recorria a uma exploração melódica aproximando-se do atonalismo) para a geração de Panassié que tinha crescido com o *Jazz* de *New Orleans* e *Dixieland*, correntes que depois evoluíram para o *Swing*, surgia como o fim do *Jazz*. Panassié não via necessidade alguma de se procurarem novas abordagens. Na sua opinião esta «intelectualização» aniquilaria as características musicais populares, que definiam o «verdadeiro» *Jazz*. Esta discussão gerou um movimento de demonstração pública de apoio às duas correntes divergentes na imprensa francesa da época. A polémica que se verificou no Hot Clube de França na segunda metade da década de 40, deu-se em Portugal aquando as primeiras edições do Festival de *Jazz* de Cascais. A maioria dos críticos da década de 70 que escreviam sobre *Jazz* acusava Villas-Boas de sectarismo e conservadorismo estilístico, recorrendo a nomes consagrados, é certo, mas pouco actuais para a altura. José Duarte, Rui Neves e Jorge Lima Barreto foram os críticos que mais se fizeram ouvir, impulsionados, também, por motivações progressistas.

[17] Villas-Boas, 1946, *Op. Cit.*, p. 20.

mesmo denominador comum: a época em que se tornaram célebres ou iniciaram as suas carreiras, e o estilo que interpretavam: King Oliver*, Bix Beiderbecke, Louis Armstrong*, Ed Lang, Luis Russel, Frankie Trumbauer foram importantes músicos de *Jazz* na década de 20. Se levada em consideração a época e o enquadramento estilístico dos músicos enumerados por Villas-Boas, pode afirmar-se que se enquadrava na ala de Panassié, embora menos radical e esteticamente liberal, acompanhando com entusiasmo as novas correntes que ao longo das décadas foram surgindo.

É também nesta época que se publicam os primeiros textos sobre a genealogia do *Jazz*:

> "Em Abril de 1947 (em texto não assinado mas presumivelmente de Villas-Boas), os «negros espirituais» são exaltados como percursores «dos blues e do jazz», naquele que terá sido uma das primeiras tentativas de divulgação da genealogia do jazz"[18].

Uma das primeiras entrevistas a um músico de *Jazz*, se não mesmo a primeira escrita em Portugal por alguém com conhecimentos razoáveis acerca desta música, foi publicada na imprensa, por volta de 1947, em *O Século – Rádio Mundial*. Esta entrevista ao saxofonista holandês Piet Van Dijk, conhecido na altura como o «Coleman Hawkins Holandês», conduzida e redigida por Luiz Villas-Boas, foi possível devido ao concerto que a orquestra de Van Dijk apresentou em Lisboa nesse ano. Nesta crítica Villas-Boas afirma:

> "na orquestra de Piet Van Dijk, há a considerar duas facetas: como orquestra de arranjos, e como conjunto de improvisação. Normalmente a orquestra toca arranjos. Não sendo esta a nossa forma preferida de jazz, temos no entanto que confessar, que o conjunto é de um equilíbrio fantástico, e os arranjos são notáveis"[19].

Para Villas-Boas esta qualidade *jazzística* só foi possível devido ao contacto que os músicos holandeses vinham estabelecendo, desde a

---

[18] Curvelo, 2002, *Op. Cit.*, p. 59.
[19] Villas-Boas *in* Curvelo, 2002, *Op. Cit.*, p. 59.

década de 20, com músicos de *Jazz* norte-americanos. Com esta observação, na qual o entrevistador afirma a importância do intercâmbio entre músicos dos EUA e músicos europeus, Villas-Boas alertava a sociedade em geral e os programadores em particular para a necessidade de se organizarem em Portugal concertos com músicos de *Jazz* norte-americanos, tendo em vista o florescimento do *Jazz* português.

Muitas reacções começaram a aparecer na imprensa da época.

> "Mas as reacções à divulgação do jazz eram frequentes e muitas vezes violentamente racistas, como revelam as palavras de protesto de um leitor da «Rádio Mundial», no ano de 1948, que se identifica como «um rapaz novo» que é «cem por cento anti-música de jazz»"[20].

O «rapaz novo» declara não considerar o *Jazz* "minimamente belo para o poder apreciar"[21]. O interlocutor de Villas-Boas, depois de referir o *Jazz* como criação de uma raça por si considerada menor, selvagem, refere como exemplo Gene Krupa* (importante baterista de *Jazz*), dizendo:

> "(...) um Gene Krupa a bater desenfreadamente num tambor não deve ser das coisas mais agradáveis de se ouvir (...) sendo nós, brancos, base da civilização mundial, porque fomos buscar a música de negros? (...) temos que reconhecer que, estudando música de raças atrasadas, vamos contribuindo para um movimento retrógrado da civilização"[22].

Em resposta Luiz Villas-Boas escreveu:

> "(...) o facto de ser um rapaz novo não é condição «sine qua non» para se gostar de jazz. O gosto por este género de música manifesta-se em todas as idades (...) Sobre o bater desenfreado de Gene Krupa confessamos que também não é muito do nosso agrado, mas, como isso não é o «jazz», continuamos a gostar deste género de música (...) Há que considerar que o jazz não é música dos negros de África, primitiva, pois, espontânea e não tra-

---

[20] Villas-Boas *in* Curvelo, 2002, *Op. Cit.*, p. 59.
[21] Curvelo, 2002, *Op. Cit.,* p. 59.
[22] Villas-Boas *in* Curvelo, 2002, *Op. Cit.*, p. 59.

balhada, mas sim a dos negros da América, homens que à face da Constituição dos Estados Unidos e da religião cristã são iguais (e têm demonstrado sê-lo sempre que lhes dão uma oportunidade) aos brancos"[23].

A parte final da resposta visava certamente os censores. Para não criar agitação política em Portugal em torno da questão do *Jazz*, que poderia pôr fim aos seus anseios e projectos, Villas-Boas recorre à Constituição dos EUA e à Religião Cristã para rebater os argumentos do seu interlocutor.

Ao mesmo tempo em que actuava no campo da divulgação e difusão do *Jazz*, Villas-Boas desenvolvia uma actividade de tertúlia *jazzistica* em casa dos irmãos Sangareau. Foi através desta amizade que, a 1 de Janeiro de 1945, Luiz Villas-Boas conheceu Helena Maria Silva, com quem viria a casar em 1947[24].

Depois de casado retomou os estudos na Faculdade de Ciências. Porém, o apelo do *Jazz* foi mais forte e abandonou definitivamente o curso universitário.

A casa dos irmãos Sangareau foi decisiva para a reunião de um grupo de amadores que viriam a apoiar Villas-Boas na fundação do HCP.

4.2. A casa da família Sangareau

O pai Sangareau tinha sido destacado como encarregado de negócios para a embaixada de Espanha em Lisboa na década de 20. Quando chegou a Portugal a família ainda não estava completa. Em Lisboa nasceram outros filhos, estabelecendo-se em sete o número de irmãos. Entre os que nasceram em Lisboa, Luís Sangareau, nascido a 18 de Novembro de 1923, viria a ser, para além de artista plástico, um proeminente baterista de *Jazz*.

---

[23] Villas-Boas *in* Curvelo, 2002, *Op. Cit.*, p. 59.

[24] Luiz Villas-Boas sabia que o saxofonista Don Byas estava em Lisboa para se apresentar num espectáculo de variedades no Eden. Como grande admirador seu, decide convidá-lo para o casamento no qual Byas terá apresentado alguns temas do seu repertório.

Desde logo as suas relações ficaram marcadas pela paixão do *Jazz*. Alfredo Sangareau, Luís Sangareau, Alfonso Sangareau e Fernando Sangareau eram os mais entusiastas da causa *jazzística* e construíram as suas amizades em torno desta música. Eram habituais as noites de tertúlia ao som do *Jazz* em casa dos Sangareau, ouviam-se os discos, fazia-se a música.

Helena Villas-Boas, vizinha da família nesta época, na entrevista cedida afirma que quase todas as noites havia alguma sessão em casa dos Sangareau, com Luís Sangareau na bateria, o seu irmão Alfonso na guitarra e o mais novo, Alfredo, nas percussões.

Conheceram Luiz Villas-Boas num concerto do Grémio Alentejano onde estava a actuar um grupo espanhol. Luiz Villas-Boas já tinha ouvido falar dos irmãos Sangareau que, no reduto do *Jazz* em Lisboa, eram sobejamente conhecidos.

Villas-Boas abordou os irmãos Sangareau de forma "(...) interessante: Vocês são os Sangareau? Tocam *Jazz*? Em que tom é que tocam o tema...?"[25]. No final do concerto agendaram um encontro para o dia seguinte em casa dos irmãos. Villas-Boas apareceu em casa dos Sangareau com alguns discos de *Jazz*, dando início a uma longa e profícua amizade.

A casa dos Sangareau passou a constituir o «porto de abrigo» dos amadores de *Jazz* lisboetas. Em 1945, o grupo era constituído por Fernando, Alfonso e Luís Sangareau, Manuel e Horácio Menano, Augusto e Ivo Mayer; Georgina e Luiz Villas-Boas, Maria Germana de Medeiros, os irmãos Telhados, Gerard de Castelo Lopes e Maria Helena Silva. Com a movimentação de músicos e melómanos a aumentar diariamente em casa da família Sangareau a partir do início de 1945, urgia encontrar um espaço onde se pudesse tocar e ouvir *Jazz* sem preocupações. Surge então a ideia da criação de um clube de *Jazz* em Lisboa.

"Luiz Villas-Boas era o mais entusiasta, talvez... tratou logo de arranjar um local"[26].

---

[25] Entrevista a Luís Sangareau, 11/02/2003, 01:13 min..
[26] *Idem*, 04:50 min..

A casa da família Sangareau propiciou assim o surgimento de um grupo de indivíduos verdadeiramente apaixonados por *Jazz*. Com o aparecimento de um núcleo de entusiastas, que habitualmente se reunia em casa dos Sangareau, Villas-Boas encontrou a base de apoio que necessitava para alcançar os seus objectivos em prol da divulgação e promoção da música *Jazz*, objectivos esses que parecem ter sido centrais em toda a sua vida, quase «missionária», em prol do *Jazz*.

A génese do HCP está assim nas muitas noites de tertúlia *jazzística* em casa dos irmãos Sangareau.

4.3. **Os primeiros eventos do «Grupo da Casa Sangareau»**

Para além das actividades radiofónica e jornalística que Luiz Villas-Boas vinha a desenvolver, e que demonstram, depois das explanações anteriores, um forte impacte social, o grupo formado em casa dos irmãos Sangareau, já sob a denominação «Hot Clube» (se bem que ainda não veiculada), mesmo antes de saber se os estatutos iriam ser aprovados tinha iniciado um conjunto de actividades de difusão e promoção da música *Jazz*.

O primeiro acontecimento de vulto deu-se em Novembro de 1945, no dia da primeira emissão da rubrica *Hot Clube* na Emissora Nacional (EN). Villas-Boas e companheiros organizaram um concerto no Instituto Superior Técnico (IST) no qual participaram músicos portugueses como Tavares Bello (piano), Freitas da Silva e Nereus Fernandes (guitarristas), Luís Sangareau (baterista), Rafael Couto (contrabaixista) e o violinista e trompetista espanhol José Puertas*, que se encontrava em Lisboa nessa altura.

> "E foi um êxito fantástico, porque de facto enchemos o Grande Auditório (...)"[27].

A partir desta data inúmeras sessões de *Jazz* aconteceram no Restaurante Belvedere, ao cimo do elevador de Santa Justa[28].

---

[27] Paes, *Expresso*, 10/11/1984.
[28] Entrevista a Augusto e Ivo Mayer, 10:33 min..

Outro grande acontecimento desta natureza deu-se a 6 de Fevereiro de 1948 com a histórica *Jam-session* no Salão de Chá do Café Chave D'Ouro que se situava perto do Rossio. Participaram neste evento os músicos Andrade Santos (piano), Rafael Couto (violino e contrabaixo), Esteves Graça (trombone), Vilaça (clarinete e saxofone), Marques Dias (saxofone), Art Carneiro (clarinete, recentemente regressado de Xangai onde iniciou na década de 20 a sua carreira musical), Carlos Menezes (guitarrista) e Pops Whiteman (baterista), entre outros que foram aparecendo e se exibiram nesta *Jam-session*.

Entre 1946 e 1950, o Chave D'Ouro passa a ser uma espécie de sede para os amantes de *Jazz*. Nestas sessões passaram músicos como Don Byas* (saxofone), George Johnson* (saxofone) e alguns bailarinos e músicos negros de Chicago.

> "(...) não havia sede e fazia-se essa actividade no Chave D'Ouro (...) A gente conseguiu invadir aquilo e fazer lá umas «jam sessions» (...) estiveram presentes alguns músicos importantes"[29].

Segundo Villas-Boas, a orquestra do Chave D'Ouro era uma excelente formação para Portugal:

> "Eram alguns dos melhores músicos dirigidos pelo Tavares Bello, com o Fernando Albuquerque, que era um trompetista fabuloso, o Domingos Vilaça, que também tocava muito bem clarinete e saxofone, o Rafael Couto, um contrabaixista que era também violinista e improvisava muito bem"[30].

Em anos anteriores tinham passado por esta formação do Chave D'Ouro Esteves Graça, trombonista, e Jorge Machado, baterista e pianista[31]. Entre 1947 e 1949, o grupo autodenominado Hot Clube inicia a organização de algumas sessões no Picoas Plaza, às quintas-feiras entre as 18:00 e as 19:00 horas, onde desfilaram músicos nacio-

---

[29] Paes, *Expresso*, 10/11/1984, *Op. Cit.*.

[30] Lourenço, "Luiz Villas-Boas – As histórias que o «jazz» tece", *in TV Guia*, n.º 581, 30/03/1990, pp. 82 e 83.

[31] Curvelo, 2002, *Op. Cit.*, p. 65.

nais, como Mário Simões (piano), Art Carneiro (clarinete), Pedro Martins de Lima (contrabaixo) e outros. Augusto Mayer afirma que neste ciclo de concertos actuaram também músicos estrangeiros como Thad Jones* (trompete), Flavio Ambrosetti* (saxofone e vibrafone) e Frank Wess* (flauta e saxofones tenor e alto)[32].

Todos os eventos referidos anteriormente foram promovidos em simultâneo com o processo de legalização que este grupo de futuros fundadores do Hot Clube de Portugal tinha encetado no final do ano de 1945.

4.4. A fundação do HOT CLUBE DE PORTUGAL – o processo de aprovação dos estatutos de 1946 a 1950

Os primeiros estatutos do Hot Clube de Portugal (HCP) começaram a ser elaborados nos últimos meses de 1945. A primeira reunião para a sua aprovação dá-se a 30 de Dezembro desse ano e a segunda a 15 de Fevereiro de 1946. Os estatutos aprovados nas duas reuniões dão entrada no Governo Civil de Lisboa a 22 de Junho de1946[33].

No "Capítulo I – Denominação, sede, natureza e fins", apresentam-se os princípios orientadores do HCP:

> "(...) instituição federativa de carácter colectivo, de interesse particular, de duração indefinida, de finalidade cultural, educativa e artística, constituída por indivíduos em número ilimitado de ambos os sexos, por organismos musicais, delegações nas capitais de província do continente, ilhas adjacentes e ultramar (...)"[34].

Denota-se desde logo o interesse dos seus fundadores em expandir o HCP por todo o «império» português, com objectivos de dinamização artística, cultural e educativa no que concerne ao *Jazz*. Nestes estatutos estabelece-se a data da fundação do HCP: "1 de

---

[32] Entrevista a Augusto e Ivo Mayer, faixa n.º 7, 18:55 min..

[33] Estatutos do HCP de 22 de Junho de 1946, Arquivos do Governo Civil de Lisboa (Vd. Anexo 1).

[34] *Idem, ibidem.*

Janeiro de 1946". Adoptou-se como divisa "1.º (...) a legenda «PELO VERDADEIRO JAZZ»". Os redactores destes estatutos tinham plena consciência das características ideológicas do Regime. Assim, no Artigo 3.º dos estatutos pode ler-se:

> "atendendo a que o «hot-jazz» é um processo de execução musical que tem por base o movimento sincopado e o improviso individual e colectivo, processo este, que constitui uma técnica já hoje universalizada sem, por isso, determinar qualquer influência perniciosa na música de folclore (...)".

Este artigo pretendia, por um lado, esclarecer os censores acerca dos objectivos do HCP, demonstrando que não tencionava provocar corrupções estéticas na música de folclore, tão valorizada pelo Regime, e, por outro lado, esclarecer os órgãos responsáveis pela aprovação dos estatutos que o *Jazz* era uma corrente estético-musical já há muito conhecida em todo o mundo.

Os objectivos do Hot Clube, segundo os estatutos de 1946, eram:

> "1.º – desenvolver e promover o gosto do público pelo "hot--jazz" (...) [através da organização de] demonstrações evidentes, tornando conhecidas as formas técnicas e o progresso que for tendo esta modalidade musical;
> 2.º – estudar, defender e praticar tudo o que seja relativo ao desenvolvimento desta técnica musical, no intuito de contribuir para a sua elevação e conhecimento colectivo;
> 3.º – divulgar toda a espécie de conhecimentos sobre o «hot--jazz» por meio de conferências, palestras, emissões radiofónicas, concertos directos ou por discos da sua discoteca privada, procurando sempre promover o alargamento do âmbito das suas actividades;
> 4.º – fomentar o interesse cultural e artístico, com as instituições similares ou outras de carácter adequado, tanto nacionais como estrangeiras, criando publicações da especialidade, etc.;
> 5.º – manter emissões periódicas através de estações radiofónicas, oficiais ou particulares, criando ou contratando

orquestras, coros, e outros agrupamentos de possível apresentação da música sobre a técnica do «hot-jazz» e acompanhar toda a sua evolução;

6.º – criar cursos privativos, nos quais os interessados possam assimilar e aperfeiçoar a sua técnica;

7.º – organizar biblioteca e discoteca da especialidade;

8.º – facilitar aos associados os meios necessários ao seu desenvolvimento cultural e artístico, dentro do campo de acção do HCP;

9.º – auxiliar ou proteger as iniciativas dos sócios individuais ou colectivos que, subordinando-se aos estatutos e regulamentos, tendam a desenvolver as finalidades do HCP".

Os restantes capítulos e artigos dizem respeito aos direitos e deveres dos sócios e aos seus órgãos internos.

Foi possível através dos estatutos de 1946 saber quem foram os seus subscritores (Vd. Anexo 3), alguns deles nomes sonantes da cultura portuguesa do século XX: Tavares Bello (compositor, intérprete), Fernando Leitão (cineasta), José Puertas (violinista espanhol), Georgina Villas-Boas (bailarina), Sena da Silva (pintor), Domingos Vilaça (músico), Gérard Castelo Lopes (na época estudante, fotógrafo artístico), Esteves Graça (músico), João Abel Manta (pintor), e outros.

A 17 de Janeiro de 1947, Luiz Villas-Boas envia novamente os estatutos ao Governador Civil de Lisboa, uma vez que, de 22 de Junho de 1946 até à data do envio desta carta, não tinha ainda sido devolvida nenhuma resposta relativamente à aprovação/não aprovação dos estatutos. Na carta, Villas-Boas reitera a importância de ser dada aprovação aos estatutos do HCP, devido ao facto do Clube contar com "numerosos membros que já nos deram a sua adesão"[35]. Ainda na mesma carta o principal mentor do Clube tenta uma vez mais esclarecer as intenções do HCP:

"(...) é uma organização de fins culturais, de divulgação de um género musical que nos últimos anos tem (devido à actividade dos Hot Clubes

[35] Carta de Villas-Boas ao Governador Civil de Lisboa, 17/01/1947, Arquivos do Governo Civil de Lisboa (Vd. Anexo 4).

congéneres, espalhados por todo o mundo), ganho a aceitação por parte do público"[36].

O Governador Civil de Lisboa, Nuno de Brion, envia os estatutos do HCP, a 29 de Janeiro de 1947, ao Subsecretário de Estado das Corporações e Previdência Social, explicando que se trata de uma associação "composta por artistas do género musical"[37].

A 16 de Setembro de 1947, Luiz Villas-Boas, não tendo recebido nenhum despacho, apresenta um novo ofício no Governo Civil questionando acerca da situação em que se encontra o assunto do HCP (Vd. Anexo 6). Afirma ainda neste ofício que contactou o Subsecretariado das Corporações e que este órgão o remetera para o Governo Civil de Lisboa, uma vez que o assunto já teria para aí seguido. No dia 18 do mesmo mês de 1947, após ter recebido a carta de Villas-Boas, Mário Madeira, actual Governador Civil de Lisboa, volta a questionar o Subsecretariado das Corporações uma vez que nada tinha recebido até ao momento (Vd. Anexo 7).

A 6 de Outubro de 1948, chega o despacho do gabinete do Subsecretário de Estado das Corporações e Previdência Social, no qual consta:

> "Não tem o Subsecretariado de Estado das Corporações que opor à criação do «Hot Clube de Portugal»"[38].

O Governador Civil Mário Madeira envia, a 15 de Outubro de 1948, a proposta dos estatutos do HCP (elaborada pelos seus sócios fundadores em 1946) ao Ministro da Educação Nacional, Fernando Andrade Pires de Lima (Vd. Anexo 9). O Ministro da Educação Nacional remeteu o assunto para o Conselho Permanente da Acção Educativa (CPAE), que, a 19 de Janeiro de 1950, se pronuncia negativamente quanto à aprovação dos estatutos.

---

[36] *Idem.*

[37] Carta de Nuno de Brion (Governador Civil de Lisboa) ao Subsecretário de Estado das Corporações e Previdência Social, Arquivos do Governo Civil de Lisboa (Vd. Anexo 5).

[38] Despacho do Subsecretário de Estado das Corporações e Previdência Social, 06/10/1948, Arquivos do Governo Civil de Lisboa (Vd. Anexo 8).

A razão para a não aprovação prendia-se com o facto do HCP se propor desenvolver actividades educativas, para além das artísticas e culturais[39]. Apesar do moroso processo para a aprovação dos estatutos do Clube, Villas-Boas já em 1948 tinha preenchido a sua ficha de sócio do HCP, ficha esta que se encontra hoje orgulhosamente exibida na célebre cave da Praça da Alegria (Vd. Anexo 11).

Luiz Villas-Boas, desmotivado, desiste da legalização do HCP. No entanto, os amigos não deixam de o impulsionar a tentar mais uma vez. Numa entrevista cedida a Eduardo Paes Mamede em 1984, Villas-Boas afirma:

> "Daniel Canhão fez uns estatutos muito complicados, que falavam de coisas culturais e associação de músicos. Ninguém os queria aprovar. O Ministério da Cultura mandou-nos para o Conservatório. Não sabiam qual era a nossa ideia de querer implantar uma música de pretos no País e o director do Conservatório chegou a dizer que «não podia aprovar o Hot, porque iria prejudicar o nosso folclore». Passei horas nos ministérios à espera e tivemos de modificar os estatutos segundo uma maquete do Governo Civil, que dava para tudo: clubes de copofones, sociedades recreativas (...)"[40].

Depois da pesquisa realizada sabe-se que esta afirmação não corresponde rigorosamente à verdade. Segundo informações recolhidas junto de Helena Villas-Boas, a principal influência deveu-se a Cândida Ghira que pressionou Luiz Villas-Boas a refazer os estatutos. Cândida Ghira foi, para Helena Villas-Boas, a principal responsável pela aprovação dos estatutos[41]. Augusto Mayer também reconhece a influência de Ghira:

> "Lá se conseguiu por intermédio de uma associada nossa, a Maria Cândida Ghira, que conseguiu mexer os cordelinhos todos no Governo Civil e aprovar os estatutos"[42].

---

[39] Parecer do Ministério da Educação Nacional – CPAE, homologado a 16/01/1950, Arquivos do Governo Civil de Lisboa (Vd. Anexo 10).

[40] Paes, "Luiz Villas-Boas – começámos o Festival com um grande atraso", *Expresso*, 10/11/1984, *Op. Cit.*.

[41] Entrevista a Helena Villas-Boas, 06/11/2002, 40:19min.

[42] Entrevista a Augusto Mayer, 06/11/2002, faixa n.º 5, 03:40 min..

Helena Villas-Boas e Cândida Ghira tinham uma relação bastante próxima. Ghira partilhava com Helena uma amizade confidente. Helena Villas-Boas declarou algo que nunca tinha vindo a público: movendo influências com alguém muito próximo do Governador Civil de Lisboa, possivelmente com o seu secretário, Cândida Ghira terá tomado conhecimento da verdadeira razão para a não aprovação dos estatutos. Através deste relacionamento, Ghira é aconselhada a apresentar os estatutos alterando alguns pormenores. As alterações foram feitas, apesar da relutância e desmotivação de Villas-Boas, conforme afirmado por Helena Villas-Boas.

Enquanto que nos estatutos de 1946 o HCP se propunha ter "finalidade cultural, educativa e artística", nos estatutos de 1950 o clube propõe exclusivamente a "finalidade recreativa"[43]. A legenda adoptada passou a ser "DIVULGAÇÃO DA MÚSICA DE JAZZ". Nos estatutos de 1946 eram definidos 9 objectivos, nos estatutos de 1950 são apenas definidos 5:

> "1.º – divulgar esta técnica musical por meio de palestras, emissões radiofónicas e concertos directos ou com discos;
> 2.º – fomentar o inter-câmbio com instituições similares, tanto nacionais como estrangeiras;
> 3.º – realizar festas, passeios ou quaisquer outras manifestações de aspecto recreativo;
> 4.º – organizar biblioteca e discoteca da especialidade;
> 5.º – auxiliar e proteger as iniciativas dos sócios, individuais e colectivas que, subordinando-se aos estatutos e regulamentos tendam a desenvolver as finalidades do HCP"[44].

Os restantes capítulos e artigos não sofreram nenhuma alteração de maior, foram somente resumidos, mantendo-se a especificidade jurídica e organizacional expressa nos estatutos de 1946.

Quanto aos subscritores também se verificaram modificações, nomes que saíram, outros que entraram, e até o próprio número de assinantes ficou mais reduzido (Vd. Anexo 13).

---

[43] Estatutos do HCP de 01/01/1950, *Op. Cit.*, Arquivos do Governo Civil de Lisboa (Vd. Anexo 12).
[44] *Idem, ibidem.*

Deve salientar-se também o facto de nesta subscrição Cândida Ghira ser a terceira subscritora e do seu nome estar incluído em 2.º lugar, tanto na comissão organizadora, como na comissão de honra, o que poderá significar a preponderância da sua influência na aprovação dos estatutos.

Outro dado que insinua a influência externa para a mesma aprovação é que, na última versão dos estatutos enviada por Luiz Villas-Boas ao Governador Civil de Lisboa, a 6 de Fevereiro de 1950, na margem esquerda do ofício de apresentação dos mesmos pode ler-se:

> "Com a designação de «Hot Clube de Portugal» foi pedida a aprovação de uns estatutos de uma instituição de carácter cultural, educativa e artística, tendo o respectivo processo sido por V.Ex.a mandado arquivar por despacho a 24 de Janeiro findo. Em virtude de informações do Ministério da Educação Nacional, os estatutos agora apresentados, embora com a mesma designação de «Hot Clube de Portugal», tem finalidade apenas recreativa, motivo porque nos parece não haver inconveniente na sua aprovação. V.Ex.a, porém, se dignará decidir conforme julgar mais conveniente. 7-2-950"[45].

Esta nota, dirigida ao Governador Civil, poderá ter sido manuscrita pelo funcionário com quem Ghira se relacionava.

A 8 de Fevereiro, o Governador Civil de Lisboa envia os novos estatutos para o Ministério da Educação Nacional.

A 27 de Fevereiro, o CPAE reúne e delibera:

> "(...) como o «Hot Clube de Portugal» já não tem finalidade cultural, educativa e artística, deixa de haver objecto sobre o qual haja de pronunciar-se o CPAE. Nestes Termos: são os do CPAE de parecer que o processo seja devolvido ao Governo Civil de Lisboa para resolução de quem de direito"[46].

---

[45] *in* Ofício de Luiz Villas-Boas, 06/02/1950, Arquivos do Governo Civil de Lisboa (Vd. Anexo 14).

[46] Parecer do CPAE, 03/03/1950, Arquivos do Governo Civil de Lisboa (Vd. Anexo 15).

Com a exclusiva finalidade recreativa que o HCP propunha nos novos estatutos, o Ministério da Educação Nacional escusou-se a qualquer pronunciamento remetendo o assunto para o Governador Civil de Lisboa.

Assim, a 16 de Março de 1950, o Governador Civil de Lisboa faz saber que:

"nos termos do n.º 8 do artigo 407 do Código Administrativo aprovo, para os devidos efeitos os Estatutos da associação recreativa denominada «HOT CLUBE DE PORTUGAL»"[47].

Com os estatutos ficou também aprovado o célebre emblema do Hot Clube de Portugal da autoria do pintor Sena da Silva.

Fig. 14[48]

<hr />

[47] Alvará de aprovação dos Estatutos do HCP, 16/03/1950, Arquivos do Governo Civil de Lisboa (Vd. Anexo 16).

[48] Emblema do Hot Clube de Portugal (cópia do original arquivado no Governo Civil de Lisboa) do pintor Sena da Silva.

Desde a entrega dos estatutos, a 22 de Junho de 1946, até à data de aprovação, a 16 de Março de 1950, decerto os órgãos de informação do Poder terão feito as averiguações necessárias para avaliar os verdadeiros objectivos desta associação que poderia estar a ocultar outro tipo de actividades, nomeadamente revolucionárias, ou outras que o sistema não aprovasse. Ao longo destes quatro anos Villas-Boas contactou diferentes instituições, personalidades que poderiam mover influências para que o Clube fosse autorizado. Efectivamente, e através do conhecimento que cumpre ter do Poder da época, não faltavam razões para que os estatutos não fossem aprovados de imediato:

1 – os objectivos do clube, e por mais claros que constassem nos estatutos, poderiam sempre camuflar uma organização política subversiva;
2 – esta música não se enquadrava, tal como ficou demonstrado, no quadro de valores nacionais definidos pelo Poder político;
3 – tudo o que viesse do estrangeiro era posto em causa, pois poderia constituir uma nefasta influência para a pacata sociedade portuguesa.

Para além das razões referidas anteriormente, existe ainda outra que deve aqui ser considerada. O artigo citado pelo Governador Civil no alvará de aprovação dos estatutos do HCP – art.º 407, n.º 8 do Código Administrativo da época – é a norma legal que atribui competência ao Governador Civil para aprovar os estatutos das associações culturais. Cita-se:

> "Compete ao Governador Civil: (...) 8.º – aprovar os estatutos das pessoas colectivas de utilidade pública e administrativa e das associações de instrução, de cultura, de recreio, de educação física e desporto, constituídas nos respectivos distritos, que por lei não devam ser submetidas à aprovação de outra autoridade; (...)"[49].

---

[49] Código Administrativo, Lisboa, pp. 272 e 273.

O moroso processo compreende-se também pelo facto dos sucessivos governadores civis, por excesso de zelo ou por conhecerem bem o sistema do Regime, e, consequentemente, não estarem dispostos a assumir pessoalmente a responsabilidade de aprovar uma associação sem que autoridades superiores se prenunciassem, optarem por solicitar outros pareceres e submeteram os estatutos aos diversos sectores governativos que poderiam tecer considerações acerca desta aprovação. Na realidade, algumas associações, para além da aprovação do Governador Civil, necessitavam também da aprovação do Ministério da Educação Nacional, do Ministério do Interior, do Comissário Nacional da Organização Nacional da Mocidade Portuguesa, entre outros órgãos[50]. Este modelo político, burocrático e administrativo, possibilitava ao Poder averiguar profundamente quais os objectivos da associação, quem eram os indivíduos envolvidos, perceber as suas verdadeiras intenções, objectivando o controlo social e zelando pela manutenção do poder, não fossem estas agremiações camuflar objectivos políticos oposicionistas, subversivos e revolucionários.

No caso do HCP, e na interpretação que se fez do art.º 407, a solicitação de pareceres a outras autoridades seria desnecessária, conforme se constata na citação anterior do n.º 8 do art.º 407 do Código Administrativo. Porém, o sistema político vigente a isso obrigava de uma forma subliminar.

Quanto à publicação dos estatutos em Diário do Governo, segundo as consultas realizadas e os pareceres jurídicos solicitados, tal procedimento não seria necessário uma vez que para comprovar a legalidade da associação tornava-se bastante a exibição do alvará de aprovação dos estatutos.

Não obstante o moroso processo burocrático, a legalização do HCP acaba por acontecer e o *Jazz* em Portugal conhecerá uma nova fase.

---

[50] Código Administrativo, Lisboa, pp. 272 e 273.

CAPÍTULO 5

O HOT CLUBE
E A AFIRMAÇÃO DO *JAZZ* EM PORTUGAL

O esforço de Luiz Villas-Boas, de Augusto Mayer (que terá sido talvez o sócio mais entusiasta, a seguir a Villas-Boas[1]) e dos restantes companheiros começou logo no final da década de 40 a dar os seus frutos. Ainda antes dos estatutos terem sido aprovados já a influência das suas actividades se revelava.

Em 1948, Manuel Guimarães, para além das actividades de divulgação que vinha desenvolvendo na imprensa escrita do Porto e na organização de sessões fonográficas, inaugura aos microfones do Rádio Clube do Norte (RCN) o seu programa *Jam Session*; Adelino Figueiras inicia a sua actividade de divulgador em Guimarães, por vezes ao lado de Manuel Guimarães; em Bragança o *Jazz* era promovido por Francisco Sousa; de Faro e do Funchal chegavam notícias de ouvintes do programa de Villas-Boas que informam acerca da possibilidade de virem a nascer nestas cidades filiais do Hot Clube de Portugal (HCP)[2], algo que até hoje nunca se verificou.

Posteriormente à institucionalização do HCP, a Rádio Peninsular, no início da década de 50, recebe Nuno Ricardo e Jorge Duarte para a realização de um programa denominado *Panorama do Jazz*[3]; Manuel Jorge Veloso leva o *Jazz* para a televisão e desde então tem sido um importante divulgador e crítico de *Jazz*; Raul Calado, ilustre sócio do Hot Clube, inicia a sua actividade em prol do *Jazz* na

---

[1] Augusto Mayer organizou e arquivou toda a documentação do HCP durante as décadas de 50 e 60, apoiou logisticamente todas as iniciativas do Clube e, como fotógrafo amador que também era, registou todos os importantes momentos vividos no Hot Clube de Portugal. Algumas dessas fotos encontram-se hoje nos Arquivos do HCP.

[2] Correspondência de Luiz Villas-Boas, Arquivos do HCP.

[3] *Idem, ibidem.*

imprensa escrita e funda, em 1958, o Clube Universitário de *Jazz* (CUJ); ainda neste ano, José Duarte, que é o sócio fundador n.º 2 do Clube Universitário de *Jazz* e colaborador do seu Boletim, estreia-se na Rádio Universidade com a realização e apresentação do programa *Jazz, Esse Desconhecido*, em 1959, na Rádio Renascença, aparece com *Encontro com o Jazz*, em 1960 estreia-se na imprensa escrita no Diário de Lisboa e a 21 de Fevereiro de 1966 inaugura aos microfones da Rádio Renascença o mítico e histórico apontamento radiofónico *Cinco Minutos de Jazz*[4].

Com a institucionalização do Hot Clube, Lisboa passou a contar com um organismo que se propunha promover a música *Jazz* a nível nacional através da dinamização artística e cultural: sessões radiofónicas e fonográficas, palestras para a formação e esclarecimento do público, *Jam-sessions*, tertúlias, angariação e formação de músicos de *Jazz*, produção e promoção de concertos, etc..

Para atingir este patamar de influência social e cultural, que se iniciou a partir do final de 1945 e gradualmente se foi alargando até ao final da década de 50, início da década de 60, é de considerar a importância do espaço físico: a sede.

A sede que abrigou o Clube tornou-se o centro de encontro de sócios, músicos e melómanos, de vontades e decisões, instituindo-se como um «local de culto».

5.1. As Sedes

Com o estabelecimento da sede, o espaço físico fixo para o encontro dos amantes de *Jazz*, inicia-se uma fase de extrema importância no processo de afirmação do *Jazz*. A sede constituiu o «porto de abrigo» para os sócios – músicos (profissionais e amadores) e interessados. A existência de um espaço privado inteiramente dedicado ao *Jazz*, onde se podia ouvir, falar, discutir e tocar, criou um número de interessados que se foi alargando lentamente através dos anos de existência do Clube e que, pela troca de conhecimentos nas tertúlias que aí aconteciam, estava cada vez mais esclarecido e, consequente-

---

[4] Informação recolhida através de entrevistas consultas realizadas nos Arquivos do HCP e outras obras consultadas como: Curvelo, 2002, *Op. Cit.*, p. 70.

mente, mais exigente relativamente ao que se fazia na época em Portugal, quer ao nível dos concertos, quer ao nível da prestação que os músicos portugueses iam revelando nas suas apresentações públicas. Além disto, os músicos e os amantes de *Jazz* portugueses podiam receber os músicos estrangeiros num espaço privado e, através deste intercâmbio, aprender com as suas prestações nas *Jam-sessions*, não só pelo facto de os ouvirem, mas também e acima de tudo, pela possibilidade que tinham de tocar com músicos de renome internacional. Estas *Jam-sessions* proporcionaram momentos históricos como aquela noite em que Friedrich Gulda*, depois de ter actuado no Tivoli onde "veio ganhar, naquela altura, 25 contos (...) por duas matinés (...) enfiou-se no Hot até às 5 da manhã, de borla, a tocar *Jazz*"[5], mantendo durante horas toda a assistência em êxtase, ou outras noites como aquelas em que ali tocaram os músicos das Orquestras de Count Basie, André Réwéliotty, Claude Luter*, que depois de terem actuado nas salas de espectáculo de Lisboa visitaram a sede e aí acabaram por participar nas *Jam-sessions* da noite com os músicos portugueses.

Para que estes momentos fossem possíveis e ficassem registados na história do Clube e do *Jazz* em Portugal, foi necessário um espaço que os acolhesse.

O Hot Clube de Portugal (HCP) percorreu diferentes sedes até chegar à actual na Praça da Alegria. A sua secretaria provisória era em casa de Villas-Boas, comprovado através de alguns documentos de 1951 que têm a seguinte indicação: "Secretaria Provisória, C. Marquês de Tancos, 16/2.º/E Lisboa", residência de Villas-Boas (Vd. Anexo 2-A).

A primeira sede situava-se na Praça da Alegria, no n.º 66. Devido ao facto da cave se encontrar em obras a sede ficou provisoriamente no 5.º andar deste edifício. Assim que as obras terminaram passou para a sub-cave (Vd. Anexo 2-B).

Devido ao valor avultado do arrendamento, foi necessário encontrar outro espaço: "custava três contos e era caríssimo na altura"[6].

---

[5] Entrevista a Helena Villas-Boas, faixa n.º 1, 46:30 min..

[6] Lourenço, "Luiz Villas-Boas – As histórias que o «jazz» tece", *in TV Guia*, n.º 581, 30/03/1990, pp. 82 e 83.

Aparece então a segunda sede, situada na Av. Duque de Loulé, n.º 6 – 1.º andar, para onde o Clube se transfere a 1 de Junho de 1952 (Vd Anexo 2-C). No entanto, este não era ainda o espaço idealizado. Villas-Boas e Augusto Mayer tinham estado em Paris. Estavam fascinados com as caves da margem esquerda do rio Sena onde se tocava *Jazz* num ambiente do seu agrado, que remetia para os clubes norte-americanos, clandestinos, dos anos 20, esses locais míticos que abrigaram o *Jazz*. Era este o ambiente que desejavam para a «sua» sede e por isso continuavam em busca de um espaço mais adequado.

Augusto Mayer era sócio da associação tauromáquica Tertúlia Festa Brava (TFB) situada na Praça da Alegria. Por saber da existência de uma sala que a Tertúlia não utilizava, mostrou-a a Villas-Boas que se entusiasmou de imediato. Mayer contactou o presidente da Tertúlia e sugeriu-lhe que subarrendasse a sala. A partir de Março de 1954, a sede passa a localizar-se numa das dependências da TFB, na Praça da Alegria, 38/2.º – Lisboa (Vd. Anexo 2-D). No entanto, a Tertúlia era ainda arrendatária de uma cave que não utilizava. Com a conivência da direcção da TFB os fundadores do HCP decidem transferir a sede para a cave do mesmo edifício, 38-39 da Praça da Alegria.

Foi assim que, por volta de Junho de 1955, a cave n.º 39 se tornou a célebre e histórica sede do HCP onde ainda hoje se mantém. (Vd. Anexo 2-F). Sócios como Mário Henrique Leiria, Sena da Silva – autor do emblema do HCP –, José Luís Tinoco, Beça Leal, Paulo Guilherme e Mário Alberto (cenógrafo que Villas-Boas conheceu nas noites do Parque Mayer), restauraram a cave:

> "Estiveram todos lá uma noite inteira (...) e de manhã estava praticamente tudo feito"[7].

Os instrumentos (o contrabaixo, a bateria e o piano) foram adquiridos no dia da inauguração da sede:

> "(...) Acontece que descobrimos um músico que tinha esses e negociámos, já não me lembro se dois, três contos ou quatro contos, e fizemos a promessa de lhe darmos no dia seguinte a primeira prestação"[8].

---

[7] Villas Boas *cit. in* Lourenço, *in TV Guia*, n.º 581, 30/03/1990, *Op. Cit.*, pp. 82 e 83.

[8] *Idem*, p. 83.

Com a expectativa que se gerou em torno da fundação do Clube, a sala encheu e assim conseguiram reunir o "(...) pecúlio necessário, não sem antes se terem postado à porta da cave a receber da mão de cada sócio a quota mensal de dez escudos"[9].

O horário de funcionamento do HCP ficou compreendido entre as 18:00 e as 24:00 horas. Depois de alguma pressão junto do Governo Civil, a direcção consegue que lhe seja autorizado encerrar às 2:00 horas.

Todos os dias a partir das 18:00 horas os sócios começavam a frequentar a sede, por aí ficando mesmo depois de fechar a porta e, por vezes, até a manhã do dia seguinte. Tal como afirma Bernardo Moreira, "fizeram-se várias directas", depois de uma noite a tocar no Hot, os estudantes universitários seguiam directamente para as aulas.

Foi nesta cave que se viveram os primeiros grandes momentos do *Jazz* em Portugal. Os sócios, os amantes e os músicos, profissionais ou amadores, tinham agora um espaço onde podiam trocar experiências e, desta maneira, evoluir mais rapidamente na técnica e na linguagem do *Jazz*.

Fig. 15[10]

---

[9] Villas Boas *cit. in* Lourenço, *in TV Guia*, n.º 581, 30/03/1990, *Op. Cit.*, pp. 83.

[10] *Jam-session* no HCP. Luiz Villas-Boas, Mário Simões (piano), Fernando Rueda (bateria) e Thad Jones (trompete). Fotografia de Augusto Mayer, *in* Curvelo, 2002, *Op. Cit.,* p. 72.

As sessões que aqui aconteceram foram gravadas por Luiz Villas-Boas, tal como já acontecia anteriormente, e emitidas nos seus programas radiofónicos. As bobines que guardam estes registos encontram-se hoje nos arquivos do HCP e mereciam ser analisadas, devidamente catalogadas, preservadas e divulgadas. Só assim se poderá ter a verdadeira noção da evolução musical dos intérpretes portugueses ao longo do tempo.

5.2. Os sócios, a precariedade financeira e a organização dos Festivais de Música Moderna

Com a legalização do clube os fundadores iniciam o processo de angariação de sócios. Terão atingido os 700 associados até 1949, oriundos de diferentes estratos socioculturais: intelectuais, músicos, escritores, pintores, médicos, arquitectos, actores, cineastas, bailarinas, dançarinas de *boite*, desportistas, pugilistas, empregados de mesa, funcionários públicos, comerciantes, etc.. Esta heterogeneidade deve-se ao facto de Luiz Villas-Boas ter procurado angariar sócios nos ambientes boémios de Lisboa[11]. Do Chiado ao Saldanha, passando pelo Rossio, seguindo pela Av.ª da Liberdade, muitos eram os locais por onde passavam ao longo da noite até de madrugada os actores de teatro, os músicos e as bailarinas das *boites*, os jornalistas, os políticos e os desportistas, homens e mulheres que compunham as tertúlias das noites alfacinhas[12]. De entre os sócios destacam-se alguns ilustres: os pintores João Abel Manta, Sena da Silva, Nuno San Payo; o cineasta Fernando Leitão; os escritores Alexandre O'Neill e José Cardoso Pires; os homens do teatro Carlos Villaret, Vasco Morgado, Mário Alberto; os músicos Tavares Bello, Ferrer Trindade, entre outros da orquestra ligeira da EN; desportistas, como o campeão nacional de pugilismo João Neves.

Tal como referiram os entrevistados ao longo da pesquisa realizada, muitos dos que se fizeram sócios nunca apareceram no HCP. Não obstante o seu contributo financeiro constituir um impulso decisivo para o lançamento do Clube, o facto de não efectuarem o paga-

---

[11] Curvelo, 2002, *Op. Cit.*, p. 61.
[12] Agostinho, 2002 *Op. Cit.*, pp. 195 a 203.

mento das quotas mensais provocou uma grave situação financeira, que acompanhou o Clube durante quase toda a década de 50. A quota mensal era de 10$00 e, no acto de inscrição, os sócios efectuavam um pagamento de 12$50 para aquisição do cartão e do emblema do Clube. Das centenas de assinaturas recolhidas para a angariação de sócios só uma pequena parte liquidava regularmente as suas quotas, o que obrigou o Clube a recorrer a empréstimos para saldar dívidas:

> "(...) naquela altura toda a gente entrou para sócio do Hot (...) depois deixaram de pagar quotas (...) chegámos a ter 700 pessoas"[13].

Para além dos empréstimos, outra medida adoptada para superar este problema foi a organização de festivais de *Jazz*. Na circular de 15 de Julho de 1953, apela-se à sensibilidade dos consócios:

> "(...) esta realização, que representa uma ambição de longa data do nosso Clube, reveste-se de grande significado, pois com ela esperamos resolver problemas financeiros que de há muito vêm preocupando as várias direcções do nosso Clube e que neste momento tomaram um carácter de certa gravidade (cerca de 10.000$00 a liquidar este mês) (...) Se esta nossa tentativa falhar, nada mais nos restará fazer, pois sinceramente confessamos ter esgotado todos os recursos de que dispúnhamos para o êxito da causa do Jazz em Portugal (...)"[14].

O primeiro Festival de Música Moderna organizado pelo HCP aconteceu a 27 de Julho de 1953 (segunda-feira) no Cinema Condes e contou com a presença das orquestras de Fernando Albuquerque, Mário Simões, José Mesquita, Domingos Vilaça, Hélder Martins, com o vocalista Max, com o Quarteto do Grupo Coral da Faculdade de Letras da Universidade de Lisboa dirigido por Maria Germana de Medeiros, e também com o Quinteto do HCP, constituído por Hélder Martins (piano), Carlos Menezes (guitarra), Pedro Martins de Lima (contrabaixo), Fernando Rueda (bateria) e Luís Sangareau (percussão), que se estreou neste espectáculo.

---

[13] Entrevista a Helena Villas-Boas, faixa n.º 1, 51:50 min..
[14] Circular de 15/07/1953, Arquivos do HCP (Vd. Anexo 17).

A 5 de Abril de 1954 (segunda-feira), no Cinema Capitólio, deu-se o segundo festival que contou com a participação de Fernando Albuquerque, Tropical Boys, Caravana, Quarteto Andrade Santos, Mário Simões, Ferrer Trindade, Domingos Vilaça, Quarteto do HCP, Max, Hélder Martins, Fernando Curado Ribeiro e Carlos Fernando. Também em 1954, organizada pelo HCP, realizou-se uma histórica *Jam-session* em Coimbra, no Jardim da Manga "(...) com o Tó-Zé Veloso, Carlos Menezes, o Sangareau (...)"[15] Bernardo Moreira, José Luís Tinoco e outros. Augusto Mayer, que transportou e acompanhou os músicos de Lisboa, afirma que "(...) foi a malta de Coimbra que quis organizar (...) a casa estava cheia (...) inclusivamente foi lá o Reitor, que era pai dos Moreiras"[16]. Segundo o relato percebe-se que o *Jazz* já era uma música muito apreciada principalmente por uma geração de estudantes universitários, que rondaria a faixa etária dos 18 aos 25 anos.

O terceiro festival realizou-se a 25 de Julho de 1955 (segunda-feira) no Cinema Condes. Actuaram o Quarteto do HCP, o conjunto de Hélder Martins, o Trio de Colin Beaton que se fez acompanhar pelo contrabaixista venezuelano Salvador Soreldo e pela vocalista Patsy Parnham. O quarto festival decorreu no Cinema Roma a 3 de Novembro de 1958. Neste festival desfilaram as seguintes orquestras: Alex Williams (que actuava regularmente no Tágide), Cinque Vagabondi (músicos residentes à época no Casino do Estoril), Hélder Martins (que se apresentava regularmente no Aquário), Hélder Reis (do restaurante Galo), João Oliver (Hotel Embaixador), Jorge Machado (Casino do Estoril), José Magalhães (Maxime) e o Quinteto do HCP.

Foi na organização destes festivais que os censores entraram em acção, ao proibirem, conforme se abordou anteriormente, a palavra «*Jazz*» nos cartazes de divulgação. Todavia, Augusto Mayer, aquando a realização do quarto festival, colocou no anúncio de promoção do evento "Festival de Música *Jazz*", o que afinal não causou qualquer reacção por parte dos órgãos de controlo e repressão devido à conjuntura política nacional referida num capítulo anterior.

---

[15] Entrevista a Augusto e Ivo Mayer, faixa n.º 7, 04:46 min..
[16] *Idem, ibidem,* 06:24 min..

FIG. 16

5.2.1. A política interna do Hot Clube de Portugal e a fundação do Clube Universitário de *Jazz*

Em simultâneo com as medidas tomadas para a superação dos problemas financeiros o Clube ía crescendo, não tanto quanto ao número de frequentadores da sede (a admissão no Clube estava vedada a todos os «não sócios»), mas acima de tudo ao nível de intervenção e influência pública. O HCP organizava eventos para o público em geral, no entanto, para descer à cave do Clube, era necessário ser-se sócio. Neste sentido não havia uma verdadeira e plena abertura à comunidade.

"Refúgio de músicos e intelectuais, tinha a entrada barrada a não sócios, o que levou muita gente a fazer-se sócio"[17].

Esta medida era de facto implacável. Em 1963, Catherine Deneuve, a célebre actriz de cinema, estava em filmagens em Lisboa...

"...e não podia sair do hotel porque era perseguida pelos caçadores de autógrafos e fotógrafos. Ouviu falar do Hot como um sítio onde podia ter alguma privacidade e apareceu lá. Como a única maneira de entrar era sendo sócia, filiou-se. E por lá passou todas as noites, até acabar as filmagens"[18].

Ambicionava-se, assim, manter uma certa discrição devida também ao receio que alguns presentes utilizassem o HCP como local para conspirações políticas contra o Regime da época. Desta maneira os censores sentiam-se seguros quanto à natureza do Clube e os sócios confiantes relativamente aos problemas que, doutra forma, poderiam surgir colocando em causa a sobrevivência do HCP.

Todas as actividades do Hot Clube respeitavam estritamente as orientações do Regime, e foi esta postura institucional que originou, em 1958, a cisão entre Luiz Villas-Boas e Raul Calado.

Em 1958, surgem opiniões divergentes quanto à política interna do HCP preconizadas por duas facções: Luiz Villas-Boas e Raul Calado. A acção do HCP relativamente à aceitação de novos sócios era muito restrita e moderada. Segundo os estatutos aprovados, o candidato a sócio preenchia uma primeira ficha de inscrição com o conhecimento prévio de um sócio do Clube, constituindo este último o seu proponente. A candidatura era depois apresentada em Assembleia Geral e, normalmente, aprovada. Mera formalidade institucio-

---

[17] Soares, "Hot, hot, hot", *in A Semana*, 20/03/1998, p. 10.
[18] "Catherine Deneuve encontrava-se em Lisboa a filmar com Pierre Kast, que realizou o filme *Vacances Portugaises* no final da década de 60" *in* Curvelo, 2002, *Op. Cit.*, p. 93, citado também por Soares, *in A Semana*, 20/03/1998, *Op. Cit.*, p.10.

nal ou precauções quanto à idoneidade do Clube? No início, depois de aprovados os estatutos, era fundamental o maior número possível de sócios. Através do pagamento da inscrição o HCP criou o seu primeiro fundo de maneio. Saberiam os fundadores, principalmente Villas-Boas, que a maioria dos sócios iniciais jamais apareceria no Clube? Teriam os angariadores dos primeiros sócios percebido que nessa fase era imperioso algum fundo de maneio e por isso a máxima adoptada foi «quem paga entra»?

Nas entrevistas realizadas as opiniões dividem-se: existem os que pensam não ter havido qualquer restrição para a admissão de novos sócios, sendo a questão do proponente uma simples formalidade institucional; existe outro grupo de opinião que refere que desta forma o Clube protegia a sua idoneidade; e outro grupo da opinião que o HCP era restrito e elitista[19]. A opinião de José Duarte quanto ao ambiente do HCP nos anos 50 é coincidente com este último grupo. José Duarte descobrira o *Jazz* com Paulo Gil, ainda no Liceu. Visitaram juntos o Hot Clube mas, tal como afirma, "... só gostou dos discos e do Hot...", o ambiente do HCP não o seduziu.

Para além destas razões o Hot Clube passou a ser uma espécie de local para a reunião de amigos onde se jogava, conversava-se sobre vários assuntos, e o *Jazz* ía sendo arredado, ao ponto dos músicos serem considerados perturbadores. Segundo Ivo Mayer, um grupo de sócios decidiu por cobro a estas situações, que contrariavam a verdadeira natureza do Clube, e o HCP voltou-se, com mais força e vigor, para a música *Jazz*.

Por um verdadeiro clube de *Jazz*, contra esta postura selectiva, elitista e politicamente alheada, Raul Calado apresenta uma lista de candidatura para os corpos gerentes de 1958. A outra lista concorrente era encabeçada por Luiz Villas-Boas.

> "Era uma cisão de perspectivas de orientação do clube (...) precisamente na perspectiva de que, o Raul Calado, como universitário, ligado à luta antifascista, tinha a perspectiva de discutir o *Jazz* numa perspectiva política, social (...) o Hot Clube sempre foi uma coisa tendencialmente mais musical, e sobre discussão musical"[20].

---

[19] Dados recolhidos nas entrevistas realizadas.
[20] Entrevista a Manuel Jorge Veloso, faixa n.º 1, 12:57 min..

Das listas em sufrágio saiu vencedora aquela liderada por Villas-
-Boas. Raul Calado retira-se do HCP e funda, em 1958, o Clube
Universitário de *Jazz* (CUJ).

Para apresentar publicamente o seu projecto Raul Calado inter-
cedeu perante a Reunião Inter Associações (RIA), cujo presidente era
Jorge Sampaio (que viria a ser mais tarde Presidente da República
Portuguesa), no sentido de angariar algum apoio financeiro para
lançar o «seu» clube de *Jazz*. Da RIA concedem-lhe 200$00 para a
impressão dos folhetos promocionais da sessão fonográfica na qual
seria apresentado o Clube Universitário de *Jazz*. Aliás, o apoio que
Jorge Sampaio dedicou ao CUJ durante a sua existência é muitas
vezes referido pelos seus sócios. É precisamente nesta sessão que aparece José Duarte, o segundo sócio fundador do CUJ, que considera
Raul Calado, ainda hoje, o seu "primeiro *Jazz* mestre".

Quanto ao CUJ, Villas-Boas afirmou:

> "(...) o CUJ surgiu como uma alternativa ao Hot através do Raul
> Calado (...) que resolveu sair e fazer um clube universitário de jazz, coisa
> que eu aliás apoiei, achava que era uma ideia muito boa haver um clube no
> meio universitário"[21].

O CUJ desenvolvia uma actividade muito ecléctica: "No C.U.J.
até havia bailes"[22], entre outras iniciativas fora do âmbito do *Jazz*,
como foi a exposição de arte africana por volta de 1960. Acima de
tudo, como clube do meio universitário no final da década de 50, a
subversão ao Regime e o apoio à libertação das colónias portuguesas
de África dominaram o CUJ. No entanto, o *Jazz* não era esquecido e
servia também como mote de inspiração para as discussões em torno
dos movimentos de libertação das colónias portuguesas.

> "Evidentemente que o CUJ, para além da discussão sobre música (...)
> e de se tocar música, menos do que no Hot, porque não havia sequer
> instrumentos (...) naturalmente que a malta encontrava-se lá para falar
> sobre política e para tratar da subversão (...) a luta dos estudantes tinha ali
> um reflexo muito forte (...)"[23].

---

[21] Villas-Boas *cit. in* Curvelo, 2002, *Op. Cit.*, p. 71.
[22] Entrevista a Manuel Jorge Veloso, faixa n.º 1, 14:09 min..
[23] *Idem, ibidem,* 14:22 min..

O ano de 1958, já referido anteriormente, é um ano de viragem na vida política portuguesa. A candidatura de Humberto Delgado veio dar um estímulo de coragem na luta contra o Estado Novo. Raul Calado, conforme afirma Manuel Jorge Veloso, acreditava que chegara a hora da subversão e a possibilidade de uma agremiação, ainda que ao serviço do *Jazz*, poderia constituir uma plataforma de luta contra o Regime. Manuel Jorge Veloso, igualmente ligado à luta antifascista e também sócio do CUJ, na entrevista cedida afirma que nas sessões fonográficas que realizavam (dedicadas ao *Jazz*, obviamente), era passada propaganda subversiva:

> "Muitos de nós fazíamos sessões fonográficas – em associações culturais, associações de estudantes... Era para divulgar a música, mas ao mesmo tempo que se divulgava a música, divulgava-se a luta dos negros. Isto tinha associações com o colonialismo, e portanto, digamos que era uma forma de fazer subversão..."[24].

O relato de Manuel Jorge Veloso coincide com o início da posição anti-colonialista da Casa dos Estudantes do Império[25], apoiada por alguns portugueses da metrópole:

> "(...) que na década de 50, e, sobretudo, nos primeiros anos da década de 60 haveria de constituir o fermento de um apoio substancial aos movimentos de libertação das colónias portuguesas (...)"[26].

Em 1961, o CUJ é selado pela Polícia de Segurança Pública (PSP) sob o pretexto oficial dos seus estatutos não estarem ainda aprovados. Questão que precisa ainda de ser aprofundada...

---

[24] Entrevista a Manuel Jorge Veloso, faixa n.º 1, 19:33 min..

[25] "A Casa dos Estudantes do Império em Lisboa foi o cadinho onde se formaram, a partir de meados dos anos 40, muitos dos futuros dirigentes dos movimentos de libertação das colónias portuguesas. Amilcar Cabral, Agostinho Neto, Marcelino dos Santos, Sérgio Vieira, Lúcio Lara, Cipriano Rebelo, Óscar Monteiro e mesmo Daniel Chipenda frequentaram, sendo estudantes em Lisboa ou Coimbra, aquela instituição. (...) após a Conferência de Bandung, em 1955, iniciou-se de forma complexa e algumas vezes sinuosa a formação de organizações que viriam a dar lugar ao PAIGC na Guiné, à UPA e MPLA em Angola e à FRELIMO em Moçambique (...)" *in* Oliveira, 1999, *Op. Cit.*, p. 72.

[26] Oliveira, 1999, *Op. Cit*, p. 62.

5.3. O Hot Clube de Portugal e a formação de músicos portugueses de *Jazz*

Conforme se demonstrou anteriormente, através dos concertos, das *Jam-sessions* e das tertúlias organizadas pelo Hot Clube de Portugal (HCP) os músicos portugueses, profissionais e amadores, receberam um importante estímulo para a sua evolução no *Jazz*. As formações que se exibiam nos concertos organizados pelo Clube eram agrupamentos residentes em restaurantes, hotéis e casinos, que apesar do seu repertório habitual ser constituído por música de dança, aproveitavam os eventos promovidos pelo HCP para se apresentarem como intérpretes de *Jazz*.

No decorrer da década de 40, principalmente a partir da segunda metade, motivados pela actividade de Luiz Villas-Boas e companheiros, começam a surgir os primeiros músicos de *Jazz* portugueses: Tavares Bello, Hélder Martins, Hélder Reis e Mário Simões (pianistas), Vitor Santos (saxofonista), Freitas da Silva, Nereus Fernandes, Jaime Nascimento e Carlos Menezes (guitarristas), Pedro Martins de Lima, Jorge Manzoni Sequeira e Rafael Couto (contrabaixistas), Fernando Rueda, Jorge Machado e Luís Sangareau (bateristas), Esteves Graça (trombone), Fernando Albuquerque (trompestista), Domingos Vilaça (clarinetista e saxofonista), Max (vocalista). Segundo Bernardo Moreira:

> "[estes músicos] foram os primeiros em Portugal que tiveram os ouvidos abertos para o jazz ao começarem a tocar a música de Duke Ellington e Glenn Miller. Eram músicos profissionais que tocavam tangos e valsas no café e participavam nos serões para trabalhadores da FNAT, mas que tinham uma grande paixão pelo jazz e sempre participaram de forma generosa e gratuita nas jam sessions do Hot Clube"[27].

Para além dos músicos profissionais citados anteriormente, as noites do HCP contavam também com a participação de músicos amadores: pianistas como Gérard Castelo Lopes e Manuel Menano "dois entusiastas do boogie-woogie, e Ivo Mayer, um «desalinhado» que à influência de Teddy Wilson juntava também a bíblia de Errol

---

[27] Pisco, "Meio século de Hot Clube", *in A Capital*, 13/03/1999.

Garner"[28]. Bernardo Moreira explica que "se, nos tempos do «Chave D'Ouro», é o «swing» de Teddy Wilson que mais influenciava os músicos da época – com o Benny Goodman a ser o modelo de Domingos Vilaça, por exemplo (...) o Gérard e o Menano interessam-se mais pelos pianistas do boogie-woogie e pelo estilo *stride*"[29].

No entanto, depois das explanações dos capítulos anteriores, sabe-se que esta geração não foi a primeira em Portugal a demonstrar interesse pelo *Jazz*. Nas décadas de 20 e de 30, alguns músicos portugueses tinham preconizado as primeiras incursões pelo *Jazz*. O resultado musical seria sobejamente diferente, mas o interesse pela interpretação deste género musical seria o mesmo que os músicos da geração de 40 revelaram. Por outro lado, a geração de 40 estava de certa forma em vantagem. O acesso a discos estava mais facilitado relativamente às décadas de 20 e 30. Obviamente que, uma vez comparado com a actividade *jazzistica* dos restantes países da Europa dos anos 40, Portugal encontrava-se numa situação muito precária. Esta situação levou Luiz Villas-Boas a procurar discos nos EUA, em Espanha ou noutros países da Europa e, uma vez empregado na companhia aérea KLM como controlador de tráfego, a recorrer às viagens a que tinha direito para procurar representantes comerciais das editoras e trazer discos, tanto para se manter actualizado como para os seus programas radiofónicos:

> "(...) cá não havia discos para comprar, era muito complicado (...) o Villas-Boas era da K.L.M., ía muito aos EUA (...) a malta que tinha a possibilidade de ir aos EUA trazia discos"[30].

Além disto, havia também alguma literatura sobre *Jazz* (revistas e livros[31]) que a partir da segunda metade da década de 30 começara a ser comercializada.

---

[28] Curvelo, 2002, *Op. Cit.*, p. 65.

[29] *Idem*, p. 66. Enquanto em Portugal, na segunda metade da década de 40, os músicos de *Jazz* ainda se sentem inspirados pelo *Swing*, que teve o seu auge nos EUA na década de 30, os músicos de *Jazz* norte-americanos já tinham iniciado uma nova corrente, o *Be-Bop*.

[30] Entrevista a Manuel Jorge Veloso, faixa n.º 1, 16:00 min..

[31] Como exemplo, Hugues Panassié, fundador do Hot Clube de França (1932), entre 1934 e 1955 publica uma vasta obra sobre *Jazz*: *Le Jazz Hot* – 1934 (Editions

Todavia, o papel fundamental coube à institucionalização do HCP.

> "Na sede do Hot Clube de Portugal, além de se conseguirem maior número de amadores esclarecidos, começaram a surgir alguns jovens, que pelas suas qualidades, dedicação e persistência se revelaram como novos valores dentro do nosso modesto quadro de executantes de jazz, sendo essa a segunda fase que pretendíamos alcançar (...) E é assim, com os trechos que dêles vamos apresentar, que melhor julgamos sintetizar o que em jazz se fez de há 10 anos para cá em Portugal e bem assim o que foi nesse aspecto a nossa desinteressada actividade"[32].

Com a abertura do Clube todos os interessados passaram a frequentar este novo espaço: músicos ligeiros profissionais nas noites em que não trabalhavam nas orquestras dos locais habituais, músicos amadores, estudantes, sócios em geral. Nas tertúlias, nas sessões fonográficas e *Jam-sessions* do Hot os músicos passaram a desenvolver o «seu *Jazz*». "Assim que entrei no Hot apercebi-me de que era capaz de ter alguma piada tocar *Jazz* (...)"[33]. Manuel Jorge Veloso afirma:

> "Eu ía para lá às tardes tocar com os discos... punha discos, havia lá uma discoteca (...) sentava-me na bateria e começava a acompanhar os discos (...) de maneira que às noites já podia aparecer e pedir licença para tocar (...) a aprendizagem foi feita sobretudo a partir da audição de discos"[34].

Corrêa), *144 Hot Jazz Records* – 1939 (R.C.A. Victor, Camden, New Jersey), *La Musique de Jazz et le Swing* – 1943 (Editions Corrêa), *Les Rois du Jazz* – 1944 (Editions Ch. Grasset, Genève), *La Véritable Musique de Jazz* – 1946 (Editions Rober Laffont), *Douze Années de Jazz (1927-1938)* – 1946 (Editions Corrêa), *Cinq Mois à New York (Octobre 1938-Février 1939)* – 1947 (Editions Corrêa), *Jazz Panorama* – 1950 (Editions Deux-Rives), *Quand Mezzrow Enregistre* – 1952 (Editions Robert Laffont), *La Véritable Musique de Jazz (édition revue et augmentée)* – 1952 (Editions Robert Laffont), *Dictionnaire du Jazz* (en collaboration avec Madeleine Gautier) – 1954 (Editions Robert Laffont), *Petit Guide Pour Une Discothèque de Jazz* – 1955 (Editions Robert Laffont), além de artigos para revistas e jornais. Numa entrevista cedida por Manuel Guimarães a José Duarte, publicada no site *www.jazzportugal.net* em Janeiro de 2003, pode ler-se: "Nessa década de 40 eram já numerosas em vários países, e.g. Jazz Tempo, Swing Music, Jazz Wereld, Musica Viva, *Orchester Jornalen*, *Síncopa y Ritmo, Jazz Forum...*"

[32] Villas-Boas, *in* texto do prog. n.º 500 do *Hot Club* – RCP, Arquivos Hot Clube de Portugal.

[33] Entrevista a Manuel Jorge Veloso, faixa n.º 1, 04:15 min..

[34] *Idem, ibidem*, 06:05 min..

Enquanto que para se ser sócio o processo era simples, embora se saiba que havia uma certa relutância em abrir as portas indiscriminadamente, para se tocar no Hot era muito complicado. Os músicos do HCP constituíam um meio especial, "(...) que era fechado, e muito elitista (...) quando um tipo queria tocar qualquer coisa perguntavam sempre: «sabes o que é um *Blues*?», «Sabes o *Now's The Time*?», (...) conheces o 'não sei quê', quais são os acordes do 'não sei que mais'... e um tipo ficava logo desarmado..."[35]. Para Manuel Jorge Veloso a razão seria a seguinte:

> "Como o *Jazz* é uma coisa difícil (...) as próprias pessoas que gostam de *Jazz* têm um bocado a 'mania' de tornar o *Jazz* mais difícil do que é, e como se queixam muito, com razão, de que o *Jazz* foi uma música metida num *gheto* – o problema dos negros americanos, etc. – temos uma tendência masoquista de nos encerrarmos nesse *gheto* sempre: «isto é uma coisa muito complicada, que ninguém gosta, somos uma minoria... – e isso, subjectivamente, cria nas pessoas esta ideia que «somos os eleitos»"[36].

Isto levou a que também no Hot houvesse "uma elite (...) um pouco difícil de ultrapassar... tínhamos que ser admitidos"[37]. Daí a constatação que na altura "ser sócio do Hot era facílimo... mas para tocar e falar (...) era preciso pedir autorização!".

5.3.1. Os primeiros *Bebopers* portugueses

Com esta situação criou-se uma competitividade que obrigou os músicos a evoluir musicalmente, almejando um dia poderem vir a tocar no Hot Clube. Manuel Jorge Veloso apareceu no HCP por volta de 1956/1957. Ainda muito jovem iniciou as aulas de piano com a sua mãe, continuando os seus estudos no Conservatório de Lisboa até ao 1.º ano do curso superior de composição e 2.º ano do curso superior de violino. Depois de ter visitado o Hot Clube, a convite de Justiniano Canelhas, sente-se atraído pela bateria. Em 1958 começa a trabalhar na RTP e pouco tempo depois é o apresentador do pro-

---

[35] Entrevista a Manuel Jorge Veloso, faixa n.º 1, 04:55 min..
[36] *Idem, ibidem.*
[37] *Idem, ibidem,* 11:37 min..

grama *TV JAZZ* no qual passaram nomes importantes do *Jazz* mundial. Para além disso envereda por uma carreira de músico (tendo tocado ao lado de nomes importantes dos quais se destaca Dexter Gordon) e compositor (tendo criado várias peças de *Jazz* entre as quais a banda sonora para o filme *Belarmino,* de Fernando Lopes, realizado no final da década de 60)[38].

Por volta de 1956, chegam de Coimbra Bernardo Moreira, José Luís Tinoco e António José Veloso. Estudantes universitários de Coimbra que em 1951, integrados na Orquestra Ligeira Académica, começam a dedicar-se ao *Bebop*, ficando na história como a primeira formação portuguesa "(...) a dedicar-se ao Bebop"[39]. Bernardo Moreira, que por volta dos 14 anos se iniciou no *Jazz* através do programa radiofónico da *American Forces Network in Europe* afirma que, mais tarde, já como estudante universitário, se juntava com alguns colegas de Coimbra "para ouvir discos de 78 rpm do Benny Goodman e do género porque esses discos encontravam-se facilmente à venda. Os discos do Charlie Parker e do Dizzy Gillespie é que não havia"[40]. Manuel Guimarães, o mesmo que se correspondia com Villas-Boas e ansiava fundar o Hot Clube da Boavista, cruzou-se nesta altura com Moreira:

---

[38] Entrevista a Manuel Jorge Veloso, faixa n.º 1, 11:37 min...

[39] Curvelo, 2002, *Op. Cit.*, p. 67. Enquanto em Portugal esta formação era a primeira a dedicar-se ao *Bebop* (corrente desenvolvida nos EUA ao longo da década de 40), na década de 50 os músicos de *Jazz* norte-americanos tinham evoluído para uma nova corrente denominada *Cool Jazz*, da qual Miles Davis (trompetista, compositor, director musical) terá sido percursor no final da década de 40. Miles Davis, depois de deixar o grupo de Charlie Parker (saxofonista) em 1948, inicia uma actividade com outros músicos de Nova Iorque. Tomando a energia e espontaneidade do *Bebop* como principal influência, desenvolveram este estilo com orquestrações complexas de grande efeito tímbrico e harmónico. Gerry Mulligan (saxofonista barítono), John Lewis (pianista) e Gil Evans (compositor e orquestrador) foram os principais impulsionadores para a criação do *Noneto Miles Davis*. Esta formação ficou registada numa colecção discográfica intitulada *Birth of the Cool*. Mais do que sucesso comercial, vieram acima de tudo a influenciar os músicos da *West Cost*, dos quais se destacam Dave Brubeck e Lennie Tristano (pianistas, compositores e directores de orquestra), Chet Baker, Shorty Rogers e Jack Sheldon (trompetistas), entre outros, a criar o *West Cost Style*. Gridley, 2003, *Op. Cit.*, pp 172 a 183.

[40] Bernardo Moreira *cit. in* Pisco, *in A Capital*, 13/03/1999, *Op. Cit.*, também citado por Curvelo, 2002, *Op.Cit.*, p. 68.

"o primeiro disco de 33 rotações que eu ouvi (...) Pertencia ao Manuel Guimarães, que vivia no Porto e todos os sábados de manhã apanhava o comboio para Coimbra com o disco na mão, onde era esperado ansiosamente por um grupo de sete tipos. Mal ele chegava fechávamo-nos num quarto de um colega que tinha um *pick-up* (coisa rara na época) e nas vinte horas seguintes ouvíamos o disco até à exaustão, a tentarmos perceber como é que aquilo se tocava"[41].

Influenciados pelo *Bebop*, introduziram na Orquestra Ligeira Académica da Universidade de Coimbra alguns temas de Parker e Gillespie. A chegada do grupo de Coimbra a Lisboa coincide com a vinda para Portugal do saxofonista barítono belga Jean-Pierre Gebler, que em Lisboa passa a gerir os negócios da família. Com uma formação musical mais substancial, Gebler torna-se um elemento crucial do HCP na segunda metade da década de 50, tanto para os músicos como para os sócios: "Com a vinda dele começámos a ter as perspectivas mais abertas em relação à música: o *Bebop* (...)"[42]. Através da experiência de Gebler os músicos do HCP recebem importantes ensinamentos:

"para quase todos nós, mais ou menos incipientes do ponto de vista técnico, era muito mais fácil tocar os temas nas tonalidades mais favoráveis aos próprios instrumentos – sobretudo ao piano (...) (Gebler) impôs a regra de que os temas fossem tocados nas tonalidades originais, o que viria a facilitar sempre as actuações com outros músicos estrangeiros cujo reportório básico era também constituído pelos «standards» do cancioneiro americano ou do próprio Jazz"[43].

Com Jean-Pierre Gebler (saxofone barítono) integrado no Quarteto do HCP, constituído também por Manuel Jorge Veloso (bateria), Bernardo Moreira (contrabaixo), Justiniano Canelhas (piano):

"(...) o Jazz em Portugal deu um salto qualitativo – fomos os primeiros a tocar *Bebop* em Portugal. E de uma forma profissional"[44].

---

[41] Bernardo Moreira *cit. in* Curvelo, 2002, *Op.Cit.*, p. 68.

[42] Entrevista a Manuel Jorge Veloso, faixa n.º 1, 15:45 min..

[43] Bernardo Moreira *cit. in* Veloso, "Hot Clube de Portugal – «local de culto» do Jazz português", *in Revista da Música*, n.º 2, 1994, *cit. in* Curvelo, 2002, *Op. Cit.*, p. 68.

[44] Bernardo Moreira, *in* Soares, *in A Semana*, 20/03/1998, *Op. Cit.* p. 10. Citado também por Curvelo, 2002, *Op. Cit.*, p. 68.

Com a evolução musical que acabou por se verificar, o Quarteto do HCP foi convidado a apresentar-se no *Festival Internacional de Jazz de Comblain-la-Tour* (Bélgica) em 1963, constituindo esta exibição a primeira internacionalização do Quarteto e do HCP. O Clube foi assim ganhando prestígio e reconhecimento internacional.

FIG. 17[45]

5.3.2. Músicos portugueses – *Jazz* de valor internacional

Através do impulso do Hot Clube de Portugal (HCP) Carlos Menezes (guitarrista), Luís Sangareau (baterista), José Magalhães (trompetista) e Jorge Costa Pinto (baterista, pianista, orquestrador e compositor) iniciaram um percurso que lhes viria a merecer reconhecimento internacional. Os seus *curricula* comprovam inequivocamente que o HCP constituiu efectivamente o apoio e a motivação fundamentais para que se afirmassem na cena do *Jazz* nacional e internacional.

---

[45] Quarteto do HCP. Bernardo Moreira (contrabaixo), Justiniano Canelhas (piano), Manuel Jorge Veloso (bateria) e Jean-Pierre Gebler (saxofone barítono). Fotografia de Augusto Mayer, *in* Curvelo, 2002, *Op. Cit.*, p. 69.

Guitarrista profissional oriundo do Funchal, Carlos Menezes passou a residir em Lisboa a partir de 1945. Afirma ter sido através do HCP que recebeu a motivação principal para desenvolver a sua técnica e linguagem de *Jazz*. Luiz Villas-Boas apareceu no Clube Americano, local onde na altura Menezes actuava regularmente. Desde essa data travaram uma profícua amizade. Villas-Boas emprestava discos a Menezes para este se aperfeiçoar, o que constituiu um estímulo fulcral no seu percurso profissional. Através da audição e transcrição dos solos dos discos este guitarrista foi aprimorando a sua interpretação *jazzistica*[46] e, sempre que a sua disponibilidade profissional lhe permitia, apresentava-se nas *Jam-sessions* do HCP nas quais todos os presentes constatavam as suas evoluções técnicas e interpretativas. Este progresso *jazzístico* não passou despercebido. Steve Race, um dos maiores críticos de *Jazz* dos anos 50 que escrevia regularmente para a famosa revista *Melody Maker*, esteve de férias em Portugal, altura em que tomou contacto com o «*Jazz*» de Carlos Menezes no Casino do Estoril. Num artigo da mesma revista intitulado *Talent*, que data de 1955, Race escreve assim acerca de Menezes:

> *"(...) but the sound that hit me on entering the night was (...) the sound of an electric guitar being superbly played. It wouldn't have surprised me to learn that Tal Farlow was in town. Never, since Barney Kessel at the Gaumont State, have I heard anyone so completely at home on the instrument, and there can be few guitarists in Europe with such a command of exciting and entirely original phrases. Wherever Carlos de Menezes may be playing now (...) I hope he will accept my thanks (...) for really superb modern music. I also hope that he will one day find himself in a band which is even remotely worthy of his own great talent"*[47]

Outro músico português que ficou conhecido na cena internacional do *Jazz* foi o baterista Luís Sangareau, que de amador passou rapidamente a profissional:

> "foi o primeiro músico a aparecer ligado a uma linguagem mais moderna (...) que descobrira a forma de tocar de Kenny Clarke"[48].

---

[46] A transcrição de solos é um importante método de trabalho, indicado hoje pelas melhores escolas de *Jazz*, para a aprendizagem da linguagem do *Jazz*.

[47] Race, *Melody Maker*, 1955 (data não identificada) *in* Fontão, 1997/1998, Anexos.

[48] Bernardo Moreira *in* Curvelo, *Op. Cit.*, p. 73.

FIG. 18

STEVE RACE

WHENEVER a MELODY MAKER columnist travels, he keeps a sharp eye out for the local jazzmen. "But the swingin'est jazz of the whole trip," he writes, "came from Werner Kloopdido's Octet in Ermoupolis. Playing nightly from 1 a.m. till dawn in Bernie's Bar on the waterfront, Werner's combo features the Getz-like tenor of Demetrio Phthotis. I spent four nights there, and never tired of the New Sounds created by Kloopdido and the Peloponnese West Coast men."

Failure

It is with some trepidation, therefore, that I have to report the almost total failure, jazz-wise, of my recent holiday.

The reason, to be honest with you, is that I didn't go looking for jazz in the first place. As a matter of fact, I went as much for a holiday from music as for a holiday from English weather.

Of course, music kept cropping up. I went ashore at an obscure port in Northern Spain, walked 20 yards, and found myself face to face with a poster advertising "Los Ten Boppers." In a little café at the top of Vesuvius I sampled a local wine to the accompaniment of a radio playing "Lullaby Of Birdland." And at the Customs Post between Lebanon and Syria an Arab

HELMUTH FUDGEPOLE AND HIS ALL STARS

workman was whistling "Cherry Pink And Apple Blossom White," minus the Calvert dive.

The net of Tin Pan Alley is certainly spread wide these days. Walking down Main Street, Gibraltar, I glimpsed a familiar face in a shop window, and turned to meet the placid gaze of Norrie Paramor on an LP cover. In Nani's Music Shop, Valetta, I came upon as comprehensive a selection of English pops as one can find in the average provincial store here. (Pause for greetings to Charlie, who serves there, and is an avid MELODY MAKER reader.)

Certain musical treats (such as the traditional Spanish dancing in Palma) do not come under the heading of MELODY MAKER music. The one jazz moment of note came at the very end of the cruise, when the Race family, piloted by its last and most insane taxi driver, hooted and screeched its way from Lisbon to Estoril Casino bent on trying its luck at le gambling.

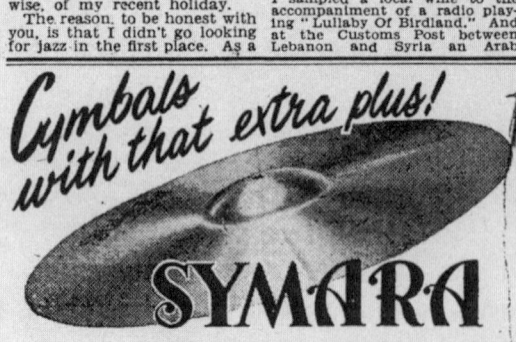

Cymbals with that extra plus!

SYMARA

CRASH — SPLASH — BOUNCE or HI-HATS

Stick or Wire Brush—Symara is just the Cymbal for your playing. Indispensable to modern-style drumming and the price is right.

10" thin	each £1.12.6	12" medium	each £2. 6.3
11" thin	„ £1.15.0	13" medium	„ £3. 7.3
12" thin	„ £2. 6.3	14" medium	„ £4. 0.6
11" medium	„ £1.17.0	15" medium	„ £4.14.6

The NEW RASSEM and the genuine Turkish K. ZILDJIAN ranges are shown in the new Dallas Cymbal brochure.

FREE Illustrated Cymbal Brochure and free copy of Cymbal Set-Ups.

Name.....................................

Address ....

.....................MM21456

Dallas
DALLAS BUILDING, CLIFTON ST.
LONDON. C.C.2

Talent

Word reached us around midnight that the floor-show was about to start in an adjoining room.

It was a very good floor-show indeed. But the sound that hit me on entering the night club was not the gay clatter of Les Girls doing a fast work-out on "Bye-Bye Blues." It was the sound of an electric guitar being superbly played.

It wouldn't have surprised me to learn that Tal Farlow was in town. Never, since Barney Kessel at the Gaumont State have I heard anyone so completely at home on the instrument, and there can be few guitarists in Europe with such a command of exciting and entirely original phrases.

Wherever Carlo de Menezes may be playing now—and I have an idea he is doing a season in Ceuta on the northern tip of Africa—I hope he will accept my thanks for 15 minutes of really superb modern music. I also hope that he will one day find himself in a band which is even remotely worthy of his own great talent.

Home again: a pleasant thought. And the homecoming was still further sweetened by the fact that waiting for me were a couple of LPs by one of the world's greatest artists: the glorious and impeccable Ella Fitzgerald. Next week, if I may, I'll tell you about them.

As noites no Hot revelaram-se extremamente profícuas para Sangareau, pois permitiram-lhe uma rápida evolução *jazzística* e assim ficar conhecido no meio internacional. A partir de 1964 tocou em Espanha com Pony Poindexter, Booker Ervin*, Tete Montoliu*, Dexter Gordon* e muitos outros nomes de referência mundial na história do *Jazz*[49].

Em 1958, dá-se outro marcante acontecimento para o HCP e para o *Jazz* português. Marshal Brown* (trombonista, director de orquestra e professor) e George Wein* (pianista, vocalista e empresário, que se tornou célebre por ter organizado o histórico festival de *Jazz* de Newport – EUA) viajam por alguns países da Europa, incluindo Portugal, tendo como objectivo a selecção de um jovem músico de cada um dos países visitados para integrar a *International Youth Band* (IYB) que se iria apresentar no Festival de Newport desse ano.

> "Chegaram hoje a Portugal os srs. Marshall Brown (...) e George Wein (…) que, como noticiámos, vêm seleccionar, em 14 países da Europa, incluindo Portugal, 20 jovens músicos de «jazz». Os srs. Brown e Wein (…) visitam ao fim da tarde de hoje, a sede do Hot Clube de Portugal, onde procederão a um teste dos músicos de portugueses de «jazz»"[50]

FIG. 19

Chegaram hoje a Lisboa os srs. Marshall R. Brown, director da «Formingdale High Schools», e George Wein, director musical do Festival de «Jazz» de Newport, que, como noticiámos, vêm seleccionar, em 14 paises da Europa, incluindo Portugal, 20 jovens musicos de «jazz». Com eles constituirão uma orquestra juvenil, que se exibirá naquele famoso festival. Os srs. Brown e Wein, que vemos, na gravura, ladeando o sr. Luis de Vil'as-Boas, visitam ao fim da tarde de hoje, a sede do Hot Clube de Portugal, onde procederão a um teste dos musicos portugueses de «jazz»

---

[49] Entrevista a Luís Sangareau, faixa n.º 1, 21:30.
[50] *in Diário Popular*, 15/02/1958, p. 11.

Segundo os jornais da época foram poucos os músicos que participaram nesta audição:

"(...) Ao piano, Hélder Martins; no contrabaixo, Vitor Campos; com o saxofone Santos Rosa; e na bateria, Costa Pinto. (...) Ivo Mayer e José António Araujo Pereira (piano) e Alírio Covas (contrabaixo). Os examinadores "estranham a falta de trompetistas (*onde estão os trompetistas de Lisboa, onde estão eles que não vêm tocar?*) (...) George Wein e Marshal Brown, que ontem à noite percorreram os recintos de diversões da nossa capital (*talvez à procura de trompetistas envergonhados...*)"[51].

FIG. 20

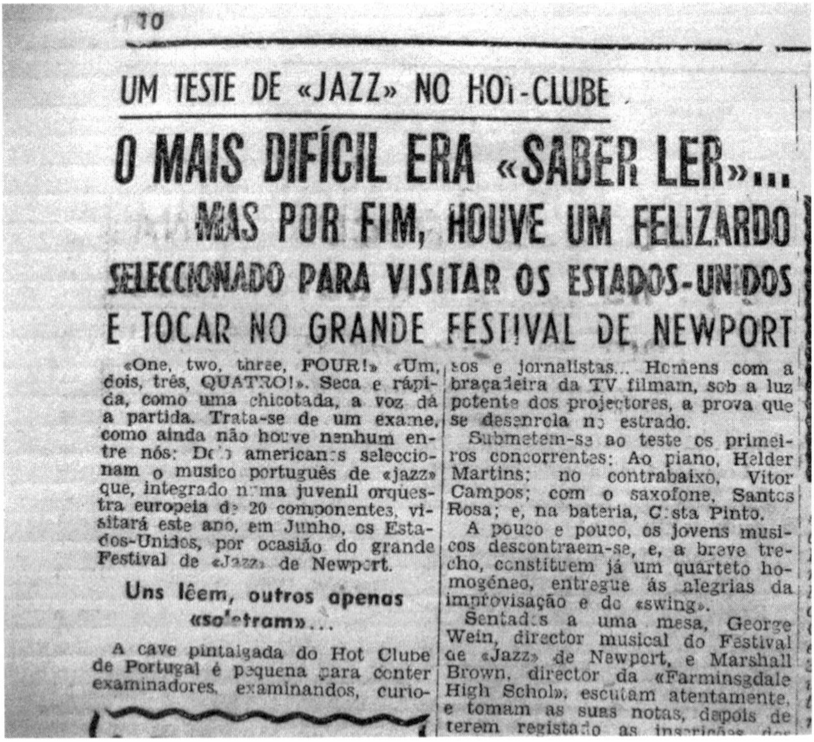

---

[51] *in Diário Popular*, 16/02/1958, p. 10.

Apesar de não ter comparecido nenhum trompetista na audição, Wein e Brown seleccionaram o trompetista José Magalhães, que não foi ouvido na audição do HCP mas na visita guiada pelos bares e clubes da noite lisboeta que Luiz Villas-Boas lhes proporcionou. Seleccionado para integrar a IYB, teve a oportunidade de se apresentar no Festival de *Jazz* de Newport ao lado de nomes que viriam a ser consagrados, como é o caso de "Dusko Goykovich*, Albert Mangelsdorff*, George Gruntz*, Gabor Szabo*"[52] entre outros.

De regresso a Portugal e percebendo que o meio sociocultural não lhe proporcionaria a evolução de carreira que ambicionava decide voltar para os EUA:

> "Outra grande estrela era o trompetista José de Magalhães, um músico fabuloso que depois foi para os EUA onde tocou em várias orquestras de jazz"[53].

Para além de Carlos Menezes, Luís Sangareau e José Magalhães, um outro músico que viria a ficar na história do HCP e do *Jazz* português pelo seu reconhecimento internacional foi o baterista, pianista, orquestrador e compositor Jorge Costa Pinto.

Costa Pinto considera que a música *Jazz*:

> "é um amor que começou aos cinco anos. Um dia o meu pai chamou-me para ouvir na telefonia o programa Hot Club, do Luís Vilas Boas, no Rádio Clube Português. Desde então nunca mais saí do jazz. Participei na primeira jam session no Chave D'Ouro, organizada pelo Vilas Boas. Nesse dia actuou também o Art Carneiro, saxofonista e violinista, pai do Roberto Carneiro, que foi ministro da Educação"[54].

Estudou piano, harmonia e composição na Academia de Amadores de Música com Francine Benoit, Lopes Graça, Jorge Peixinho e Louis Sager.

No Século Ilustrado de 2 de Agosto de 1958 podia ler-se:

> "O baterista do conjunto de Ray Martino é português. Chama-se Jorge Costa Pinto, é um excelente pianista e escreve magníficos arranjos orques-

---

[52] Curvelo, 2002, *Op. Cit.*, p. 73.
[53] Jorge Costa Pinto *in http://www.projazz.pt/jcostapinto.htm*, 15/02/2005.
[54] *Idem, ibidem.*

trais. A sua presença num agrupamento musical de tão expressiva categoria revela, de maneira inequívoca, as suas possibilidades"[55].

Por volta de 1958 funda o seu primeiro grupo inteiramente dedicado ao *Jazz*, seguiram-se depois outras formações e, em 1963, apresentou na RTP a primeira *Big-Band* portuguesa:

> "Foi aí [na RTP] que apresentei o meu octeto e a primeira big band constituída em Portugal para tocar música de jazz. Tinha músicos fabulosos: Carlos Meneses na guitarra, Santos Rosa no sax tenor, Vítor Santos no sax alto, o extraordinário Domingos Vilaça, sax tenor, Adélio Covas, trompete, Esteves Graça, trombone e muitos outros. Integrava também a big band o grande trombonista Edgar e o Helder Martins cantava uma peça. O disco [que irá ser editado] vai mostrar a algumas pessoas que o jazz em Portugal tem músicos de alto nível, há muitos anos"[56].

Em 1965, Jorge Costa Pinto frequentou um curso de verão em Boston, como afirma Curvelo:

> "(...) na consagrada Berklee College of Music, onde estudou, entre outros mestres com Herb Pomeroy. Aprovado com nota máxima, foi convidado para ficar a leccionar na escola, mas preferiu regressar a Portugal onde, paralelamente a um intenso trabalho no campo da música ligeira, seria pioneiro na formação e direcção da primeira orquestra de jazz portuguesa"[57].

A musicalidade de Costa Pinto aliada aos seus conhecimentos técnicos e teóricos proporcionaram-lhe a oportunidade de tocar com Friedrich Gulda, Hazel Scott*, George Wein, Marshall Brown, entre outros músicos de renome.

---

[55] "Duelo de Orquestras na «Canoa»", *in O Século Ilustrado*, 02/08/1958, p. 17.

[56] Jorge Costa Pinto, *in http://www.projazz.pt/jcostapinto.htm, Op. Cit.,* 15/02/ /2005. Costa Pinto deve ser considerado o mentor e director da primeira *Big-Band*, com todos os requisitos para assim ser denominada, uma vez que, ao contrário das orquestras das décadas anteriores, a *Big-Band* de Costa Pinto só interpretava *Jazz*.

[57] Curvelo, *Op. Cit.,* p. 74. Curvelo afirma que só depois de Costa Pinto regressar da *Berklee College of Music* é que se dedicou à fundação da sua *Big-Band*. Todavia, a apresentação desta formação deu-se em 1963 na RTP e Costa Pinto foi para Boston em 1965.

Os músicos portugueses citados anteriormente, independentemente do seu talento e formação, foram acima de tudo impulsionados pela actividade desenvolvida pelo Hot Clube de Portugal, onde, através da discoteca do Clube, dos festivais, concertos, sessões fonográficas, *Jam-sessions* (que lhes possibilitaram ouvir músicos de fama internacional e tocar a seu lado), encontraram o estímulo fundamental para surgirem como os primeiros músicos de *Jazz* portugueses de valor internacional.

No quadro seguinte apresentam-se alguns músicos portugueses que desenvolveram actividade *jazzística* entre 1945 e os primeiros anos da década de 60.

QUADRO 5

INSTRUMENTO	MÚSICO
Voz	Max
Flauta transversal	Rui Cardoso (também saxofonista) Vasco Henriques
Clarinete	Art Carneiro (também saxofonista e violonista) Domingos Vilaça (também saxofonista)
Saxofone	Art Carneiro Domingos Vilaça Élio Gevi Marques Dias Rui Cardoso Santos Rosa Sebastião Prudente Vitor Santos
Trompete	Fernando Albuquerque José Magalhães Mário Coelho
Trombone	Esteves Graça Edgar (?)
Violino	Art Carneiro Rafael Couto

INSTRUMENTO	MÚSICO
Guitarra	Carlos Menezes Freitas da Silva Jaime Nascimento Nereus Fernandes
Piano	António José Veloso Gérard Castelo Lopes Hélder Martins Hélder Reis Ivo Mayer Jorge Machado José António Pereira José Luís Tinoco Justiniano Canelhas Manuel Menano Mário Simões Tavares Bello Vasco Henriques (também flautista)
Contrabaixo	Alírio Covas Bernardo Moreira Esteves Graça (também trombonista) Jorge Manzoni Sequeira Pedro Martins de Lima Rafael Couto (também violinista) Raul Paredes Vítor Campos
Bateria	Fernando Rueda Jorge Costa Pinto Jorge Machado (também pianista) Luís Sangareau Manuel Jorge Veloso Paulo Gil

5.4. **Os primeiros grandes concertos de *Jazz* em Portugal**

É na década de 50 que se realizam em Portugal os primeiros grandes concertos de *Jazz*. Pela correspondência analisada nos arquivos do HCP, sabe-se que Luiz Villas-Boas, desde que lançou as bases para este empreendimento – o de difundir o *Jazz* em Portugal –, almejava realizar concertos em Lisboa com os grandes nomes do *Jazz* norte-americano.

Por diversas vezes tentou contratar aqueles que estavam em digressões pela Europa, uma vez que se tornaria mais exequível em termos financeiros e logísticos. Entre a correspondência trocada desta-ca-se o contacto estabelecido com o empresário de Lionel Hampton*, numa tentativa da digressão europeia de 1953 poder incluir Portugal. No programa *Hot Clube* n.º 396 Luiz Villas-Boas anunciava:

> "Lionel Hampton vem a Portugal? (...) estão em curso negociações para trazer ao nosso país este grande músico e a sua orquestra de vinte figuras, que neste momento se encontra em tournée pela Europa. A confir-mar-se esta notícia, o sensacional acontecimento da realização do 1.º con-certo de Música de Jazz, por uma das melhores orquestras americanas, teria lugar a partir de 14 do corrente mês data em que Lionel Hampton se encontra livre de contratos"[58].

Fig. 21 a)

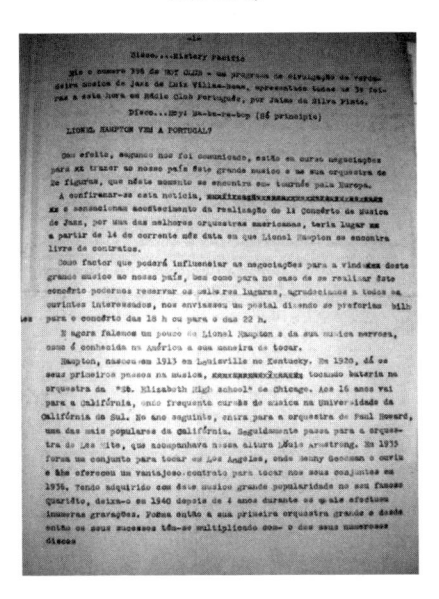

[58] Textos dos programas de rádio *Hot Clube*, Arquivos do Hot Clube de Portugal.

FIG. 21 b)

Apesar dos contactos Villas-Boas não conseguiu trazer Hampton a Portugal, alegando o empresário do músico dificuldades logísticas, incompatibilidade de datas e compromissos de última hora que impediam a realização do concerto[59].

Através dos contactos que vinham sendo estabelecidos com Charles Delaunay, Luiz Villas-Boas consegue o contacto do empresário Richard Stangerup, que na década de 50 representava, entre outros músicos, Count Basie.

A primeira digressão europeia de Basie foi em 1954[60] e, já nessa altura, pelas cartas consultadas nos Arquivos do HCP, Villas-Boas encetava esforços para que a digressão incluísse Portugal, o que não viria acontecer.

Com a segunda digressão europeia de Count Basie, em 1956, Villas-Boas volta a contactar Stangerup que confirma a possibilidade da digressão incluir Portugal. Villas-Boas contacta as direcções artís-

---

[59] Correspondência de Luiz Villas-Boas, Arquivos do Hot Clube de Portugal.
[60] J. Bradford Robinson *in* Kernfeld (ed.), *Op. Cit.*, p. 78.

ticas das casas de espectáculos de Lisboa acerca desta possibilidade. É assim que surge o interesse da direcção do Cinema Império. Depois das negociações entre Villas-Boas e Stangerup[61], consegue fixar-se a data definitiva. Mesmo estando tudo programado para a realização do concerto surge um imprevisto que obriga ao adiamento do espectáculo. Não obstante ter sido estabelecida nova data, não se efectuavam nesse dia voos de Lyon para Lisboa. Na resolução deste problema denota-se claramente a influência, a capacidade de persuasão e o espírito empreendedor de Villas-Boas que, ao interceder em todos os sectores influentes, conseguiu um voo especial da TAP no qual seguiram unicamente de Lisboa para Lyon, Villas-Boas e a tripulação, regressando de seguida com os músicos até Lisboa[62].

Fig. 22

[61] Correspondência de Luiz Villas-Boas, Arquivos do Hot Clube de Portugal.

[62] "A célebre orquestra americana de Count Basie, que hoje ao fim da tarde e à noite se apresenta no Império onde fará dois concertos, chegou esta tarde a Lisboa, num avião especial da T.A.P., vindo de Lyon, via Madrid." *in Diário de Lisboa*, 01/10/1956, p. 9. Encontram-se também nos Arquivos do HCP diversos documentos a este respeito.

A 1 de Outubro de 1956, com apresentação de Fernando Pessa, Count Basie e a sua *Big Band* acompanhavam o vocalista Joe Williams* no Cinema Império em duas sessões, às 18:30 e, para não interferir com a programação do cinema, às 23:45 horas.

Para convencer o público de Lisboa do grande acontecimento, reconhecendo que existia ainda nalguns meios sociais uma certa incompreensão em relação ao *Jazz*, Luiz Villas-Boas publicou o seguinte texto nos jornais diários:

> "Como há-de dizer-se ao público de Lisboa que esta orquestra e este cantor são de uma classe que ele nunca teve oportunidade de apreciar?"[63].

Conhecendo bem as características culturais e psicológicas do público lisboeta, Villas-Boas, sabendo como atrair assistência, enumera os seguintes pontos:

> "Ora bem: 1.º – o «jazz» é hoje, em todas as cidades do mundo civilizado, uma forma séria de música moderna; 2.º – Nunca esteve em palcos lisboetas uma orquestra de «jazz» americana; 3.º – A orquestra de Count Basie é, há dois anos, a melhor dos Estados Unidos e, na opinião das revistas da especialidade «Metronome» e «Downbeat», a melhor do Mundo; 4.º – o cantor Joe Williams, venceu nos E.U., o título de «top male singer», com e sem orquestra, isto é, o melhor cantor de «jazz» daquele país; o Império, para tentar iniciar a exibição de atracções de «jazz», contratou este agrupamento e, para que o público possa admirá-lo, apresentá-lo-á aos mais baixos preços verificados em toda a tournée (...)"[64].

Para terminar, Villas-Boas responsabiliza o público de Lisboa, no caso de não se verificar o sucesso esperado, acusando-o, indirectamente, de provinciano e inculto:

> "Vale a pena esse esforço, vale a pena pensar em incluir Lisboa no que já é corrente lá fora mesmo em cidades de segunda e terceira grandeza? Tem a palavra o público da capital do país"[65].

---

[63] *in Diário Popular*, 29/09/1956, p. 4. O mesmo texto, não assinado, mas presumivelmente de Luiz Villas-Boas, foi também publicado no jornal *Diário de Lisboa*, 24/09/1956.

[64] *in Diário Popular, Diário Popular*, 29/09/1956, *Op. Cit.*, p. 4.

[65] *Idem, ibidem.*

FIG. 23

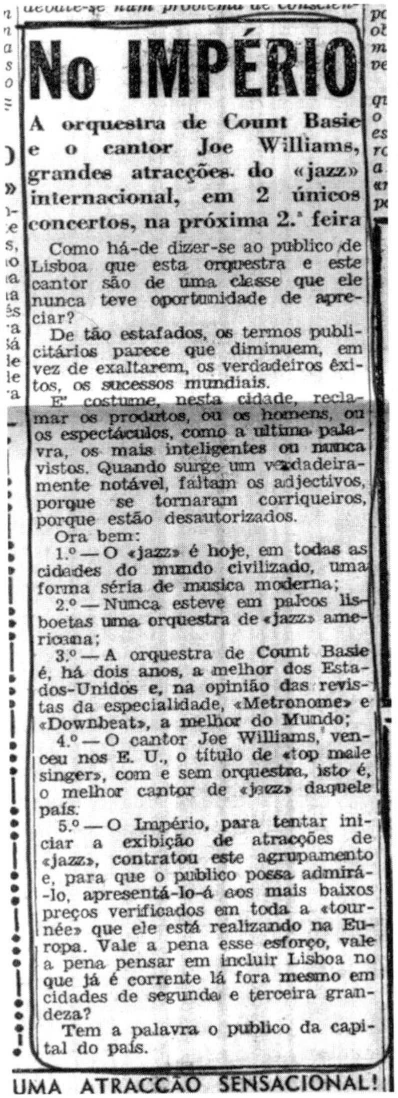

FIG. 23

O texto de apresentação do concerto demonstra igualmente o quão fechado vivia Portugal relativamente aos restantes países europeus: "Ao contratar Count Basie, a gerência desta sala procura actualizar o público lisboeta no campo da música moderna"[66]. Para que não surgissem questiúnculas com o Regime da época, a gerência esclarece as suas intenções ao mesmo tempo que constata o provincianismo em que vivia Lisboa:

> "Sem temor de ser mal interpretada, chama a atenção para este facto de enorme e perturbador significado: é a primeira vez que Lisboa tem num seu palco, uma orquestra de jazz americana!... (...) Não acreditariam, por esse mundo fora, já a contar Madrid, que se procure minimizar o jazz nesta capital: que não haja *todas as semanas*, concertos de música moderna; que, aqui, nunca tenha estado um Armstrong ou um Lionel Hampton. Com os preços mais baratos da Europa, temos plena consciência do esforço feito para, mais uma vez, lutar contra a distância e o alheamento"[67].

---

[66] *Programa do concerto da Orquestra de Count Basie e Joe Williams no Cinema Império*, 01/10/1956, Arquivos do Hot Clube de Portugal, citado também por Curvelo, 2002, *Op. Cit.*, p. 72.

[67] *Idem, ibidem.*

189

Na sessão das 18:30 horas "(...) cada espectador pode fazer-se acompanhar por uma criança de idade inferior a 10 anos"[68], conforme se lia no anúncio do concerto, o que comprova uma certa preocupação educativa e pedagógica para a formação de um público futuro.

A segunda sessão, realizada às 23:45 horas, depois do jantar de homenagem a Count Basie organizado pelo HCP e no qual foi agraciado como sócio honorário[69], acabou de madrugada. Ainda assim "(...) a noite continuou no Hot com uma das mais grandiosas «jam sessions» da sua história"[70].

A imprensa da época, tal como se verá adiante, tece rasgados elogios ao espectáculo de Count Basie e Joe Williams.

O segundo concerto apresentado por um outro nome reconhecido do *Jazz* aconteceu no ano seguinte. Num espectáculo que se terá realizado entre 1 e 5 de Abril de 1957, Sidney Bechet actuou no Monumental, cujo director era Vasco Morgado, acompanhado pela orquestra de André Rewelliotty. Este espectáculo de Bechet foi o primeiro integrado nas comemorações do 4.º aniversário do Monumental e abriu com uma "palestra por Luiz Villas-Boas, Director do Hot Clube de Portugal"[71]. Villas-Boas tinha consciência que uma atitude educativa, pedagógica, teria repercussões positivas na formação de um público de *Jazz*. Sabia que para gostar de *Jazz* é necessário mais do que disponibilidade para «ouvir», é, acima de tudo, fundamental compreender.

Em 1958, Claude Luter* actua no Cinema Império e apresenta-se também na RTP. No final do concerto os músicos franceses "(...) tiveram uma calorosa recepção"[72] no CUJ.

É ainda por volta de 1958 que Villas-Boas estabelece uma sociedade com Vasco Cardoso: *Villas-Boas & Cardoso, L.da.* Essencial-

---

[68] *in Diário de Lisboa*, 01/10/1956, p. 5.

[69] Não foram encontrados artigos que referissem a atribuição a Count Basie do estatuto de sócio honorário do HCP, no entanto, várias fontes o confirmam. Existe no espólio de Villas-Boas (Arquivos do HCP) uma fotografia na qual se pode ver Count Basie a receber o diploma de sócio honorário das mãos de Villas-Boas.

[70] Curvelo, 2002, *Op. Cit.*, p. 72.

[71] *Programa do concerto de Sidney Bechet no Cinema Monumental*, 1957, Arquivos do Museu Nacional do Teatro.

[72] Curvelo, 2002, *Op. Cit.*, p. 73.

mente voltada para a venda de discos, cuja casa situada na Rua da Alegria, 41-B, e de nome *Discostúdio* – "A maior e mais variada selecção de discos de Jazz – tradicional, médio, contemporâneo – de todas as marcas importados directamente da América"[73] –, estava também direccionada para a venda de "Hi-Fi, TV, Rádio, Estereofonia, Gira-discos, Gravadores, Auto rádios, Aparelhagem sonora, Discos, Aparelhagem doméstica"[74] e para a produção de concertos de *Jazz*.

Através desta empresa foi possível realizar o terceiro grande concerto de *Jazz* em Portugal, contando também com o patrocínio do HCP e em colaboração com o empresário francês Pierre Masse[75], Bill Coleman* actua em Portugal a 13 de Maio de 1959. Não foi só a capital que teve direito a assistir a este concerto:

> "Depois de termos colaborado nos dois concertos com músicos americanos realizados no nosso país, Sidney Bechet e Count Basie, ao apresentarmos o trompetista Bill Coleman, num primeiro concerto de uma série regular que planeamos para o futuro, que foi possível em parte devido ao facto de esta orquestra actuar em Coimbra também por nosso intermédio, nas «Festas da Queima das Fitas» (...)"[76].

De facto, foi através de *Villas-Boas & Cardoso, L.da* que Coimbra assistiu ao primeiro concerto de *Jazz* apresentado por um dos seus grandes nomes: Bill Coleman. A finalizar o texto de apresentação do concerto Villas-Boas afirma que, através da realização destes concertos,

> "concretizamos uma aspiração de longa data, desde que há cerca de quinze anos iniciámos a divulgação do jazz em Portugal: apresentar regularmente, se da parte do público isso o justificar, concertos pelos maiores nomes da música de jazz"[77].

---

[73] Anúncio publicitário de *Discostúdio, Villas-Boas & Cardoso, Lda.*, *in Programa do concerto de Bill Coleman*, Arquivos do HCP.

[74] *Programa do concerto de Bill Coleman*, 19/05/1959, Arquivos do HCP.

[75] *Idem.*

[76] *Ibidem.*

[77] *Ibidem.*

Considerando a estrutura do espectáculo constatam-se uma vez mais as preocupações educativas e pedagógicas dos promotores. Na "primeira parte, a apresentação dos solistas: Raymond Fol – piano, Franco Manzecchi – bateria, Georges Luca – contrabaixo, Eddie Tennyson – sax, Jean Tordo – clarinete, e Bill Coleman – trompete"[78], na qual se explicaram as estruturas das peças de *Jazz* a apresentar: forma, tema, improvisação, etc.. Na segunda parte exibiu-se a orquestra com o público mais esclarecido acerca do que ía ouvir. Além disso, nos folhetos de divulgação a «Discostúdio» concedia:

> "(...) a todos os sócios do «Hot Clube de Portugal», do «Clube Universitário de Jazz» e da «Juventude Musical Portuguesa» para maior divulgação do jazz o desconto de 10% na aquisição dos bilhetes (...)"[79].

Em 1960, Quincy Jones* e a sua orquestra ,"(...) onde militavam nomes como Phill Woods (...)"[80], actuaram no Cinema Império.

Há mais de 10 anos que Villas-Boas se empenhava na difusão, promoção e divulgação do *Jazz* em Portugal sempre com uma atitude educativa e pedagógica de que são exemplo: os programas de rádio, os artigos na imprensa sobre a genealogia do *Jazz* e os seus melhores músicos ao longo da sua história e o impulso fundamental para a fundação de um clube que se dedicasse exclusivamente ao *Jazz*.

Com o aparecimento do HCP, devido ao seu carácter institucional, estas iniciativas ganham maior relevância. A existência de uma sede na qual se organizaram *Jam-sessions*, sessões fonográficas e palestras, que disponibilizava meios para a formação de músicos portugueses e a possibilidade de reunião de uma plataforma de apoio ao conjunto de eventos levados a efeito através da mobilização dos sócios e das estruturas do Clube, facilitaram a promoção de concertos, a formação do público e a difusão do *Jazz* a nível nacional.

Gradualmente, Portugal conquistava um espaço no mapa internacional do *Jazz*. De 1956 a 1960, recebeu anualmente um concerto de *Jazz* por um dos seus nomes mais consagrados.

---

[78] *Programa do concerto de Bill Coleman*, 19/05/1959, *Op. Cit.*, Arquivos do HCP.
[79] *Idem.*
[80] Curvelo, 2002, *Op. Cit.*, p. 73.

5.5. A repercussão das actividades do HOT CLUBE DE PORTUGAL na imprensa da época

O sucesso das actividades promovidas pelo Hot Clube de Portugal (HCP) modificou substancialmente o interesse da imprensa portuguesa relativamente à música *Jazz*. Os articulistas da altura começam a estar interessados no que a este respeito se ía fazendo em Portugal e no mundo. Progressivamente, os artigos vão sendo publicados em maior número, especialmente a partir da segunda metade da década de 50.

A digressão europeia de George Wein e Marshal Brown, tendo em vista a selecção de jovens músicos para integrar a *International Youth Band*, para além dos artigos portugueses, chega também a Portugal através do correspondente italiano de *O Século Ilustrado* Giorgio Pecorini:

> "Num mês, foram 13 os países visitados por Marshal Brown: Portugal, Espanha, Suíça, Itália, Áustria, Checoslováquia, Alemanha, Polónia, Suécia, Holanda, Bélgica, França e Inglaterra (...)"[81].

Depois de apresentar a metodologia de selecção, o autor explica que "(...) tornava-se necessário tocá-las [as partituras entregues aos músicos por Marshal Brown] à primeira vista (...)"[82]. Os itens avaliados foram:

> "(...) leitura, improvisação, poder técnico do instrumento, qualidade de solista, capacidade de ligação com o conjunto orquestral, treino e gosto no desenvolvimento dos temas sugeridos"[83].

É possível, também, através deste artigo, constatar-se a distância que separava Portugal da Itália, e do resto dos países da Europa, relativamente ao espaço que o *Jazz* ocupava na vida cultural desses países: "(...) o secretário da Federação Italiana de «Jazz», Arrigo

---

[81] Pecorini, "Uma Orquestra de «Jazz» Europeia na América", artigo exclusivo de *O Século Ilustrado*, 05/07/1958, p. 42.

[82] *Idem*.

[83] *Ibidem*.

Polillo, deu início às gravações"[84]. Para o autor do artigo este acontecimento "ficará como uma data memorável na história do «Jazz»
italiano: o reconhecimento oficial da sua existência"[85].

A publicação de artigos acerca de *Jazz* redigidos por jornalistas
estrangeiros, correspondentes de jornais portugueses, vem comprovar o interesse crescente da sociedade portuguesa pelo *Jazz*. O
mesmo periódico publicava artigos exclusivos vindos de Itália sobre
acontecimentos ligados ao *Jazz*. Um dos articulistas era o pianista de
Jazz Romano Mussolini, filho do ditador italiano Benito Mussolini,
que escrevia sobre os festivais de *Jazz* de Sanremo descrevendo as
prestações dos músicos que desfilaram no palco[86].

Na segunda metade da década de 50 *O Século Ilustrado* dedica
algumas páginas ao *Jazz*. Artigos superficiais, a maioria dos quais sem
assinatura, como aquele que fala da opereta *Jazz Ma Nouvelle-
Orléans* de Bechet, intitulado: "Sidney Bechet – O Picasso do
«Jazz»"[87]; ou outro conjunto de apontamentos muito sucintos sobre
os maiores nomes de sempre do *Jazz*[88], fazendo referência a Bix
Beiderbecke*, Fats Waller*, Count Basie*, Benny Goodman*,
Charlie Parker*, Dizzy Gillespie*, Original Dixieland Jazz Band*,
Jelly Roll Morton*, Duke Ellington*, Louis Armstrong* e King
Oliver* – um mero conjunto de resenhas, sem qualquer organização
cronológica nem estilística, mas que comprova, em certa medida, um
maior interesse relativamente à música *Jazz*. *O Século Ilustrado*
dedicou também umas linhas a Sidney Bechet aquando a sua morte[89]
e uma resenha biográfica de George Gershwin*, apontado-o como o
criador do *Jazz* sinfónico[90], entre outros apontamentos, ilustrados
com fotografias, que passaram a ser publicados.

---

[84] Pecorini, 05/07/1958, *Op. Cit.*, p. 42.
[85] *Idem.*
[86] Mussolini, "O Festival do Jazz", exclusivo de *O Século Ilustrado*, 08/02/1958,
pp. 12 e 13.
[87] *in O Século Ilustrado*, 08/02/1958, pp. 4 e 5.
[88] "Os Reis Negros e Brancos do Jazz", *in O Século Ilustrado*, 06/09/1958,
pp. 1 e 2.
[89] "Adeus a Sidney Bechet", *in O Século Ilustrado*, 13/06/1959, p. 13.
[90] "Gershwin escreveu", *in O Século Ilustrado*, 14/03/1959, pp. 38 e 39.

É também nesta altura que aparecem as primeiras linhas dedicadas ao *Jazz* redigidas por alguém com sólida formação musical: Francine Benoit*, professora de Harmonia, Composição e História da Música na Academia de Amadores de Música, inicia a publicação de alguns artigos sobre *Jazz* ainda na primeira metade da década de 50. Após o concerto de Count Basie, a 2 de Outubro de 1956, Benoit publica a sua critica:

> "Julgamos ter já dado provas de não alimentar «parti-pris» contra a música de Jazz (...) É natural, tratando-se de arte que pode entrar na profunda expressão de folclore ou limitar-se a fáceis sensações epidérmicas (...) O caso é que, por sorte nossa, fomos encontrar na demonstração da orquestra de Count Basie ainda maior interesse (...)"[91]
>
> Count Basie "(...) usa de uma arte essencialmente discreta, faz-nos entrar de bloco na atmosfera evocada por um dos sentidos atribuído originariamente ao termo *Jazz*, que proviria do verbo francês *jazer*, tagarelar, falar por detrás da cortina"[92].

A comparação feita pela articulista com o universo da música erudita deve ser aqui registado:

> "Não nos parece que o espírito de Mozart ou de Chopin (...) seja antagónico desta música, embora o mundo expresso seja outro: o jazz, este jazz, deixou a infiltração fazer-se em tantos músicos europeus que aceitaram a sua contribuição renovadora de ritmo e de timbre, mas continuou singrando sobre a imediatibilidade (...) do folclore"[93].

A autora prossegue dizendo:

> "Por sua vez, esta música em que a alucinação afro-americana imprimiu a sua marca ferozmente sensorial, candidamente mística (...) não rejeita subtilezas que se aproximam da erudição: (...) o formulário gramatical não é pobre; os efeitos de instrumentação têm variedade; e a faceta virtuo-

---

[91] Benoit, "Orquestra de «jazz» de Count Basie", *in Diário de Lisboa, secção Vida Musical,* 02/10/1956, p. 6.
[92] *Idem.*
[93] *Idem.*

síssima levada a um paraxismo condizente com os valores temperamentais desenfreados, ao mesmo tempo de boa lavra, claro que não estraga nada"[94].

Relativamente à improvisação Benoit afirma que:

> "(...) não perde os seus direitos, mas enxerta-se, sob forma de variação, sobre uma composição estruturada e algum, ou alguns dos seus 16 instrumentistas que compõem o grupo exploram com a propriedade e a qualidade de espantosos profissionais (...) os saxofones atingem um aveludado que lhes confere a categoria que alguns compositores modernos já consagraram; as trompetes maneirinhas quase reatam a perdida tradição dos famosos trompetistas alemães pré-setecentistas; a maleabilidade dos trombones de varas fará a inveja de Ricardo Strauss (...) e todos eles podem ser comentaristas do texto principal tão espontaneamente expressivos como excelentes actores de deliciosas comédias. A discrição do contrabaixo, que pode ser por natureza semelhante à do piano, vai a par com uma virtuosidade de pura água. A guitarra eléctrica contribui curiosamente para centralizar os apoios (...) e a verdadeira alma do conjunto, a bateria (desempenhada por um só executante, já se sabe), simplesmente fenomenal, leva à maior potência a ancestral arte do jogral malabarista"[95].

Todos estes elementos estão, para Francine Benoit, extremamente bem organizados: "Tudo (...) sem atropelar um verdadeiro sentido musical. E tudo parece idóneo, limpo, verdadeiro, legítimo".

Este artigo de Benoit constitui a primeira crítica séria, redigida em Portugal, a um concerto de *Jazz* apresentado em Lisboa por um dos seus grandes nomes de sempre: Count Basie.

No mesmo jornal um outro texto dedicado ao concerto de Count Basie, embora menos substancial no que concerne à análise musical, exalta-o como sendo "(...) um acontecimento «histórico»

---

[94] Benoit, "Orquestra de «jazz» de Count Basie", *in Diário de Lisboa, secção Vida Musical, Op. Cit.,* 02/10/1956, p. 6.
[95] *Idem.*

FIG. 24

para o «jazz» português (...)"[96]. Segundo o autor do artigo, o público que se deslocou ao Império ficou "(...) arrebatado pelo diabólico ritmo da orquestra"[97]. Transmite também a ideia que se fazia do *Jazz* em Portugal:

> "Apesar deste entusiasmo contagiante, podemos, no entanto, estar descansados: (...) não houve meninos a partirem as cadeiras nem a dançarem nas coxias (...) Enfim, comportaram-se como autênticos apreciadores da boa música dos negros, dessa música que nos penetra (...)"[98].

A finalizar o artigo faz uma referência ao número de entusiastas da música *Jazz* em Portugal: "(...) que já se contam por milhares entre nós"[99].

Relativamente ao conceito da época sobre a influência do *Jazz* nos comportamentos do público, João Furtado Coelho, num artigo que redigiu em 1958 para a revista da Juventude Musical Portuguesa (JMP), escreveu:

> "Quando se fala em concertos de jazz ocorrem à mente de muitas

---

[96] "A música negra também arrebatou o público de Lisboa", *in Diário de Lisboa*, 02/10/1956, pp. 8 e 9.

[97] *Idem.*

[98] *Ibidem.*

[99] *Ibidem.*

pessoas as imagens espantosas das consequências de reacções excessivas a exibições de Sidney Bechet ou Lionel Hampton que foram manifestações violentíssimas de bandos de jovens em delírio, escavando tudo em sua volta e agredindo barbaramente com projécteis vários os próprios artistas (...) E essas pessoas atribuem estes malefícios à danada música de jazz"[100].

Furtado Coelho apresenta no artigo a conclusão saída do congresso da Federação Internacional das Juventudes Musicais (FIJM), realizado em 1958, e que entre os diversos temas em debate "(...) fez parte um forum de jovens subordinado a esta epígrafe [«Por ou Contra o Jazz»](...)"[101] com o objectivo de se saber se deveria ou não o *Jazz* figurar nos programas das Juventudes Musicais. Segundo o autor, "(...) esteve-se de acordo em que se deveria incluir a música de jazz nos programas das Juventudes Musicais"[102].

O Diário Popular (DP) também não deixou despercebido o concerto de Count Basie "(...) nome bem conhecido dos amadores do fenómeno musical do nosso tempo que é o «jazz»"[103]. Afirma-se também neste artigo que o "(...) êxito foi extraordinário. O público saiu satisfeito". No entanto, o nível da crítica é medíocre, conforme se pode ver no trecho que se cita:

> "Para definir o espectáculo basta dizer que, para além de Count Basie
> – um pianista espantoso que, fazendo deslizar as mãos pelo teclado, sem
> gestos a mais, marca um ritmo inconfundível (...) a orquestra tem cinco
> saxofones, quatro trompetas, três trombones, um contrabaixo, um bateria
> e um executante de guitarra eléctrica (...) a alta qualidade dos instrumentos,
> alguns deles valiosíssimos (...)"[104].

Através dos artigos recolhidos, seleccionados e anteriormente apresentados, ganha grande relevância a tese que aqui se apresenta, na qual se defende o ano de 1956, mais exactamente 1 de Outubro

---

[100] Coelho, "Por ou Contra o Jazz", *in Arte Musical*, Agosto de 1959, p. 141.
[101] *Idem.*
[102] *Ibidem.*
[103] "A Orquestra Count Basie no Cinema Império", *in Diário Popular*, 02/10/1956, pp. 2 e 3.
[104] *Idem.*

de 1956[105], como marco principal para a afirmação do *Jazz* em Portugal, pois, pelos mesmos artigos, pode concluir-se que mais jornalistas publicam acerca de *Jazz*, o que é demonstrativo do interesse da população face ao *Jazz*; *O Século Ilustrado* possui correspondentes estrangeiros, alguns de grande relevo (como o pianista Romano Mussolini) para informarem os leitores portugueses acerca do que sobre o *Jazz* se passa no estrangeiro; as críticas ao concerto de Count Basie dão conta que este espectáculo recebeu uma resposta muito positiva do público de Lisboa e afirmam que existem já milhares de amadores de *Jazz* em Portugal; Francine Benoit, detentora de uma substancial formação musical, redige uma crítica elogiosa ao concerto de Count Basie[106]; o HCP recebe-o num jantar de homenagem como sócio honorário; para que se realizasse o concerto de Basie a TAP providencia um voo especial, só possível devido ao extremo interesse da generalidade das entidades promotoras e à confiança que estas tinham acerca do êxito que o espectáculo iria ter junto do público lisboeta.

A mobilização de vontades, quer institucional (HCP, TAP, Cinema Império e outros patrocinadores), quer individual, é demonstrativa de um interesse crescente face ao *Jazz*, que se vinha a manifestar desde 1945, e da necessidade de incluir Portugal nos roteiros das digressões dos seus grandes nomes, o que comprova a existência de um público aficionado e ávido de espectáculos desta natureza.

A partir de 1956 nada seria como antes, o *Jazz* conquistou o seu espaço no panorama musical e cultural português.

---

[105] Data do concerto de Count Basie em Lisboa.
[106] Francine Benoit considerou o concerto de Count Basie como "(...) a estreia da temporada musical (...)" de 1956. *in Diário de Lisboa*, 02/10/1956.

CONCLUSÃO

Através do estudo realizado e da análise e reflexão acerca das conjunturas, condicionalismos e factores sociais, políticos, ideológicos e culturais, conclui-se que o fenómeno do *Jazz* em Portugal se divide em duas fases distintas. A primeira fase – *Anúncio* – situa-se entre o início dos anos 20 e a primeira metade da década de 40, período no qual o *Jazz* é desprezado, ridicularizado, confundido, estando arredado da sociedade portuguesa pelas razões apontadas anteriormente, baseadas num quadro de valores peculiar e tradicional, conservador e ruralista, e que com a institucionalização do Estado Novo se agudiza, orientando a sua acção ideológica para o processo de doutrinação da «portugalidade» na qual o *Jazz* não tinha lugar. A segunda fase – *Emergência* e *Afirmação* – verifica-se entre 1945 e 1956, definindo-se através de acontecimentos novos e de importância decisiva para a presença histórica do *Jazz* em Portugal. É ao longo destes anos que se constitui o «Grupo da Casa Sangareau»; Villas-Boas inicia a sua rubrica radiofónica; reúnem-se sócios fundadores para a elaboração dos estatutos da futura associação Hot Clube de Portugal; surge uma informação alargada na imprensa da época; o público, os ouvintes e leitores, demonstram-se interessados e participativos; começam a multiplicar-se um pouco por todo o país, tanto na rádio como na imprensa, mais amadores e promotores de *Jazz*; surgem também os primeiros músicos portugueses; organizam-se *Jam-sessions*, festivais e os primeiros grandes concertos, destacando--se o de Count Basie como um marco decisivo na história do *Jazz* nacional. Devido ao impacte que este espectáculo provocou nos vários sectores da sociedade portuguesa, sobretudo em Lisboa, pode afirmar-se que o *Jazz* conquistou efectivamente um espaço próprio no panorama cultural em Portugal. Tal como afirma Oliveira, na segunda metade dos anos 50, a sociedade lisboeta "(...) que, diferentemente da dos anos 40, já não era marcadamente rural"[1], encontrava-se cada vez mais receptiva a esta corrente estético-musical, que já há muito conquistara a Europa.

A partir deste momento, pode adiantar-se que a confirmação do *Jazz* em Portugal é um facto. De 1956 em diante, fundou-se o CUJ (que mesmo no curto espaço de existência não deixou de promover actividades de interesse como o boletim de *Jazz*, sessões fonográficas, *Jam*-sessions e alguns espectáculos); José Duarte inicia a sua longa e profícua caminhada em prol da divulgação da música *Jazz*, sendo hoje um dos vultos mais importantes da cultura Portuguesa; em 1958, pela mão de Manuel Jorge Veloso, a RTP produz uma série de programas de *Jazz* (com um formato que alternou entre o semanal, quinzenal e mensal); iniciaram-se produções mais sistemáticas de concertos, principalmente a partir da década de 60 (Louis Armstrong, Ella Fitzgerald e Duke Ellington, Oscar Peterson, etc.); Villas-Boas abriu em Cascais outro clube de *Jazz* – Louisiana – pelo qual passaram nomes importantes do *Jazz* mundial; e, evidentemente, já na década de 70, a realização da megalómana produção do Festival de *Jazz* de Cascais, conhecido internacionalmente como «Newport em Portugal».

Depois do 25 de Abril de 1974, o HCP inicia um processo de reorganização institucional que o levará a legitimar-se na cena internacional do *Jazz*.

O HCP é um dos clubes mais antigos do mundo. A sua história trouxe-lhe prestígio, que culminou com o convite de David Liebman para que integrasse a comissão fundadora da *International Association of Schools of Jazz* (IASJ).

"A associação com a IASJ revitalizou toda a estrutura do Hot Clube e da sua escola[2], entretanto criada. A possibilidade de trocar experiências com quase duzentas escolas de todo o mundo, e de participar em meetings

---

[1] Oliveira, 1992, p. 80.
[2] Escola de *Jazz* Luiz Villas-Boas (em homenagem ao principal impulsionador do *Jazz* em Portugal).

de aperfeiçoamento musical, tornou a escola muito mais actual, ao nível das técnicas de ensino. E com uma visibilidade internacional inimaginável (...)"[3].

Chegar aqui só foi possível através do percurso encetado por Luiz Villas-Boas, Augusto e Ivo Mayer, Luís Sangareau e irmãos, Helena Villas-Boas, Cândida Ghira, e restantes companheiros, amigos e sócios, músicos amadores e profissionais, produtores de espectáculos e tantos outros que no anonimato terão coadjuvado no processo de instituição do *Jazz* em Portugal.

---

[3] Soares, "Hot, hot, hot", *in A Semana, Op. Cit.*, 20/03/1998, p. 10.

GLOSSÁRIO DE CONCEITOS E NOMES

Albert Mangelsdorff – trombonista alemão nascido em Frankfurt am Main a 5 de Setembro de 1928. Um dos maiores trombonistas de *Jazz* de sempre. Tocou ao lado de José Magalhães (trompetista português) na *International Youth Band* (no Festival de *Jazz* de Newport de 1958). Em 1962 gravou o álbum *"Animal Dance"*, na Alemanha, com John Lewis, o que resultou no crescimento da sua reputação a nível internacional. Tal como a maioria dos músicos de *Jazz* alemães da década de 50, Mangelsdorff foi inicialmente influenciado pelo *Cool Jazz** de Lee Konitz e Lennie Tristano. Lentamente evoluiu para o *Free Jazz**, estilo no qual desenvolveu uma peculiar forma de interpretação, caracterizada por linhas melódicas muito precisas.

Arthur Honegger – compositor suíço, nasceu em Le Havre, a 10 de Março de 1892 e faleceu a 27 de Novembro de 1955 em Paris, cidade onde passou grande parte da sua vida. Estudou no Conservatório de Zurique (1909--1911) e no Conservatório de Paris (a partir de 1911). Foi um dos membros do «Grupo dos Seis». A partir de 1924 aproxima-se do neo-romantismo com influências da música barroca, devido à sua admiração pela música de J. S. Bach.

Bebop – corrente estilística do *Jazz* desenvolvida nos anos 40 por músicos como Dizzy Gillespie, Charlie Parker, Bud Powell, Thelonious Monk, Kenny Klark e Max Roach. A característica mais significativa desta corrente estilística é a diversificada textura criada pela secção rítmica. Os músicos do *Bebop* tinham preferência por formações reduzidas, contrariamente ao estilo que os antecedeu, o *Swing*. Para além disto, rejeitavam a interpretação rígida das orquestrações escritas, valorizando a liberdade da interpretação, em antagonismo, uma vez mais, com o estilo antecedente.

Big Bands – termo usado para descrever as formações do estilo *Swing*, constituídas por uma secção rítmica de bateria, contrabaixo, piano, em alguns casos também com guitarra, e um conjunto de sopros. Estas formações variavam entre os 10 e os 15 músicos. A partir dos anos 50/60 este termo passa a denominar os grandes *ensembles* de *Jazz*, independemente do estilo que interpretam, considerando, acima de tudo, o número de elementos, as texturas tímbricas, as orquestrações e a massa sonora produzida.

Bill Coleman – trompetista que nasceu em Centreville, Kentucky (E.U.A.), a 4 de Agosto de 1904 e faleceu em Toulouse, França, a 24 de Agosto de 1981. O seu nome tornou-se popular através das gravações realizadas com Fats Waller, enquanto membro dos *Teddy Hill's* (1934/35). Bastante influenciado por Louis Armstrong, Coleman foi desenvolvendo gradualmente os seus estilo, sonoridade, vocabulário e técnicas de interpretação. A sua personalidade musical ficou marcada pelas elegância e fluidez do discurso melódico, e pela profunda criatividade e inovação.

Benny Goodman – de seu nome verdadeiro Benjamin David tornou-se Benny Goodman. Clarinetista, compositor e director de orquestra, nascido em Chicago (E.U.A.), a 30 de Maio de 1909 e falecido a 13 de Junho de 1986. Benny Goodman ficou gravado a ouro na História do *Jazz*. Para muitos críticos e musicólogos, como clarinetista de *Jazz*, Benny Goodman foi inigualável. Detentor de uma profunda musicalidade, aliada a uma técnica exímia e virtuosa, atingiu o seu auge na década de 30, no período do *Swing*. Os seus improvisos sobre os maiores *standards* elevaram o *Jazz* à excelência da performance. Fundou e dirigiu as melhores formações da Era do *Swing* e impulsionou sobremaneira a evolução para outros estilos da História do *Jazz*. Foi o primeiro músico branco de *Jazz* a adoptar e a popularizar as formações mistas (músicos brancos e negros) contratando músicos, independentemente do seu grupo étnico, o que, de certa forma, comprometeu a sua carreira. Esta postura, numa época em que nos E.U.A. a integração racial não era, de todo, um conceito e um valor popular, provocou algumas situações de confronto com o poder vigente. Os seus concertos atraíram novos públicos e trouxeram o *Jazz* para outro patamar de valorização e reconhecimento.

Bessie Smith – cantora de *Jazz* nascida em Chattanooga, Tennessee (E.U.A.), a 15 de Abril de 1894 e falecida a 26 de Setembro de 1937, em Clarksdale, Mississippi (E.U.A.). Iniciou a sua carreira profissional em 1912. Na década de 20 era uma das mais famosas artistas no circuito de performação direccionados para os africano-americanos. Depois de alguns espectáculos Clarence Williams convidou-a para gravar em Nova Iorque. A sua interpretação em *"Down-hearted Blues"* trouxe-lhe o reconhecimento como uma das grandes vozes negras do seu tempo. Gravou com nomes tão importantes como James P. Johnson, Louis Armstrong, Charlie Green, Joe Smith, Tommy Ladnier, entre outros. Em 1929 representou no filme *"Saint*

Louis Blues". A partir de 1929 o alcoolismo e uma depressão iniciaram a decadência de Bessie Smith. Mesmo assim, em 1933, John Hammond, com o objectivo de promover o *Jazz* na Europa, convidou-a para aquela que viria a ser a sua última gravação. Nesta gravação participaram nomes como Jack Teagarden e Benny Goodman. Em 1936 estava de regresso aos espectáculos. Em 1937, depois de estar já agendada uma nova entrada em estúdio, Bessie Smith faleceu, vítima de um acidente de viação. Bessie Smith é, inquestionavelmente, uma das maiores intérpretes de *vaudeville blues*. Segundo o musicólogo Paul Oliver, a intensidade emocional e a entrega espiritual, a sua musicalidade, o fraseado, a aplicação de melismas e ornamentos com recurso às *blue-notes* e as suas excelentes interpretações de que são exemplos *"Baby Doll"*, *"After You've Gone"* (com Joe Smith), *"Back Water Blues"* (com James P. Johnson) e *"Nobody Knows You When You're Down or Out"* (com Ed Allen), para citar somente alguns, são verdadeiros tratados de interpretação e execução vocal no *Jazz*.

Bix Beiderbecke – trompetista de *Jazz* norte-americano, nasceu em Davenport, Iowa, a 10 de Março de 1903 e faleceu em Nova Iorque, a 6 de Agosto de 1931, com apenas 28 anos de idade. Beiderbecke iniciou os seus estudos musicais com lições de piano, mas pouco mais tarde revelou interesse pelo trompete. Neste instrumento foi um autodidacta e desenvolveu uma técnica muito peculiar tocando em simultâneo com audições de discos. Apesar da sua família desaprovar o seu interesse pela música *Jazz*, o que terá motivado a sua inscrição em Lake Forest Academy, Bix Beiderbecke não abdicou da sua paixão. A oportunidade de ouvir e tocar *Jazz* nos arredores de Chicago levou à sua expulsão desta academia. Depois de alguns meses em Davenport a trabalhar na empresa do pai, Bix Beiderbecke retoma a carreira musical tendo-se fixado em Chicago. Com os *Wolverines* grava e apresenta-se regularmente em público em 1924, o que lhe traz reconhecimento público. No mesmo ano inicia a sua participação nas formações de Frankie Trumbauer. Esta oportunidade promoveu o desenvolvimento do seu próprio estilo e a prática da leitura musical. Depois de ter passado pela orquestra de Jean Goldkette (desmantelada em Setembro de 1927) ingressa na orquestra de Paul Whiteman. Muitas vezes impedido de tocar devido ao abuso do álcool, vê-se obrigado a abandonar a formação de Paul Whiteman. A sua esperança de regressar a esta orquestra, depois da sua recuperação, nunca se concretizou. Antes da sua morte trabalhou em emissões de rádio com os irmãos Dorsey, com *Casa Loma Orchestra* e com Benny Goodman. Para além de instrumentista foi também compositor, tendo editado algumas peças para piano: *"In the Mist"*, *"Flashes"*, *"Candlelights"* e *"In the Dark"*. Dificilmente se encontram influências vincadas em Bix Beiderbecke. O seu estilo é bastante pessoal e original. Na sua curta existência deixou um legado muito respeitado tanto por músicos negros como por músicos brancos de *Jazz*. Terá sido mesmo o primeiro músico branco a ser reconhecido pelos mestres negros do *Jazz*, tais como Louis Armstrong e Rex Stewart (este último chegou mesmo a reproduzir os solos de Beiderbecke nas suas gravações). Para além do respeito que lhe dedicaram os músicos negros, a sua influencia foi decisiva para músicos brancos como Red Nichols e Bunny Berigan.

Black Follies – teatro de revista africano-americana, cujo director artístico foi Louis Douglas. Na orquestra de *Black Follies* apresentou-se em Lisboa e no Porto, em Janeiro de 1928, o histórico clarinetista Sidney Bechet.

Booker Ervin – saxofonista-tenor nascido em Denison, Texas (E.U.A.) a 31 de Outubro de 1930 e falecido em Nova Iorque a 31 de Agosto de 1970. Filho de um trombonista, entre os 8 e os 13 anos de idade experimentou o trombone. Durante o período em que esteve na Força Aérea (1950-1953) Ervin dedicou-se a estudar saxofone. Depois de 1953 estudou música em Boston durante dois anos. Em 1956 faz as suas primeiras gravações na formação de Ernie Field (*rhythm-and-blues*). Com a contratação para o grupo de Charles Mingus (entre 1958 e 1962), Booker Ervin alcança notoriedade. Quanto ao seu estilo, deve dizer-se que a força e profundidade dos *Blues*, que evidenciam a sua herança estilística herdada da *Texas School* e de músicos como Buddy Tate, Arnet Cobb e Illinois Jacquet, são evidentes ao longo da sua carreira. Foi um dos raros saxofonistas da sua geração que se manteve intocável pela força inspiradora e influência estilística de John Coltrane.

Charles Delaunay – escritor francês nascido em Paris a 18 de Janeiro de 1911 e falecido a 16 de Fevereiro de 1988 em Vineuil St. Firmin, arredores de Paris. Filho de Robert e Sónia Delaunay, proeminentes figuras da cultura francesa e artistas plásticos de renome mundial, Charles Delaunay cresceu com música, literatura e pintura. De entre muitos amigos da família destacam-se, por exemplo, Appolonaire, Wasily Kandinsky, Igor Stravinsky, Pablo Picasso, Georges Braque, Henri Rosseau, Jean Cocteau. Delaunay foi uma importante figura na promoção e difusão do *Jazz* na Europa. Em 1933 tornou-se membro do Hot Clube de França, em 1935 funda uma das primeiras revistas periódicas sobre *Jazz* – *Jazz Hot* –, em 1937 cria uma das primeiras editoras discográficas de *Jazz* em França – a editora *Swing* –, promove, em França, vários programas de rádio de *Jazz* e, em 1949, organizou o Festival de Jazz de Paris. Foi um dos principais promotores do Quinteto do Hot Clube de França e de Django Reinhardt. Em

1947 Delaunay defende e promove a nova corrente que tinha despoletado nos E.U.A. – o *Be-bop*. Esta postura criou dois movimentos dentro do Hot Clube de França. Delaunay e seguidores são expulsos do Hot Clube de França. Luiz Villas-Boas correspondia-se regularmente com Charles Delaunay, o que contribuiu para a organização do 1.º grande concerto de *Jazz* realizado em Portugal – Count Basie, em Outubro de 1956.

Charlie Parker – Charlie Parker, Jr., também conhecido como *"The Bird"* foi um dos maiores saxofonistas de *Jazz* de sempre. Parker nasceu a 29 de Agosto de 1920 em Kansas City, Missouri (E.U.A.) e faleceu a 12 de Março de 1955 em Manhattan. Foi uma das principais figuras do *Be-bop*, tendo contribuído decisivamente para a definição e desenvolvimento desta corrente estilística. A capacidade criativa e de inovação de Parker, principalmente no que concerne a aspectos melódicos, rítmicos e harmónicos causou grande impacte nos músicos da sua geração. A sonoridade, a agilidade, as assimetrias rítmicas e o seu discurso causavam perplexidade na audiência. Foi um verdadeiro revolucionário no que toca à harmonia: introduziu um novo vocabulário tonal no *Jazz*, empregando intervalos de 9.ª, 11.ª e 13.ª, acordes de passagem, acordes de substituição e alterados. A sua musicalidade foi, e ainda é, uma fonte de formação e de inspiração. Parker iniciou os estudos de saxofone aos 11 anos de idade e aos 14 juntou-se a uma das formações da sua escola. Na época, as formações que estavam a dominar Kansas City eram lideradas por Count Basie e Bennie Moten e Parker foi indubitavelmente influenciado por estes mestres. Aperfeiçoou a sua técnica com o auxílio de Buster Smith, cujas características interpretativas e de execução, nomeadamente nas transições da acentuação rítmica, ao dobro e/ou ao triplo da pulsação, influenciaram certamente o estilo de Parker. Em 1937, junta-se à formação do pianista Jay McShann tendo realizado várias digressões pelo sudoeste norte-americano, Chicago e Nova Iorque. Foi neste grupo que Charlie Parker se estreou nas gravações. Um dos músicos que influenciou Charlie Parker foi o pianista Art Tatum, o que se constata na utilização de rápidas passagens melódicas e na utilização sofisticada da harmonia. Parker tocou com grandes nomes da sua época, entre os quais Dizzy Gillespie. Charlie Parker era dependente de heroína e álcool o que lhe causou graves problemas de saúde e, consequentemente, artísticos e financeiros. Depois de um período de desintoxicação produziu os seus melhores discos e atingiu o auge da sua carreira: o seu famoso quinteto, com Max Roach (bateria) e Miles Davis (trompete), e as gravações efectuadas com esta formação são bem ilustrativas desta fase. Em 1953, actuou em Toronto, Canadá, com Gillespie, Charles Mingus, Bud Powell e Max Roach. Este concerto foi gravado e é considerado um dos melhores discos de *Jazz* em concerto.

Charleston – estilo de dança urbana que surgiu, na década de 20, na cidade de Charleston, Carolina do Sul (E.U.A). O tema responsável pela sua popularização foi, exactamente, *"The Charleston"* da autoria do compositor e pianista James P. Johnson. Apesar do seu aparecimento e desenvolvimento na comunidade africano-americana rapidamente se difundiu por todo o mundo ocidental.

Chicago School/Chicago Style – Chicago foi um centro de grande actividade *jazzística* durante os anos 20. Os músicos que se encontravam em Chicago e desenvolviam actividade profissional podem dividir-se em três categorias: os músicos negros que vieram de New Orleans, os músicos brancos também provenientes de New Orleans e uma terceira categoria constituída por músicos brancos de Chicago. As duas primeiras categorias de músicos influenciaram a terceira. A terceira categoria de músicos desenvolveu um estilo mais académico no qual os próprios solos eram estudados e não improvisados. Os músicos que se destacam neste estilo são Mugsy Spanier, Jimmy McPartland, Frank Teschemacher, Bud Freeman, Joe Sullivan, Mezz Mezzrow, Gene Krupa, entre outros.

Claude Hopkins – Claude Driskett Hopkins (1903-1984) foi um pianista americano de *Jazz Stride* e director de orquestra. Nos anos 20 percorreu a Europa como director musical de, entre outros, Josephine Baker. Depois de voltar aos Estados Unidos, ingressou na banda de Charlie Skeete, em 1930. A banda durou dez anos mas nunca se tornou muito popular. De 1944 a 1947, Hopkins liderou uma segunda banda, passando a trabalhar depois com pequenos grupos até ao fim da sua carreira.

Claude Luter – nasceu a 23 de Julho de 1923, em Paris, e faleceu a 6 de Outubro de 2006, na mesma cidade. Foi, acima de tudo, clarinetista de *Jazz* mas também tocava saxofone-soprano. Começou os seus estudos musicais no trompete mas trocou-o pelo clarinete. Provavelmente, é mais conhecido por ter acompanhado Sidney Bechet quando esteve em Paris, mas também trabalhou com Barney Bigard e com o escritor e músico francês Boris Vian.

Cool Jazz – Em 1946, depois da Segunda Guerra Mundial, houve um afluxo de músicos de *Jazz*, predominantemente brancos californianos, para Nova Iorque. Aí, estes músicos misturaram-se com os músicos do *Bop* maioritariamente africano-americanos. Esta idiossincrasia motivou a emergência do *Cool Jazz*, estilo mais leve e mais romântico que o *Bop*. O *Cool Jazz* adoptou um estilo relaxado e simples, preservando os recursos harmónicos do *Bop*. A *Claude Thornhill Orchestra* gravou *Cool Jazz* com o orquestrador Gil Evans no final dos anos 40. A peça mais popular de Thornhill,

"*Snowfall*" ainda é tocada hoje em dia. Do grupo dos músicos de *Cool* dos anos 40 fazem parte Lennie Tristano e os seus companheiros Billy Bauer e Warne Marsh. O estilo desenvolveu-se sobremaneira e popularizou-se predominantemente nos anos 50, atraindo a atenção de músicos como Miles Davis, cujos discos *Birth of the Cool* (1957) e *Kind of Blue* (1959) se tornaram os mais populares alguma vez produzidos. Dentro deste estilo destacam-se as seguintes formações: Miles Davis Nonet 1949/50; Gil Evans Orchestra (1957-64); Gerry Mulligan com Chet Baker; Lee Konitz com Tristano, Thornhill, Evans e Davis; Dave Brubeck com Paul Desmond, Stan Getz, Chico Hamilton, George Shearing, Vince Guaraldi e Shelly Manne; e o Modern *Jazz* Quartet.

Cotton Club – um dos mais famosos clubes de *Jazz* dos E.U.A. nas décadas de 20 e 30. O Clube era frequentado por uma grande diversidade de público incluindo a *elite* da sociedade nova-iorquina. Os melhores músicos de *Jazz* da época passaram pelo Cotton Club e muitas emissões radiofónicas foram daí transmitidas. A primeira formação residente do clube foi *Andy Preer's Cotton Club Syncopators*. Depois do falecimento de Andy Preer, em 1927, a orquestra de Duke Ellington passou a ser a orquestra residente até 1931, levando o clube para a celebridade da história do *Jazz*. Em 1931 é contratada a orquestra de Cab Calloway, os famosos *Missourians*. Em 1934 é a vez de Jimmie Lucenford e da sua orquestra. Os dias áureos do Cotton Club estão retratados no filme de Francis Ford Coppola "*The Cotton Club*" (1984).

Count Basie – William "Count" Basie, pianista, organista e director de orquestra, nasceu a 21 de Agosto de 1904. Faleceu, vítima de cancro do pâncreas, a 26 de Abril de 1984 em Hollywood, Florida (E.U.A.), com 79 anos de idade. Iniciou os estudos de piano com a sua mãe. Tal como outros músicos, Basie actuou no circuito *vaudeville*. Em 1924 iniciou a sua carreira como solista e acompanhador de cantores de *Blues*. Numa destas digressões visitou Kansas City, onde se encontrou com muitos músicos de *Jazz*. Em 1928 fixou-se em Kansas City, tendo trabalhado aqui com algumas formações. A partir desta altura começa a auto intitular-se de "Count". Cria a sua orquestra em 1934, mas retorna para a orquestra de Moten. Depois da morte deste, em 1935, a orquestra tentou, em vão, manter-se. Basie deu forma a uma nova orquestra, na qual integrou alunos de Moten. No final de 1936, Basie leva a sua orquestra para Chicago. Nesta cidade, em Outubro de 1936, realiza as suas primeiras gravações. John Hammond descreveu mais tarde esta sessão de estúdio como "a única sessão perfeita, completamente perfeita". No final de 1936, a orquestra fixa-se em Nova Iorque onde permaneceu até 1950. Basie era um director de orquestra altamente bem sucedido que podia contratar os maiores nomes do *Jazz* dos anos 30 e 40, tais como: Buck Clayton, Herschel Evans, Lester Young e outros. Podia também contratar brilhantes orquestradores que souberam explorar as potencialidades individuais e colectivas da sua orquestra. Eddie Durham e Jimmy Mundy foram dois dos seus orquestradores. A Era das *Big Bands* estava no seu auge. A sua orquestra, em 1952, era constituída por 16 músicos e Basie dirigiu-a até sua morte. Esta formação acompanhou diversos cantores, entre os quais Joe Williams que se apresentou com a orquestra de Count Basie no concerto em Portugal. Colaborou com Ella Fitzgerald, Quincy Jones e Frank Sinatra.

Darius Milhaud – compositor e pianista francês nascido a 4 de Setembro de 1892 em Aix-en-Provence e falecido a 22 de Junho de 1974 em Genebra. Milhaud estudou no Conservatório de Paris, instituição para a qual ingressa em 1909, com Gédalge, Widor e d'Indy. Entre 1917 e 1919 foi membro do corpo diplomático francês no Rio de Janeiro, Brasil. Foi no Brasil que conheceu Claudel – poeta e diplomata. Deste conhecimento surge uma colaboração profissional: Claudel viria a redigir alguns libretos para várias óperas de Milhaud. Ao regressar a Paris, em 1919, tornou-se conhecido por pertencer ao famoso «*Les Six*» – o «Grupo dos Seis» – cujas influências de Satie e Cocteau estavam verdadeiramente assumidas nas composições e produções artísticas dos membros deste Grupo. Fixou-se nos E.U.A. em 1940. Leccionou no Mills College, Oakland, Califórnia, até 1971 e nos cursos de verão em Aspen, Colorado. Entre 1947 e 1971, ensinou também no Conservatório de Paris. A partir do final dos anos 20, Milhaud vê-se obrigado a usar uma cadeira de rodas devido a problemas ósseos. Apesar da sua saúde precária foi um compositor extremamente produtivo. A característica predominante na sua música é a utilização do politonalismo. Milhaud foi também influenciado pelo *Jazz* e foi um dos seus mais importantes promotores. Para além de artigos na imprensa, algumas das suas obras revelam a influência da música *Jazz*.

Dexter Gordon – Dexter (Keith) Gordon, norte-americano, nasceu a 27 de Fevereiro de 1923 e faleceu a 25 de Abril de 1990. Foi saxofonista-tenor. Considerado um dos primeiros saxofonistas-tenor a interpretar *Be-bop*, entre 1940 e 1980, tocou com excelentes músicos do *Jazz*, tais como Lionel Hampton, Tadd Dameron, Charles Mingus, Louis Armstrong e Billy Eckstine. Tocou ainda com a banda de Fletcher Henderson em Los Angeles durante algumas semanas, no ano de 1947. Uma célebre fotografia, de 1948, tirada por Herman Leonard a Gordon, enquanto este fumava um cigarro no meio de uma peça no Royal Roost, em Nova Iorque, é uma das mais ilustrativas imagens na história do *Jazz*.

Dixieland – estilo de *Jazz* que se desenvolveu em New Orleans no início do século XX, estendendo-se, na primeira década, a Chicago e a Nova Iorque através das bandas de New Orleans. Durante algum tempo este estilo foi apreciado pelo público. O *Dixieland* é considerado, por algumas correntes musicológicas, o primeiro e «verdadeiro» estilo de *Jazz*. Foi, efectivamente, o primeiro a popularizar o termo *Jazz* (antes de 1917 muitas vezes se dizia *jass*). Para outros, o *Dixieland* começou por ser uma imitação que os músicos brancos faziam da música executada por bandas de músicos negros de New Orleans. Este estilo combinou desde cedo as secções de metais das bandas de rua, as quadrilhas francesas, os *Ragtime* e os *Blues* com a improvisação colectiva, polifónica. Enquanto a instrumentação e o número de músicos das bandas pode ser muito flexível, a formação padrão comporta uma linha da frente de trompete, trombone e clarinete com uma secção rítmica de, pelo menos, dois dos seguintes instrumentos: guitarra ou banjo, contrabaixo ou tuba, piano e percussão. Devido ao facto das bandas passarem a tocar em recintos fechados e também por motivos financeiros, a percussão (bombo, pratos e tarola – executados na rua por 2 ou 3 instrumentistas) passa a constituir um só instrumento – a bateria executada por um único instrumentista. O termo *Dixieland* tornou-se muitíssimo utilizado depois do primeiro mega sucesso de vendas que foi o disco da *Original Dixieland Jass Band*, em 1917. Este estilo tem sido interpretado continuamente desde o início do século XX.

Dizzy Gillespie – John Birks Gillespie "Dizzy", trompetista, vocalista e director de orquestra de *Jazz* africano-americano, nascido a 21 de Outubro de 1917, em Cheraw, Carolina do Sul, e falecido a 6 de Janeiro de 1993, em Englewood, New Jersey. Foi uma das principais figuras no desenvolvimento do *Be-bop* e do *Jazz* moderno. Gillespie era um trompetista virtuoso e um improvisador exímio, influenciado por outro virtuoso, Roy Eldridge, mas adicionando uma maior complexidade harmónica, bastante original para o *Jazz* da sua época. Além das suas potencialidades como trompetista, enquanto vocalista detinha um perfeito *scat* (que se caracteriza pela vocalização de onomatopeias), excelente entoação e uma capacidade emotiva expressa muito profundamente pela sua voz. Teve um enorme impacte nos músicos mais jovens. Os danos causados ao seu trompete, por acidentes, levaram a que Gillespie tivesse optado por solicitar a construção de um trompete com um ângulo de 45 graus. Num dos acidentes no qual o seu trompete ficou com o tubo danificado, Gillespie experimentou o instrumento e ficou apaixonado com o seu timbre. Desde então passou a usar um trompete com estas características. Tocou com Frankie Fairfax, Roy Eldrige, Cab Calloway, Duke Ellington, Charlie Parker. Por volta de 1952 esteve na Europa e em 1953 regressa aos Estados Unidos. Em 1956,

Gillespie dirigiu a sua orquestra numa digressão mundial. Nos anos 40, foi envolvido também pelo movimento musical afro-cubano. Em 1977, descobriu Arturo Sandoval durante uma digressão a Cuba. Na altura de sua morte, estavam presentes a sua mulher, Lorena Willis Gillespie, a filha, o cantor de *Jazz* Jeanie Bryson, e um neto, Radji Birks Bryson-Barrett. Dizzy Gillespie era um dos membros mais famosos da fé de Bahá'í ao ponto de ser chamado frequentemente o *embaixador do jazz de Bahá'í*. É homenageado nas sessões semanais de *Jazz* no Centro Bahá'í de Nova Iorque.

Don Byas – Carlos Wesley (Don) Byas (21 de Outubro de 1912-24 de Agosto de 1972) foi um popular africano-americano nascido em Muskogee, Oklahoma nos Estados Unidos. Apesar da sua longa estadia na Europa o ter mantido fora dos olhares do público, foi considerado um dos maiores saxofonistas-tenor, sendo vulgarmente denominado de "pai do saxofone-tenor". Começou a sua carreira no *Swing*. Tocou com Lionel Hampton, Buck Clayton, Don Redman, Lucky Millinder, Andy Kirk e Count Basle. Na década de 40 participou em *Jam-sessions* e trabalhou com músicos *Bop*, incluindo Dizzy Gillespie. Em 1946 viajou pela Europa com Don Redman e passou a viver na Europa: França, Dinamarca e Holanda até ao fim da sua vida. Don Byas, na Europa, trabalhou muito frequentemente com músicos americanos em digressão, tais como Art Blakey, Kenny Clarke, Duke Ellington, Gillespie, Bud Powell e Ben Webster. Gravou também com a fadista Amália Rodrigues durante a sua permanência na Europa. Morreu em Amesterdão, vítima de cancro nos pulmões.

Duke Ellington – pianista, compositor e director de orquestra africano-americano de *Jazz*. Considerado, por muitos, um dos maiores músicos de sempre. Nasceu em Washington D.C. a 29 de Abril de 1899 e faleceu em Nova Iorque a 24 de Maio de 1974. De 1927 a 1932 a sua *Big-band* tornou-se famosíssima no Cotton Club, em Nova Iorque. Em 1933 fez a sua primeira digressão pela Europa, voltando a repetir em 1939. Estas digressões europeias atraíram a atenção da *inteligentia* musical europeia tendo mesmo influenciado alguns compositores eruditos. A *Big-band* de Ellington, muito embora tivesse sido reorganizada algumas vezes, manteve músicos durante 30 anos. Pela batuta de Duke Ellington passaram músicos como Johny Hodges, Barney Bigard, Cootie Williams, Lawrence Brown, Harry Carney e outros. Ellington compôs mais de 6000 peças, de entre as quais se destacam: *"Mood Indigo"*, *"Solitude"*, *"Sophisticated Lady"*, *"Brown and Beige"*, *"Black and Tan Fantasy"*.

Dusko Goykovich – Dusko Goykovich (Dusan Gojkovic) nasceu a 14 de Outubro de 1931 em Jajce, Jugoslávia. É trompetista, orquestrador e compositor de *Jazz*. Exímio e completo intérprete, Goykovich combina elementos rítmicos e melódicos da música *folk Slavonic* para produzir o mais apurado estilo individual. As suas principais influências incluem Roy Eldridge, Dizzy Gillespie, Kenny Dorham, Clifford Brown e Miles Davis. Muito activo na Europa durante os anos 50, Goykovich foi para os Estados Unidos em 1961 e estudou na *Berklee College of Music*. Depois disso, tocou com as bandas de Maynard Ferguson (1963-64) e Woody Herman (1964--66), tendo, entretanto, colaborado com Mal Waldron e Philly Joe Jones. Desde 1967, Goykovich regressa para a Europa e passa a liderar os seus próprios grupos. Compõe, produz orquestrações e ensina. Tocou também com a *Clarke-Boland Big Band* até à sua extinção, em 1973, e co-liderou a *Euro-American 12 Piece Band* com Slide Hampton, de 1974 a 1975.

Eddie Lang – guitarrista de *Jazz* que nasceu a 25 de Outubro de 1902, em Philadelphia, e faleceu em Nova Iorque, a 26 de Março de 1933. Estudou violino, formalmente, durante 11 anos e estudou guitarra com o seu pai (instrumentista e construtor de instrumentos). Constituiu com Joe Venuti uma longa e profícua parceria. Em 1924, quando gravou com os *Mound City Blue Brothers*, tinha-se instalado em Nova Iorque. Aqui actuou e gravou uma série de duetos com Venuti, Lonnie Johnson e participou em gravações com outros músicos como Frankie Trumbauer, Red Nichols, Paul Whiteman, Jean Goldkette, com os irmãos Dorsey, King Oliver. Depois de ter abandonado a orquestra de Paul Whiteman, Lang foi acompanhador de Bing Crosby. Foi um importante músico para o desenvolvimento da guitarra *Jazz*.

Ernest Ansermet – maestro suíço que nasceu em Vevey, Suíça, a 11 de Novembro de 1883, e faleceu em Genebra, a 20 de Fevereiro de 1969. Estudou, entre outros grandes mestres, com E. Bloch. Em 1911 torna-se maestro da Kursall de Montreaux. A partir de 1915 foi maestro do Ballet Russo de Diaguilev com o qual fez variadíssimas digressões. Entre 1924 e 1927 foi maestro da Orquestra Sinfónica de Buenos Aires. Fundou *L'Orchestre de la Suisse Romande* na qual se manteve maestro até 1966. Exímio intérprete de Igor Stravinsky, foi responsável por várias primeiras audições das obras deste compositor. Para além da sua carreira como maestro, redigiu alguns artigos entre os quais aquele que se julga ser, na Europa, o primeiro artigo de opinião acerca de um músico de *Jazz* (Sidney Bechet, quando actuou em Londres em 1919).

Fats Waller – (21 de Maio de 1904 – 15 de Dezembro de 1943) foi pianista de *Jazz*, organista, compositor e comediante africano-americano. Nasceu como Thomas Wright Waller, em Passaic, New Jersey (E.U.A.). A família Waller migrou da Virgínia para Harlem. O avô de Fats, Adolph Waller, foi um exímio violinista. Waller começou a sua carreira musical ainda criança. Estudou piano clássico e órgão, ensinado sobretudo pelo director musical da sua igreja Baptista que o incentivou também a aprender as composições para órgão de J. S. Bach. Enquanto jovem adulto, Waller teve lições regulares de piano com o lendário pianista de *Stride* James P. Johnson. Beneficiou, também, da influência do lendário pianista Willie "The Lion" Smith, que deu a Fats a alcunha "Filthy". Foi um excelente pianista, actualmente considerado um dos melhores de sempre no estilo *Stride*. Antes da sua carreira a solo, tocou com muitos músicos, de Erskine Tate a Bessie Smith, mas o seu maior sucesso surgiu com a sua formação de cinco ou seis elementos, *Fats Waller and His Rhythm*. Em 1926, Fats Waller, quando saía do edifício onde actuava, em Chicago, foi raptado e levado para Hawthorne Inn, propriedade de Al Capone. Com uma arma apontada às costas, Waller foi empurrado para junto do piano onde os *gangsters* lhe exigiram que começasse a tocar. Horrorizado, apercebeu-se de que era o «convidado surpresa» da festa de aniversário de Al Capone. Confortado, Waller tocou, segundo a lenda, durante três dias. Quando saiu do edifício, estava tremendamente embriagado, cansado e com milhares de dólares ganhos do próprio Capone e dos convidados. Das suas peças mais famosas destacam-se "Squeeze Me" 1919, "Keepin' Out of Mischief Now", "Ain't Misbehavin" 1929, "Blue Turning Grey Over You" 1930, "Honeysuckle Rose" 1929. A sua alcunha surgiu pelo seu excesso de peso, aproximadamente 136 kg, que juntamente com a bebida contribuiu para a sua morte. A 15 de Dezembro de 1943, com 39 anos, morreu de pneumonia numa viagem de comboio no Kansas City, Missouri (E.U.A.).

Flavio Ambrosetti – saxofonista-alto e vibrafonista suíço nascido em Lugano (Itália), a 8 de Outubro de 1919. Engenheiro de profissão, Ambrosetti nunca optou por ser músico profissional. Realizou a sua primeira gravação em 1943. Interpretou e gravou *Swing* e *Be-bop*. Realizou várias digressões pela Europa e participou em algumas transmissões radiofónicas e televisivas. Gravou com Dexter Gordon e Phill Woods.

Fox-trot – estilo de dança de salão que recebeu o nome do seu criador – Harry Fox, actor de *vaudville*. Segundo algumas teorias, Harry Fox terá criado este estilo de dança devido ao facto de lhe ser difícil encontrar dançarinas que soubessem executar os difíceis "Two Steps". O *Fox-trot* surgiu, desta forma, como uma adaptação simples de outras danças de salão, urbanas, do início do séc. XX. A primeira apresentação pública desta dança, em 1914, cativou a atenção e o interesse do público, tendo-se propagado por todo o mundo ocidental muito rapidamente.

Francine Benoit – Francine Germaine Van Gool Benoit (1894-1990), nasceu em França na localidade de Pésigneux e fixou-se em Portugal em 1906. Estudou em Lisboa, no Conservatório Nacional, onde se diplomou em piano. Seguidamente voltou a Paris onde estudou na *Schola Cantorum*. Regressada a Lisboa, naturalizou-se portuguesa em 1929. O seu nome está ligado à cultura musical portuguesa do séc. XX. Foi professora na Escola Oficial n.º 1 em Lisboa e na Academia de Amadores de Música, na qual exerceu também as funções de directora a partir da década de 50. Com Benoit estudaram, entre outros, Emanuel Nunes e Maria João Pires. Dirigiu o Núcleo Orfeónico da Voz do Operário. Ao nível da composição deixou algumas obras, uma das quais interpretada pela Orquestra Gulbenkian. Exerceu também actividade de crítica musical colaborando intensivamente na *Seara Nova, Ilustração, Gazeta Musical, Vértice* e *Revista de Portugal*, entre outras publicações periódicas.

Francis Jean Marcel Poulenc – compositor e pianista francês, membro do «Grupo dos Seis». Nasceu a 7 de Janeiro de 1899 em Paris e, na mesma cidade, faleceu a 30 de Janeiro de 1963. Aprendeu piano com a sua mãe e aos 7 anos começou a compor. Aos 15 anos inicia o estudo de composição com Ricardo Viñes. Viñes, apercebendo-se do talento e da vontade de Poulenc em se tornar compositor, incentiva-o e apresenta-o a Satie, a Casella e a Auric. Através da obra *Rapsodie Nègre*, apresentada em 1917, Poulenc alcança a notoriedade e o reconhecimento do público. Por sentir que os seus conhecimentos ainda eram insuficientes, estuda harmonia com Koechlin, de 1920 a 1923. Poulenc, por recomendação de Stravinski, trabalhou com Diaguilev para o qual compôs a música para o bailado "*Les Biches*". Nesta obra o compositor expressa a frágil sofisticação da década de 20, uma profunda compreensão da música *Jazz* e o lirismo romântico que se tornou cada vez mais presente na sua produção. Compôs concertos para vários instrumentos e formações, música de câmara, obras corais, música sacra, peças para piano, canções, ballets, óperas e obras orquestrais.

Frank Wess – saxofonista (tenor e alto) e flautista americano de *Jazz* nascido a 4 de Janeiro de 1922, em Kansas City. Cresceu em Sapulpa, Oklahoma, e em Washington. Começou por estudar saxofone-alto. Contudo, devido à influência de Lester Young, passou para o tenor. Tocou com Blanche Calloway, em bandas do exército na altura da II Guerra, mais tarde com Billy Eckstine, Eddie Heywood, Lucky Millinder, Bull Moose Jackson, Orquestra de Count Basie (1953-1964). Entre 1964 e 1974 fez várias gravações e concertos. Em 1974, integra o *New Yourk Jazz Quartet*. Em 1985 tocou com o grupo de Woody Herman. A sua maior contribuição para o *Jazz* foi a adaptação apropriada da flauta transversal a este género musical.

Frankie Trumbauer – Frankie (Tram) Trumbauer (1901-1956) foi um dos principais saxofonistas de *Jazz* dos anos 20 e 30. Trumbauer é, sobretudo, recordado por ter acompanhado Bix Beiderbecke, uma pareceria que produziu alguns dos mais notáveis e inovadores discos de *Jazz* dos finais dos anos 20. Foi requisitado por Bix Beiderbecke para a *Jean Goldkette's Victor Recording Orchestra*, da qual se tornou director musical. Depois de deixar Goldkette, ele e Beiderbecke trabalharam para Adrian Rollini, por pouco tempo, e depois juntaram-se à banda de Paul Whiteman em 1927, tendo tocado nesta formação durante oito anos. Em 1936 liderou *Three T's*, produzido os irmãos Teagarden. Em 1938, fundou com Manny Klein uma banda que co-lideraram. Durante a II Guerra Mundial, foi chamado para a *Civil Aeronautics Authority*, onde foi piloto de testes. Depois da guerra continuou a trabalhar para a CCA e tocou na *NBC Orchestra*. Apesar de tocar e gravar, teve mais rendimento fora da música. O estilo relaxado e o vibrato suave de Trumbauer influenciaram muitos saxofonistas importantes, tais como Benny Carter e Lester Young.

Free Jazz – é um movimento da música *Jazz* que se desenvolveu nas décadas de 50 e 60 por artistas como Ornette Coleman, Eric Dolphy, Cecil Taylor, Albert Ayler, Joe Harriott, Archie Shepp, Bill Dixon e Paul Bley. Algumas das últimas peças de John Coltrane são alguns dos melhores exemplos do *Free Jazz*. Embora a música produzida por estes músicos se distinga entre si, tem como característica comum a insatisfação com as alternativas expressivas do *Bebop*, do *Hard Bop* e do *Jazz Modal*. Cada um à sua maneira, os músicos de *Free Jazz* pretendiam acabar com as convenções do *Jazz* e explorar novas abordagens, banindo frequentemente as características rígidas do *Jazz*. Embora o *Free Jazz* seja um termo geralmente usado nos nossos dias, houve outros termos usados para o designar. Nos anos 60, este movimento era por vezes apelidado *"Energy Music"* ou *"The New Thing"*. Dizia-se que os músicos de *Free Jazz* tocavam *"outside"* ou *"out"*, opondo-se a *"inside"* (convecional) termos que se tornaram vulgares entre os músicos e editoras. Deste período constam discos como *Outward Bound*, *Out There*, *Out to Lunch* (Dolphy), *Out Front* (Jaki Byard) e *Destination Out* (Jackie McLean). Enquanto o *Free Jazz* é amiúde associado à época em que surgiu, muitos músicos, incluindo Ken Vandermark, William Parker, John Zorn, Paal Nilssen-Love e George Lewis (trombonista), têm mantido este estilo vivo no presente, continuando o seu desenvolvimento equanto linguagem peculiar. Na Europa, músicos como Derek Bailey, Peter Brötzmann e Evan Parkero propagaram o *Free Jazz* numa abordagem desiganda de *"free improvisation"*.

Friedrich Gulda – pianista erudito austríaco, nascido em Viena, a 16 de Maio de 1930, que conheceu reputação mundial como concertista. Foi também intérprete de *Jazz* tendo composto algumas peças neste género. Aquando uma das suas visitas a Portugal, na década de 50, sentou-se ao piano da sede do HCP e improvisou durante horas. Faleceu em Steinbach am Attersee, Áustria, a 27 de Janeiro de 2000.

Gabor Szabo – guitarrista de *Jazz* nascido a 8 de Março de 1936, em Budapeste, e falecido a 26 de Fevereiro de 1982, na mesma cidade. Começou a tocar guitarra aos 14 anos de idade, inspirado pelas emissões de música *Jazz* no programa radiofónico "*Voice of America*" (o mesmo programa que a geração que fundou o HCP ouvia uns anos antes de Szabo). Em 1956, fugiu da Hungria, foi para os Estados Unidos, e ingressou na *Berklee School of Music*, em Boston. Em 1958, foi convidado a actuar no *Newport Jazz Festival*. De 1961 a 1965, actuou com o quinteto de Chico Hamilton. A sua musicalidade abrange elementos da música *Folk* do seu país de origem e do *Rock*. A sua peça "*Gypsy Queen*" foi um sucesso em 1970. Durante a sua carreira a solo, actuou com artistas como Ron Carter, Paul Desmond e Bobby Womack. Morreu em Budapeste em 1982 durante uma visita ao seu país natal.

Gene Krupa – famoso e influente baterista de *Jazz*, conhecido pelo seu estilo extravagante e altamente energético. Nasceu em Chicago, Illinois, a 15 de Janeiro de 1909. Começou a tocar profissionalmente em meados dos anos 20 com bandas em Wisconsin. Gravou o seu primeiro disco em 1927, na formação dirigida por Eddie Condon e Red McKenzie. Estas versões são hoje reconhecidas como os primeiros e definitivos exemplos da famosa corrente *Chicago Style*. As peças gravadas nessa ocasião foram "*China Boy*", "*Sugar*", "*Nobody's Sweetheart*" e "*Liza*". Faleceu a 16 de Outubro de 1973.

Georges Auric – compositor erudito francês, nascido em Lodève, Hérault, Languedoc-Roussillon, França, a 15 de Fevereiro de 1899 e falecido a 23 de Julho de 1983 em Paris. Aos 15 anos tinha já publicado as suas primeiras obras. Estudou no Conservatório de Paris e no *Schola Cantorum*. Era o elemento mais novo do «Grupo dos Seis». Para além do trabalho desenvolvido como compositor, tendo chegado a compor para o Ballet Diaguilev, fez parte de uma formação de *Jazz* (constituída por outros membros do famoso «Grupo dos Seis») e foi administrador-geral da Ópera de Paris e da *Opera Comique*.

George Gershwin – pianista e compositor norte-americano, nascido em Brooklyn, Nova Iorque, com o nome de Jacob Gershowitza, a 26 de Setembro de 1898, e falecido a 11 de Julho de 1937 em Hollywood, Califórnia. Gershwin compôs a maioria das suas obras conjuntamente com o seu irmão Ira Gershwin, libretista e poeta. Gershwin compôs para a Broadway, música ligeira, popular) e para salas de concerto (música erudita) e a sua música reúne elementos destes distintos universos. Conheceu igualmente o sucesso como autor de canções populares. Entre as suas composições, muitas foram utilizadas no cinema e algumas tornaram-se clássicos do *Jazz*, em particular aquelas gravadas por Ella Fitzgerald: uma gravação memorável de 3 discos para a Verve, com Louis Armstrong e a orquestra de Nelson Riddle, também com Herbie Hancock e outros. Foi o maior compositor de canções populares, ligeiras, do século XX.

George Gruntz – pianista de *Jazz*, nasceu a 24 de Junho em Basel, Suíça. Actuou com notáveis do *Jazz* tais como Chet Baker, Art Farmer e Dexter Gordon. Foi director artístico do Festival *JazzFest Berlin* entre 1972 e 1994.

George Wein – norte-americano, promotor e produtor de *Jazz*, nasceu a 3 de Outubro de 1925 em Boston, Massachusets. Era conhecido como o empresário de *Jazz* mais famoso e bem sucedido. Foi o mentor do *Newport Jazz Festival*, provavelmente o segundo mais conhecido Festival de *Jazz* dos Estados Unidos. Passou por Portugal com Marshal Brown para seleccionar um músico português que se apresentasse com *International Youth Band* no festival de *Jazz* de Newport, em 1958. Em 1950 abriu o clube de *Jazz* *Storyville* e fundou uma editora com o mesmo nome.

Hazel Scott – norte- americana, pianista e cantora de Música Erudita e de *Jazz*. Nasceu a 11 de Junho de 1920 em Trindade y Tobago. Participou na produção *Priorities of 1942* e actuou, por duas vezes, no famoso Carnegie Hall. Desenvolveu uma carreira cinematográfica que inclui os seguintes filmes: *Something To Shout About, Heat's On*, e *Rhapsody in Blue*. Ficou conhecida pela improvisação em temas clássicos e foi a primeira mulher africano-americana a ter o seu próprio programa televisivo – *"The Hazel Scott Show"*. Faleceu em Nova Iorque a 2 de Outubro de 1981.

Henry Butler – pianista *Jazz*, nasceu por volta de 1950 em New Orleans, Loiuisiana, E.U.A.. Ficou conhecido por possuir uma capacidade e técnica prodigiosas para tocar vários estilos de música. É considerado um representante da sua geração relativamente à linhagem única de pianistas lendários de New Orleans, como por exemplo o Professor Longhair. Gravou com diversas editoras incluindo Impulse Records, Windham Hill e Basin Street Records.

Hugues Panassié – (1912-1974) crítico, promotor e produtor francês de *Jazz*. Os seus trabalhos mais famosos foram *Hot Jazz: The Guide to Swing Music* e *The Real Jazz*, editados em 1936 e 1942, respectivamente. Ficou também conhecido por financiar alguns discos de *Jazz* a músicos como Sidney Bechet e Tommy Ladnier. Panassié era um admirador dos estilos do *Jazz* dos anos 20 e 30. De forma pública e assumida demarcou o *Be-bop* como "um género diferente do *Jazz*" e rejeitou-o. Panassié foi o fundador do Hot Club de França, em 1932. Durante a II Guerra Mundial, desafiou alegadamente a autoridade Nazi em França com os *VDiscs*, os Discos da Vitória, publicados pelos Estados Unidos como forma de propaganda e motivação das tropas nas frentes de combate.

Jam-sessions – acto musical em que os músicos se juntam e tocam espontaneamente, sem uma preparação extensa ou qualquer tipo de regra pré-estabelecida. Neste contexto específico a origem do termo *jam* remonta aos anos 20. Esta palavra pode referir-se, num sentido mais lato, a uma parte de uma performação musical que surge da inspiração do momento ou da improvisação desenvolvida. A atmosfera que se vivia em Nova Iorque relativamente ao *Jazz* durante a Segunda Guerra Mundial, ficou famosa pelas suas *Jam-sessions* (sessões de improvisação) pela noite dentro. Estas constituíram um profícuo ponto de encontro entre artistas já estabelecidos como Ben Webster e Lester Young e jovens músicos de *Jazz* que viriam a tornar-se expoentes do movimento *Be-bop* como Thelonious Monk, Charlie Parker e Dizzy Gillespie.

James P. Johnson – James Price Johnson (1 de Fevereiro de 1894-17 de Novembro de 1955) foi um pianista e compositor africano-americano. Juntamente com Luckey Roberts, Johnson foi um dos criadores do estilo *Stride*. Nasceu em New Brunswick, New Jersey. A família mudou-se para Nova Iorque em 1908, tendo sido o seu primeiro contrato profissional no Coney Island, em 1912. A sua peça *"Charleston"*, apresentada na Brodway, tornou-se uma das mais populares. Dos seus sucessos fazem parte *"You've Got to Be Modernistic"*, *"Keep off the Grass"*, *"Old Fashioned Love"*, *"A Porter's Love Song to a Chambermaid"*, *"Carolina Shout"*, *"If I Could Be With You (One Hour Tonight)"* e *"Snowy Morning Blues"*. Escreveu música em muitos géneros, incluindo valsas, ballet, peças sinfónicas e óperas ligeiras, acabando por se terem perdido muitas delas. As harmonias de grande tensão, as resoluções audaciosas que consistiam na modulação tonal abrupta, acentuações rítmicas aparentemente fora do tempo, mas mantendo sempre a mesma pulsação, produziram os mais fantásticos efeitos. Johnson foi mestre de Fats Waller. Exerceu ainda influência em outros pianistas como Count Basie, Duke Ellington, George Gershwin, Art Tatum e Thelonious Monk. No início da década de 30, Johnson viu-se incapacitado por vários ataques de apoplexia. Quando regressou às suas actuações, no início dos anos 40, demonstrou a sua capacidade, ao liderar um pequeno grupo de *Swing* e actuando regularmente com Eddie Condon. Fez também algumas pesquisas e composições nestes últimos anos com Maury Deutsch. Johnson retirou-se definitivamente em 1951, tendo falecido em Jamaica, Nova Iorque.

Jazz – o *Jazz* nasceu em New Orleans (E.U.A.), no período entre 1890 e 1910. As suas raízes remontam à música dos escravos negros e crioulos dos Estados Unidos. O *Jazz* é um produto cultural verdadeiramente norte-americano, resultante da idiossincrasia entre as culturas africana e europeia. Os *Blues*, que emergiram através das "Canções de Trabalho", e o *Ragtime*, música mais elaborada de uma aristocracia africano-americana que ascendeu socialmente a partir da segunda metade do séc. XIX, juntamente com a música das bandas da rua de New Orleans, que deram origem ao *Dixieland*, são o resultado dessa idiossincrasia africano-europeia que se deu no Estado de Louisiana, E.U.A.. Com a evolução e a maturação destas correntes a música *Jazz* afirmou-se e instituiu-se como um género musical próprio. A partir da década de 20, o *Jazz* passou por diversas correntes e estilos.

Jean Cocteau – Jean Maurice Eugène Cocteau, francês, nasceu em Maisons-Lafitte, a 5 de Julho de 1889 e faleceu em Milly-la-Forêt, a 11 de Outubro de 1963. Foi cineasta, actor, encenador e autor de teatro. Jean Cocteau foi um dos mais talentosos artistas do século XX. Além de director de cena, foi poeta, escritor, pintor, dramaturgo, cenógrafo, actor e escultor. Cocteau começou a escrever aos 10 anos e aos 16 começou a publicar a sua poesia. A sua principal obra poética é *Clair-obscur*, de 1954. Actuou activamente em diversos movimentos artísticos, nomeadamente no conhecido *Les Six*. Foi eleito membro da Academia Francesa em 1955. É considerado um dos mais importantes cineastas de todos os tempos.

Jelly Roll Morton – nome artístico de Ferdinand Joseph la Menthe Morton, nascido em Gulfport a 20 de Setembro de 1885 e falecido em Los Angeles, a 10 de Julho de 1941. Foi pianista, compositor e orquestrador. É considerado um dos primeiros teóricos do *Jazz*. Iniciou-se profissionalmente como pianista em bordéis de New Orleans e revelou sempre orgulhosamente a sua ascendência *creola*. Apesar de muitos documentos referirem o ano de 1890 como sendo o ano do seu nascimento, o próprio Morthon dizia ter nascido em 1885. Afirmava com veemência ter sido o criador do *Jazz*. Compôs e gravou mais de 58 canções entre 1927 e 1930.

Joe Williams – norte-americano, cantor de *Jazz*, nasceu a 12 de Dezembro de 1918 em Cordele, Geórgia (E.U.A.), e faleceu a 29 de Março de 1999 em

Las Vegas, Nevada (E.U.A.). Cresceu na parte sul de Chicago rodeado por *Jazz*, *Blues* e música *Gospel*. Em 1943 foi contratado pela orquestra de Lionel Hampton. Esteve em digressão com Hampton durante vários anos mas foi como cantor da Orquestra de Count Basie que atingiu uma proeminência a nível nacional em 1954. O seu maior sucesso foi *"Everyday I have the Blues"*. Depois de deixar a banda de Basie continou uma carreira de sucesso trabalhando com o seu próprio grupo de *Jazz*.

Josefine Baker – nascida com o nome Freda Josephine McDonald em Saint Louis, Missouri, E.U.A., a 3 de Julho de 1906, e falecida a 12 de Abril de 1975 em Paris, França, foi uma dançarina profissional norte-americana e viveu a maior parte da sua vida em França. Passou por Portugal no início dos anos 30, tendo causado grande furor em Lisboa, o que se constata na imprensa da época.

King Oliver – trompetista de *Jazz*, nasceu a 19 de Dezembro de 1885 em Abend, Louisiana, E.U.A., e faleceu a 8 de Abril de 1938 em Savannah, Geórgia, E.U.A.. A banda que co-liderou com Kid Ory foi considerada a melhor de New Orleans na segunda década do séc. XX. Em 1922 Oliver era o "Rei" do *Jazz* em Chicago actuando com a sua banda *Creole Jazz Band* no Royal Gardens. Entre os vários membros desta banda encontravam-se Louis Armstrong, Baby Dodds, Johnny Dodds e Lil Hardin. As gravações que fizeram demonstraram a seriedade artística do estilo de improvisação colectiva de New Orleans. A grande depressão económica atingiu Oliver que perdeu todas as suas poupanças e acabou na pobreza trabalhando como empregado de limpeza.

Les Six – em 1920, o crítico Henri Collet escolheu seis nomes de jovens intelectuais parisienses, principalmente compositores, e chamou-lhes *Les Six*. Assim ficou baptizado o famoso «Grupo dos Seis». Deste grupo faziam parte Georges Auric (1899-1983), Louis Durey (1888-1979), Arthur Honegger (1892-1955), Darius Milhaud (1892-1974), Francis Poulenc (1899-1963), Germaine Tailleferre (1892-1983). Além destes, outros também tomaram parte, como Erik Satie e Jean Wiéner.

Lionel Hampton – norte-americano, percussionista de *Jazz* e um virtuoso do vibrafone, nasceu a 20 de Abril de 1908 em Louisville, Kentucky (E.U.A.). Hampton é considerado como um dos maiores nomes da história do *Jazz* e trabalhou com vários músicos desde Benny Goodman a Charlie Parker e Quincy Jones. É atribuída a Hampton a popularização do vibrafone como instrumento de *Jazz*. A sua banda apoiou o desenvolvimento dos talentosos Illinois Jacquet, Dexter Gordon, Ernie Royal, Jack McVea e Quincy Jones, entre outros. A gravação de Hampton de *"Flying Home"* (1939) com o famoso solo de saxofone-tenor tocado por Jacquet, foi considerada por alguns como a primeira gravação de *Rock n'Roll*. Em meados dos anos 80, Hampton e a sua banda começaram a tocar nos concertos de *Jazz* da Universidade de Idaho que, em 1985, passou a ser designado por *Festival de Jazz Lionel Hampton*. Em 1987, a Faculdade de Música da Universidade passou, igualmente, a designar-se por Escola de Música Lionel Hampton, sendo o primeiro e único colégio universitário de música a ter o nome de um músico de *Jazz*. Faleceu em Nova Iorque a 31 de Agosto de 2002, vítima de ataque cardíaco.

Louis Armstrong – nasceu a 4 de Agosto de 1901 em New Orleans, E.U.A., e morreu a 6 de Julho de 1971, em Nova Iorque. Louis Armstrong, conhecido pelo pseudónimo de *Satchmo*, foi trompetista e cantor de *Jazz*. Iniciou os estudos de trompete de uma forma muito rudimentar. Por ser proveniente de um meio socioeconómico muito desfavorecido, o seu primeiro trompete foi comprado com dinheiro emprestado. Depois de algum tempo em formações de New Orleans, Armstrong parte para outra fase da sua carreira. Em 1917 ingressa na orquestra de Kid Ory. A partir desse momento, inicia um percurso de êxitos sucessivos, primeiro na formação de King Oliver e depois na de Fletcher Henderson. Em 1925, forma o seu próprio grupo chamado *Hot Five*. Nos anos 30 é o precursor da passagem do estilo de improvisação polifónica, tradicional de New Orleans, para a preponderância do solista, característica particular das modernas correntes do *Jazz*. Grava mais de uma centena de discos e intervém em mais de uma dezena de filmes. Gravou três composições com Ella Fitzgerald: *"Ella and Louis"*, *"Ella and Louis Again"* e *"Porgy and Bess"*.

Luís Russell – nasceu a 6 de Agosto de 1902, no Panama, e mudou-se para New Orleans com a família em 1919, onde trabalhou como pianista. Em 1925, Russell foi viver para Chicago onde mais tarde se tornou no pianista da *King Oliver's Band*. Dois anos mais tarde mudou-se para Nova Iorque com Oliver e, apenas alguns meses mais tarde, cria a sua própria orquestra. Gravou seis temas com os *Hot Six* e *Heebie Jeebie Stompers*. Por volta de 1929, a sua banda chegou aos dez elementos tendo gravado uma dúzia de discos considerados como uns dos primeiros e melhores exemplos do *Swing*. A banda começou a acompanhar Louis Armstrong em algumas das suas primeiras gravações com orquestra. A partir de 1935 a banda trabalhou, durante oito anos, como apoio de Louis Armstrong, tendo Russell assumido o papel de director musical. De 1943 a 1948, Russell liderou outra banda que tocou no Savoy e no Apollo, tendo efectuado algumas gravações. Nos últimos 15 anos de vida trabalhou fora do mundo da música. Faleceu a 11 de Dezembro de 1963, em Nova Iorque.

Marshal Brown – (1920-1983) foi um músico de *Jazz* e pedagogo. Tocou alguns instrumentos tais como trombone, trombeta baixo entre outros, tendo efectuado poucas gravações. Dedicou a maior parte da sua carreira à Educação, tendo obtido um diploma em estudos musicais pela *New York University*. Ganhou alguma notoriedade por ter actuado num quarteto com Pee Wee Russell no início dos anos 60. Brown tocou também, com Ruby Braff, Beaver Harris e Lee Konitz. Foi o director da *International Youth Band* (IYB) que se apresentou no Festival de Newport em 1958 e na qual estava integrado o trompetista português José Magalhães.

Nick La Rocca – norte-americano, nasceu a 11 de Abril de 1889 em New Orleans, Louisiana, e faleceu a 22 de Fevereiro de 1961. Foi um dos primeiros trompetistas *Jazz* e o líder da famosa *Original Dixieland Jass Band* (O.D.J.B). De 1910 a 1916 foi membro regular da banda *Papa Jack Laine's Band*. Em 1916 foi o substituto de última-hora de Frank Christian na *Johnny Stein's Band* num espectáculo a realizar em Chicago, Illinois. Esta banda tornou-se mais tarde na famosa *Original Dixieland Jass Band*, tendo efectuado as primeiras gravações de cariz comercial de *Jazz* em Nova Iorque, em 1917. Estas gravações tornaram-se grandes sucessos e transformaram os elementos da banda em celebridades. La Rocca levou a sua banda em digressão pelos Estados Unidos e Inglaterra até ao início dos anos 20, altura em que sofreu um colapso nervoso tendo regressado para New Orleans e retirado do mundo da música. Em 1936 reuniu a O.D.J.B para uma digressão e mais gravações. Proclamou que ele e a sua banda eram os inventores do *Jazz*. Conflitos de personalidades levaram a que a banda acabasse no ano seguinte e La Rocca voltou a sair do mundo da música. Nos anos 50 começou a escrever veementemente para jornais, estações de rádio e programas de televisão, afirmando ser o único e verdadeiro inventor da música *Jazz* e afirmando, também, que aqueles que diziam que a música tinha origens negras, faziam parte de uma conspiração comunista. As actuações de La Rocca e as suas gravações foram uma influência primordial para trompetistas como Red Nichols, Bix Beiderbecke e Phil Napoleon.

One-step – *Basic Step, Basic Movement, Basic pattern*, ou simplesmente *Basic*, é um movimento simples que define uma dança específica.

Original Dixieland Jass Band – banda de New Orleans que, em 1917, foi a primeira a fazer um disco de *Jazz*. Foi também a primeira a ter um grande reconhecimento público, sendo frequentemente conhecida pelas iniciais

O.D.J.B. A banda era composta por cinco músicos que tinham tocado anteriormente com as bandas de Papa Jack Laine. Os músicos da O.D.J.B., com especial ênfase para Nick La Rocca, auto-intitulavam-se como os "Criadores do *Jazz*".

Oscar Aleman – argentino, cantor, dançarino e guitarrista *Jazz*, nasceu em Buenos Aires, Argentina, a 20 de Fevereiro de 1909 e faleceu a 14 de Outubro de 1980. Em 1924 Oscar conheceu e começou a trabalhar com o guitarrista brasileiro Gaston Bueno Lobo. O duo assinou com a prestigiada editora *Argentine Victor* e actuou com o nome *Los Lobos*. Nos anos 30, tendo descoberto o *Jazz* através de Eddie Lang e Joe Venuti, Oscar mudou-se para Paris onde foi contratado por Josephine Baker para liderar a sua banda. Mais tarde Oscar formou a sua própria banda de nove elementos que tocaria todas as noites no *Le Chantily*. No início dos anos 40, Oscar regressou à Argentina onde continuou a actuar e a gravar tanto com um quinteto de *Swing* como com uma orquestra de nove elementos.

Paul Whiteman – norte-americano, director de orquestra, nasceu em Denver, Colorado a 28 de Março de 1890 e faleceu a 29 de Dezembro de 1967. Nos anos 20 e inícios dos anos 30, Whiteman auto proclamou-se o «Rei do *Jazz*». Para alguns críticos e musicólogos, a música de Whiteman não pode ser considerada *Jazz*. Outros recusam esta consideração e encaram a música de Whiteman como um desenvolvimento interessante na história do *Jazz*. Enquanto que a maior parte dos entusiastas do *Jazz*, de hoje, consideram a improvisação como sendo uma característica essencial deste estilo de música, Whiteman considerava que a música poderia ser melhorada através da orquestração. Whiteman encomendou a George Gershwin a famosa obra *"Rhapsody in Blue"*, que foi estreada pela orquestra de Whiteman com Gershwin ao piano em 1924. Whiteman tinha um profundo apreço por músicos *Jazz* e contratou muitos dos melhores músicos *Jazz* brancos para a sua banda, incluindo Bix Beiderbecke, Steve Brown e Bunny Berigan. Paul Whiteman foi principalmente responsável por revolucionar a orquestra de dança e a música de dança depois da Primeira Guerra Mundial. Ao trabalhar em 1918-1919 com o orquestrador Ferde Grofé e com Art Hickman, Whiteman introduziu a secção do saxofone como uma unidade musical de igual importância no todo instrumental e orquestral. Este facto estabeleceu a norma para a instrumentação que definiu a orquestra de dança e que continua a ser utilizada nas grandes bandas dos dias de hoje. Estes elementos *jazzísticos* combinados com a sua insistência em utilizar músicos de grande gabarito, músicos com calibre para concertos, fizeram da orquestra de Paul Whiteman uma força de vanguarda que mudou a música dos anos 20. Depois de ter desfeito a orquestra nos anos 40 e 50, Whiteman trabalhou como director musical para a companhia radiofónica *ABC Rádio*.

Quincy Jones – Quincy Delight Jones Jr. nasceu a 14 de Março de 1933, em Chicago. É um empresário musical americano, orquestrador, produtor musical, e compositor. Durante 50 anos na indústria musical, Quincy Jones foi nomeado para 70 *Grammy Awards*, tendo sido premiado com 25 destes. Em 1991, foi galardoado com o *Grammy Legends Award*. Quincy Jones é conhecido acima de tudo como o produtor de dois dos maiores recordistas de vendas de todos os tempos: o álbum "*Thriller*", do artista *Pop* Michael Jackson, e a canção "*We Are the World*". Para além destes dois trabalhos que o tornaram conhecido pelas massas, Jones impulsionou e apoiou a cantora Tamia que foi nomeada para 2 *Grammy Awards* pela sua interpretação na canção "*You Put A Move On My Heart*". O activismo cívico de Quincy Jones começou nos anos 60 com o apoio a Martin Luther King. Jones é um dos fundadores do Instituto para a Musica Negra Americana (IBAM) cujos eventos têm como principal objectivo a angariação de fundos para a criação de uma biblioteca nacional de arte e música africano-americana. Jones é co-fundador do *Black Arts Festival* (Festival de Artes Negras) que se realiza em Chicago. Trabalhou com Bono, *U2*, em vários projectos humanitários. É o fundador da *Quincy Jones Listen Up Foundation*, fundação que promove o acesso dos jovens à educação, cultura, música e tecnologia.

Reprodução Cultural – transmissão de normas e valores culturais de geração em geração. Refere-se aos mecanismos através dos quais é mantida e assegurada a continuidade da experiência social ao longo do tempo.

Shimmy – dança na qual o corpo fica parado, à excepção dos ombros, que se alternam para trás e para a frente. Os *Flappers* dançaram este estilo de dança nos anos 20. Este movimento do corpo é também conhecido por outros nomes em várias danças populares como, por exemplo, em danças ciganas.

Sidney Bechet – norte-americano, compositor, saxofonista e clarinetista *Jazz*, nasceu a 14 de Maio de 1897 em New Orleans e faleceu a 14 de Maio de 1959 e Paris. Desde muito novo Bechet dominava qualquer instrumento musical que encontrasse. Como primeira opção adoptou o clarinete e permaneceu um dos melhores clarinetistas *Jazz* durante décadas. Contudo, foi sobretudo reconhecido como o mestre do saxofone soprano e foi, provavelmente, o primeiro saxofonista *Jazz* a merecer destaque.

Speakeasies – denominação de estabelecimentos comerciais, não legalizados, utilizados para vender e consumir bebidas alcoólicas durante o período da história dos Estados Unidos conhecido por «Lei Seca» (1920-1933, de maior duração nalguns Estados), quando vender ou comprar álcool era ilegal. O termo deriva do modo como o álcool era pedido pelos clientes para que não levantasse quaisquer suspeições – um empregado de balcão diria ao cliente para estar em silêncio e *"speak easy"*. O *Cassell Dictionary of Slang* apresenta a palavra como tendo sido começada a ser usada por volta de 1890. Os *Speakeasies* tornaram-se bastante populares e numerosos à medida que os anos da Proibição iam passando, bem como cada vez mais geridos por pessoas com ligaçõos ao crime organizado. Um termo moderno relacionado com este é o *"the smokeasy"*, um ponto (discreto) de venda de tabaco em locais onde fumar em bares e discotecas é proibido.

Swing – também conhecida como *Jazz Swing*, é uma corrente estilística do *Jazz* desenvolvida no final dos anos 20 e que se solidificou como um estilo distinto em meados da década de 30 nos Estados Unidos da América. É, primeiramente, distinguida por uma secção de ritmo forte incluindo, normalmente, contrabaixo e bateria, com uma pulsação de andamento média ou rápida e um distinto ritmo de tempo *Swing* que é comum a várias formas de *Jazz*.

Tete Montoliu – espanhol, pianista *Jazz*, nasceu cego a 28 de Março de 1933 em Barcelona, Espanha e faleceu a 24 de Agosto de 1997. Teve as suas primeiras aulas de piano com Enric Mas numa escola privada para crianças cegas onde estudou desde 1939 até 1944. De 1946 até 1953 estudou música no Conservatório Superior de Música de Barcelona onde conheceu os seus primeiros companheiros de *Jam-sessions*. Em 1956 conheceu o vibrafonista Lionel Hampton, que o convidou para uma digressão por Espanha e França.

Thad Jones – norte-Americano, trompetista *Jazz*, compositor e director de orquestra. Nasceu em Pontiac, Michigan (E.U.A.), a 28 de Março de 1923, e faleceu a 21 de Agosto de 1986. Músico autodidacta, começou a tocar profissionalmente aos 16 anos de idade. Integrou as bandas do exército norte-americano durante a segunda guerra mundial (1943-1946). Depois da guerra, Thad Jones continuou a sua carreira profissional de músico vindo a conhecer Count Basie, em 1954. Para além de ter orquestrado e composto para Count Basie, chegou também a actuar com ele. Em 1965, em conjunto com Mel Lewis, formou a *Thad Jones / Mel Lewis Big Band*. O grupo começou por actuar em *Jam-sessions* e fora de horas com músicos de estúdios, no entanto de grande qualidade, de Nova Iorque. Mais tarde começaram a actuar no Village Vanguard. Em 1979 ganharam um *Grammy* pelo seu álbum *Live in Munich*.

The american way of life – é uma expressão que se refere ao estilo de vida das pessoas que vivem nos Estados Unidos. É um exemplo de cosmovisão e de um modelo de comportamento desenvolvido ao longo do século XX. Refere-se aos conceitos de Vida, Liberdade e Felicidade de uma forma bastante peculiar.

Will Marion Cook – norte-americano, compositor e violinista. (1869-1944). Cook foi aluno de Antonin Dvořák e actuou para o rei Jorge V. A sua carreira como solista foi bastante curta, no entanto, em 1890 ele tornou-se director de uma orquestra de câmara que efectuou uma digressão pela costa leste dos E.U.A. Preparou *"Scenes from the Opera of Uncle Tom's Cabin"* para espectáculo. Produziu bastantes musicais de sucesso. Mais conhecido pelas suas canções, Cook utilizou elementos do imaginário *Folk* de um modo original. Mais tarde, produziu alguns concertos e organizou inúmeros grupos corais, tanto em Nova Iorque como em Washington, D.C. Criou a *New York Syncopated Orchestra* com a qual realizou uma digressão pelos E.U.A., em 1918, e depois por Inglaterra, em 1919. Desse espectáculo fizeram parte: o director assistente Will Tyers, o clarinetista *Jazz* Sidney Bechet, Abbie Mitchell, e Tom Fletcher. Foi neste concerto que Ernest Ansermet ouviu Bechet e redigiu a sua crítica ao músico, tecendo-lhe rasgados elogios, fundamentados musicologicamente. Daí dizer-se que este poderá ter sido o primeiro artigo de opinião e a primeira crítica musical realizada na Europa a um músico de *Jazz* com todos os requisitos para que seja denominada como tal.

FONTES E BIBLIOGRAFIA

1. **Arquivos Consultados**

Arquivo Nacional da Torre do Tombo
- Arquivos da PVDE/PIDE,

Biblioteca Nacional
- Bibliografia diversa,
- Publicações periódicas (jornais e revistas)

Governo Civil de Lisboa
- Estatutos HCP
- Outros documentos,

Hemeroteca Municipal de Coimbra
- Publicações periódicas (jornais e revistas)

Hemeroteca Municipal de Lisboa
- Publicações periódicas (jornais e revistas)

Hot Clube de Portugal - Espólio de Luiz Villas-Boas
- Correspondência,
- Cartazes,
- Agendas,
- Blocos de notas,
- Circulares aos sócios do HCP,
- Notificações ao Governo Civil de Lisboa,
- Guiões dos programas de rádio *Hot Clube*.

Museu do Teatro
- Programações,
- Cartazes de espectáculos,
- Outros documentos.

2. Periódicos Consultados

- ABC (década de 20)
- ABC-zinho (década de 20)
- All Jazz – Revista Portuguesa de Jazz (números 1 a 15)
- Arte Musical - Juventude Musical Portuguesa (década de 50)
- A Semana (20/03/1998, p. 10)
- A Tarde (1920-1924)
- Gazeta Musical e de Todas as Artes – Academia dos Amadores de Música (década de 50)
- Diário de Lisboa (décadas de 40 e 50)
- Diário de Notícias (décadas de 20 a 50)
- Diário Popular (décadas de 40 e 50)
- Expresso (décadas de 80 e 90)
- Mundo Literário, Semanário de Crítica e Informação Literária, Científica e Artística (década de 40)
- O Papel do Jazz (números 1 a 4)
- O Século (décadas de 40 e 50)
- O Século Ilustrado (década de 50)
- O Século – Rádio Mundial (1947 a 1959)
- Público (décadas de 80 e 90)
- Revista História (1996 a 2002)
- Revista de História das Ideias, Instituto de História e Teoria das Ideias, Faculdade de Letras da Universidade de Coimbra (volumes números 7, 14, 16, 17 e 18)
- Revista de Música (números 1 e 2)
- Revista de Musicologia
- TV Guia (anos de 1980 a 1990)

3. Entrevistas

- Dr. António Curvelo
- Dr. António José Veloso
- Artur Agostinho
- Augusto Mayer
- Eng.º Bernardo Moreira (pai)
- Dr. Carlos Alvarez
- Carlos Menezes
- Prof. Doutor Fernando Rosas
- Gérard Castello Lopes
- Ivo Mayer

- Arq.º José Luís Tinoco
- Jorge Costa Pinto
- Dr. Justiniano Canelhas
- Prof. José Duarte
- Luís Sangareau
- Manuel Jorge Veloso
- Maria Helena Villas-Boas
- Pedro Martins de Lima
- Dr. Raul Calado
- Vasco Cardoso

4. Bibliografia Geral

AGOSTINHO, Artur – *Ficheiros Indiscretos*. Lisboa: Oficina do Livro, 2002.

ALEIXO, José Mendes e LANGHANS, Franz-Paul de Almeida – "O Turf Club e a sua história, 1883-1973" *in Crónica da vida lisboeta e das origens do desporto hípico em Portugal*. Lisboa: Oficina Gráfica, 1973.

ARAÚJO, Carvalho – "A Única Salvação" *in A Fronteira*, 25/08/1918.

AZEVEDO, Cândido de – *A Censura de Salazar a Marcelo Caetano*. Lisboa: Editorial Caminho, 1999.

BAPTISTA, Tiago; GRANJA, Paulo Jorge e CARDOSO, Miguel – "O Cinema Português, do filme mudo ao cinema novo" *in* revista *História*, n.º 47, Ano XXIV (III série), pp. 20 a 45. Lisboa: História – Publicações e Conteúdos Multimédia, Lda, Julho/Agosto de 2002.

BARRETO, Jorge Lima – *JazzArte 2*. Lisboa: Ed. Hugin, 2001.

BARROS, Júlia Leitão de – *Os Night Clubs de Lisboa nos Anos 20*. Lisboa: Lúcifer Editores, 1990.

BARROS, Júlia Leitão de – "Um instrumento para a manutenção do poder" *in* revista *História*, n.º 23, Ano XXII (III série), pp. 46 a 55. Lisboa: História – Publicações e Conteúdos Multimédia SA, Março 2000.

BECHET, Sidney – *Treat it Gentle – an autobiography. s.l.*: Da Capo Press, 2.ª Ed., 2002.

BENOIT, Francine – "Orquestra de «jazz» de Count Basie", *in Diário de Lisboa, secção Vida Musical,* 02/10/1956, p. 6.

BOOTH, Wayne C.; COLOMB, Gregory G. e WILLIAMS, Joseph M. – *The Craft of Research*, Second Edition. Chicago & London: University of Chicago Press, 2003.

BOFFI, Guido – *Os caminhos do Jazz*. Lisboa: Edições 70, 2001.

CASTELO-BRANCO, Salwa El-Shawan e BRANCO, Jorge Freitas (organizadores) – *Vozes do Povo, a folclorização em Portugal*. Oeiras: Celta Editora, 2003.

CHILTON, John – *Sidney Bechet – The Wizard of Jazz. s.l.*: Da Capo Press, 1.ª Ed., 1996.

COELHO, João Furtado – "Por ou Contra o Jazz", *in Arte Musical*, Agosto de 1959, p. 141 a 144.

CONTE, Gerard – "Points d'histoire concernant Bechet", *in Cahiers du jazz*, n.º 7, pp. 43 a 52. Paris: Avril 1996.

CÔRTE-REAL, Maria de São José – *Cultural Policy and Musical Expression in Lisbon in the Transition from Dictatorship to Democracy (1960s-1980s)*. Tese de doutoramento em etnomusicologia apresentada na Universidade de Columbia em 2000.

CURVELO, António – "Notas (muito incompletas) sobre o *Jazz* em Portugal. Da pré-história aos tempos modernos", *in Panorama da Cultura Portuguesa no Séc. XX, Artes e Letras Vol. II*, pp. 49 a 95. Porto (Fundação de Serralves): Ed. Afrontamento, Abril de 2002.

CRUBELLIER, Maurice – *Histoire Culturelle de la France – XIXe Xxe siécles*. Paris: «Colection U», 1979.

CRUZ, Manuel Braga da – "A Revolução Nacional de 1926: a Ditadura Militar à formação do Estado Novo", *in Revista de História das Ideias, Vol. 7*, pp. 347-371. Coimbra: Instituto de História e Teoria das Ideias, Faculdade de Letras da Universidade de Coimbra, 1985.

CRUZ, Manuel Braga da – "As relações entre o Estado e a Igreja" *in Nova História de Portugal, Vol. XII – Portugal e o Estado Novo (1930-1960)*, (coord. de Fernando Rosas), pp. 202 a 221. Lisboa: Editorial Presença, 1.ª Edição, 1992.

DUARTE, José – *João na Terra do Jaze*. Lisboa: Ed. Regra do Jogo, 1981.

DUARTE, José – *Jazzé e outras músicas*. Lisboa: Edições Cotovia, 1994

DUARTE, José e ALVES, Ricardo António – *Poezz, Jazz na poesia em Língua Portuguesa*. Coimbra: Almedina, Maio de 2004.

ECO, Umberto – *Como se faz uma tese em Ciências Humanas*. Lisboa: Editorial Presença, 7.ª Ed., 1998.

FARINHA, Luís – "Portugal, Março de 1933 – o Plebiscito constitucional" *in* revista *História*, n.º 1, Ano XX (nova série), pp. 57 a 63. Lisboa: Publicultura, SA, Abril 1998.

FERREIRA, J. M. Carvalho e outros – *Sociologia*. Lisboa: Mc Graw Hill, 1995.

FERRO, António – *A idade do Jazz-Band*. Lisboa: Ed. Portugália, 1924.

FERRO, António – *Entrevistas de António Ferro a Salazar*. Lisboa: Parceria A. M. Pereira/Livraria Editora, 2003.

FERRO, António – *Prémios Literários (1934-1947)*. Lisboa: SNI, 1950.

FONTÃO, António – *O Guitarrista Carlos Menezes*. Trabalho realizado no âmbito da cadeira de Etnomusicologia – Pesquisa de Campo, Universidade Nova de Lisboa, Faculdade de Ciências Sociais e Humanas, Departamento de Ciências Musicais, 1997/1998.

FRANÇA, José Agusto – *A Arte Moderna em Portugal no Século XX*. Lisboa: Bertrand Editora, 1985.

GARCIA, José Luís Lima – "A ideia de império na propaganda do Estado Novo", *in Revista de História das Ideias, Vol.14*, pp. 411-424. Coimbra: Instituto de História e Teoria das Ideias, Faculdade de Letras da Universidade de Coimbra, 1992.

GIDDENS, Anthony – *Sociologia*. Lisboa: Fundação Calouste Gulbenkian, 2.ª Ed., 2000.

GIOIA, Ted – *The History of Jazz*. New York: Oxford University Press, 1997.

GOMES, F. Matos – *30 anos de Estado Novo – 1926-1956*. Lisboa: Ed. Organizações Imperiais, 1957.

GRIDLEY, Mark C – *Jazz Styles – History and Analysis*. Rio de Janeiro: Prentice--Hall, 8.ª Ed., 2003.

GROUT, Donald J. e PALISCA, Claude V. – *História da Música Ocidental*. Lisboa: Gradiva, 1997.

KENNEDY, Michael – *Dicionário Oxford de Música*. Lisboa: Publicações D. Quixote, 1994.

KERMAN, Joseph – *Musicologia*. São Paulo: Martins Fontes Editora, 1987.

KERNFELD, Barry (ed.) – *The New Grove Dictionary of JAZZ*. New York: St. Martin's Press, 2000.

KUNSTADT, Leonard e CHARTERS, Samuel B. – *Jazz, A History of New Yourk Scene*. New York: Doubleday Company, Inc., 1962.

LEON, Pierre – *História Económica e Social do Mundo – Guerras e Crises 1914--1917, Vol. V, Tomo I*. Lisboa: Ed. Sá da Costa, 1982.

LOURENÇO, Maria João – "Luiz Villas-Boas – As histórias que o «jazz» tece", *in TV Guia*, n.º 581, 30/03/1990, pp. 82 e 83.

MACEDO, Jorge Borges de – "Salazar, (António Oliveira)", *in Enciclopédia Luso--Brasileira da Cultura – Edição Século XXI*, Vol. 25, pp. 1308-1309. Lisboa e São Paulo: Editorial Verbo, Dezembro de 2002

MAHLER-WERFEL, Alma – *Mein Leben*. Frankfurt am Main: Fischer Taschenbuch Verlags GmbH, 1963.

MARQUES, A.H. de Oliveira – *História de Portugal, Volume III – Das Revoluções Liberais aos Nossos Dias*. Lisboa: Editorial Presença, 1998.

MERRIAM, Alan P. – *The Anthropology of Music. s.l.*: Northwestern University Press, 1964.

MILHAUD, Darius – "Perspectivas do Jazz" *in Arte Musical*, Ano 27. Lisboa: Maio/Junho, 1958.

MIRANDA, José Nuno – "Cascais *Jazz*" *in O Papel do Jazz*, n.º 3 e n.º 4. Lisboa: Ed. Cotovia, 1998.

MUSSOLINI, Romano – "O Festival do «Jazz»", *in O Século Ilustrado*, 08/02//1958, pp. 12 e 13.

MYERS, Helen *et al.* – *Ethnomusicology – Historical and Regional Studies.* New Yourk and London: W. W. Norton & Company, 1993.

NÓVOA, António – "A Educação Nacional", *in Nova História de Portugal, Portugal e o Estado Novo, Vol. XII* (Coord. de Fernando Rosas), pp. 455 a 519. Lisboa: Editorial Presença, 1.ª Edição, 1992.

OLIVEIRA, César de – "A Evolução Política" *in Nova História de Portugal, Portugal e o Estado Novo, Vol. XII* (Coord. de Fernando Rosas), pp. 21 a 85. Lisboa: Editorial Presença, 1.ª Edição, 1992.

OLIVEIRA, Pedro Aires – "Portugal e a Guerra Civil de Espanha – a retaguarda diplomática de Franco" *in* revista *História*, n.º 12, Ano XXI (nova série), pp. 40 a 51. Lisboa: Publicultura SA, Março,1999.

PAES, Rui Eduardo – "Luiz Villas-Boas – começámos o Festival com um grande atraso", *in Expresso*, 10/11/1984.

PAULO, Heloísa de Jesus – "Salazar: a elaboração de uma imagem", *in Revista de História das Ideias, Vol.18*, pp. 245 – 275. Coimbra: Instituto de História e Teoria das Ideias, Faculdade de Letras da Universidade de Coimbra, 1996.

PECORINI, Giorgio – "Uma Orquestra de «Jazz» Europeia na América", *in O Século Ilustrado*, 05/07/1958, p. 42.

PERNES, Fernando – *Panorama da Cultura Portuguesa no Século XX – Artes e Letras, Vol. I*, II e III, Fundação de Serralves. Porto: Ed. Afrontamento, Abril de 2002.

PICOTO, José Carlos – "Benoit (Francine)" *in Enciclopédia Luso-Brasileira da Cultura – Edição Século XXI*, Vol. IV, pp. 698 a 699. Lisboa e São Paulo: Editorial Verbo, 1998.

PINTO, José Manuel de Castro – *Novo Prontuário Ortográfico – 2.ª edição revista.* Lisboa: Plátano Editora – 3.ª Edição, 2002.

PISCO, Luís – "Meio século de Hot Clube", *in A Capital*, 13/03/1999.

RAMOS DO Ó, Jorge – *O Lugar de Salazar, estudo e antologia.* Lisboa: Publicações Alfa, 1990.

RAMOS DO Ó, Jorge – *Os anos de Ferro, O dispositivo cultural durante a "Política do Espírito" 1933-1949, ideologia, instituições, agentes e práticas.* Lisboa: Editorial Estampa, 1999.

RAMOS DO Ó, Jorge – "Salazarsimo e Cultura" *in Nova História de Portugal, Vol. XII – Portugal e o Estado Novo (1930-1960)*, (coord. de Fernando Rosas), pp. 391 a 454. Lisboa: Editorial Presença, 1.ª Edição, 1992.

RIBEIRO, Maria Conceição – *A Polícia Política no Estado Novo 1926-1945.* Lisboa: Editorial Estampa, 1995.

RIBEIRO, Maria Conceição – "Projecto de Constituição de Salazar – Grandes opções do Estado Novo" *in* revista *História*, n.º 44, Ano XXIV (III série), pp. 42 a 49. Lisboa: História – Publicações e Conteúdos Multimédia, Lda., Abril, 2002.

ROSAS, Fernando – "As grandes linhas da evolução Institucional" *in Nova História de Portugal, Vol. XII – Portugal e o Estado Novo (1930-1960)*, (coord. de Fernando Rosas), pp. 86 a 143. Lisboa: Editorial Presença, 1.ª Edição, 1992.

ROSAS, Fernando – "Salazar e o Salazarismo – Um caso de longevidade política", *in Salazar e o Salazarismo*. Lisboa: Edições D. Quixote, 1989.

ROSAS, Fernando e BRITO, J.M. Brandão de – *Dicionário de História do Estado Novo, Vol. I e II*. Venda Nova: Bertrand Editora, 1996.

SALAZAR, António Oliveira – *Discursos e Notas Políticas, Vol. I, II, III e IV*. Coimbra: Coimbra Editora, 1951.

SANTOS, João Moreira dos – "Jazz Infernal", *in AllJazz*, n.º 9, pp. 14 e 15, Agosto de 2003.

SARDICA, José Miguel; SAMARA, Maria Alice e BARROS, Júlia Leitão de – "A Censura em Portugal – da monarquia constitucional ao Estado Novo" *in* revista *História*, n.º 23, Ano XXII (III série), pp. 26 a 55. Lisboa: História – Publicações e Conteúdos Multimédia, Lda, Março, 2000.

SERRÃO, Joel e MARQUES, A.H.de Oliveira – *Nova História de Portugal, Vol. XII – Portugal e o Estado Novo (1930-1960)* – Coord. de Fernando Rosas. Lisboa: Editorial Presença, 1.ª Edição, 1992.

SOARES, Hugo – "Hot, hot, hot", *in A Semana*, 20/03/1998, p. 10.

SOUSA, Carla – "Folclore e Turismo: reflexões sobre o Algarve", *in Vozes do Povo, a folclorização em Portugal,* (Salwa Castelo-Branco e Jorge Freitas Branco – orgs.), pp. 569-578. Oeiras: Celta Editora, 2003.

TORGAL, Luís Reis – "Cinema e propaganda no Estado Novo. A «conversão dos descrentes»", *in Revista de História das Ideias, Vol.18*, pp. 277-337. Coimbra: Instituto de História e Teoria das Ideias, Faculdade de Letras da Universidade de Coimbra, 1996.

TORGAL, Luís Reis – *Historia e Ideologia*. Coimbra: Minerva, 1989.

TORGAL, Luís Reis – "Sobre a história do Estado Novo. Fontes, bibliografia, áreas de abordagem e problemas metodológicos", *in Revista de História das Ideias, Vol.14*, pp. 529-554. Coimbra: Instituto de História e Teoria das Ideias, Faculdade de Letras da Universidade de Coimbra, 1992.

TRISKA – "As Férias das Elegantes", *in ABC*, 09/09/1926.

TURABIAN, Kate L. – *A Manual for Writers of Term Papers, Theses and Dissertations* – Sixth Edition. Chicago and London: University of Chicago Press, 1996.

VALENTE, Silvestre – "Como se embarca e desembarca em Lisboa – Nos Caes da Cidade", *in ABC*, 28/01/1926.

VALENTE, Silvestre – "Figuras de Clubs e Cabarets", *in ABC*, 07/01/1926.

VELHO, Otávio; PALMEIRA, Moacir e BERTELLI, António – *Estrutura de Classes e Estratificação Social*. Rio de Janeiro: Zahar Ed., 1979.

VELOSO, Manuel Jorge – "Hot Clube de Portugal – «local de culto» do Jazz Português", *in Revista da Música, n.º 2*. Lisboa: 1994.

VELOSO, Manuel Jorge – "Quando 'tocar de ouvido' já não chega, é preciso saber 'tocar por música'", *in Revista da Música, n.º 2*. Lisboa: 1994.

VIEIRA, Andrade – "Estudos sobre o Código Administrativo", *in Boletim da Faculdade de Direito da Universidade de Coimbra*. Coimbra: Imprensa da Universidade, 1992.

VILLAS-BOAS, Luiz – "Jazz", *in Rádio Mundial – O Século*, p. 20, 1946.

WAGNER, Jean – *O Guia do Jazz, iniciação à história e estética do Jazz*. Lisboa: Editora Pergaminho, 1991.

5. *Sites* Consultados

– *www.jazzportugal.net* (2001 a 2004),

– *Chicago Public Library on line* (2003 a 2004),

– *Jazz no país do improviso (blog)* (2003 a 2004),

– *www.aminharadio.com/portugal_história* (2003 a 2004),

– *http://www.projazz.pt/jcostapinto.htm* (2005),

– *http://acpc.bn.pt/colecoes_autores/n33_benoit_francine.html* (2005).

ANEXOS[1]

---

[1] Os documentos que seguidamente se apresentam foram recolhidos nos Arquivos do Governo Civil de Lisboa e nos Arquivos do Hot Clube de Portugal.

======================= ESTATUTOS DO "HOT CLUBE DE PORTUGAL" =========

CAPÍTULO I - Denominação, séde, natureza e fins

Artº 1º - O "HOT CLUBE DE PORTUGAL" - H.C.P. - organisado na cidade de Lisboa, é uma instituição federativa de carácter colectivo, de interêsse particular, de duração indefenida, de finalidade
cultural, educativa e artística, constituída por indivíduos · em
número ilimitado de ambos os sexos, por organismos musicais, delegações nas capitais de província do continente, ilhas adjacentes
e ultramar, nos termos dos presentes estatutos.

Artº 2º - O H.C.P. terá sempre a sua séde na capital do Império
Português, data a sua fundação de um de janeiro de mil novecentos
e quarenta e seis e passará a reger-se por êstes Estatutos e pelos
regulamentos que venham a constituír a aclaração e complemento
daquêles, com aprovação em Assembleia Geral.

§ único - O H.C.P. adopta: 1º - como divisa à legenda "PELO VERDA-
DEIRO JAZZ"; 2º - Como emblêma o modêlo junto; 3º - como Bilhete
de Identidade o modêlo que fôr aprovado pelo Ministério do Interior.

Artº 3º - Atendendo a que o "hot-jazz" é um processo de execução
musical que tem por base o movimento sincopado e o improviso individual e colectivo, processo êste, que constitui uma téchica
musical já hoje universalisada sem, por isso, determinar qualquer
influencia perniciosa na música de folclore, o H.C.P. terá por
finalidade: 1º - Desenvolver e promover o gôsto do público pelo

Instituíção que pela mesma Assembleia fôr escolhida.

Art? 59? - O H.C.P., por estar fóra da sua competencia e fins,

manter-se-à alheio a quaisquer actividades subordinadas a credos

políticos ou religiosos

Art? 60? - Os casos omissos nêstes Estatutos serão resolvidos con-

forme a lei geral do país, sob sanção da Assembleia Geral.

Lisboa, Secretaría Provisória do HOT CLUBE DE PORTUGAL, em 22 de

Junho de 1946.

A COMISSÃO ORGANISADORA,

HOT CLUB DE PORTUGAL

HCP

Entrado em 20 JAN 1951
Classe ___ N.º 503
2.ª Repartição

Secretaria Provisória:
C. Marquês de Tancos, 16/2º/E.
    L I S B O A

Lisboa, 9 de Janeiro de 1951

20 JAN 1951

Excelentissimo Senhor Governador Civil do Diótrito de Lisboa

        Venho por êste meio solicitar a V.Exa. autorização, para que se possa efectuar no próximo dia 10 do corrente mês, a Assembleia Geral Urdinária do HOT CLUB DE PORTUGAL, convocada conforme os termos dos estatutos e cuja duraçao nao ultrapassará as 24 horas, tendo o inicio pelas 21 h e 30 a qual terá a seguinte ordem dos trabalhos:
        1º) Eleição dos Corpos Gerentes para o ano de 1951.
    Com a maior consideraçao,

                    O Presidente do Conselho Directivo,

884

243

HCP

HOY CLUBE DE PORTUGAL

Lisboa, 24 de Março de 1952

Entrado em 27 MAR 1952
Classe ___ N.º 114
2.ª Repartição

27 MAR 1952

Exmº Senhor

Governador do Distrito de Lisboa,

Para os devidos efeitos, comunicamos a V· Exª
que se realiza no próximo dia 31 pelas 21 horas na Séde deste Clube em 1ª convocatória, eààs 22 horas em 2ª convocatória uma Assembleia Geral Extraordinária com a seguinte ordem
de trabalhos:

APRECIAÇÃO DE NOVAS DIRECTRIZES NA ORIENTA-
ÇÃO DO CLUBE.

Com elevada consideração, subscrevemos

Pelo CONSELHO DIRECTIVO

O SECRETÁRIO - GERAL

Edmundo Vasco Rosa da Silva e Sousa

V 884

Entrado em 11 JUN 1952
Classe _____ Nº 2170
2.ª Repartição

HCP

HOT CLUBE DE PORTUGAL • P. da Alegria 66, 1.º • Lisboa • Telef. 3

Exmº. Senhor
Governador Civil do Distrito de
L I S B O A

Lisboa, 9 de Junho 1952

Exmº. Senhor,

Para os devidos efeitos comunicamos a V.Exª. que desde o passado dia 1 de corrente o Hot Clube de Portugal mudou a sua Séde Social da Praça da Alegria 66, Sub/cave, para a Avenida Duque de Loulé nº 6, 1º andar, em Lisboa.

Pelo Hot Clube de Portugal

O Secretário Geral

Vasco R. Cardoso

884

245

Entrado em - 6. ABR. 1954
Classe .... N.º 1482
2.ª Repartição

Lisboa, 27 de Março de 1954

Exmo. Snr. Governador Civil de Lisboa,

- 6 ABR 1954

Informamos V. Exa., que a partir de hoje, o Hot Clube de Portugal se encontra instalado numa das dependências da Tertuli Festa Brava, na Praça da Alegria, 38/2º - Lisboa.

Sem outro assunto, de V. Exa.att² vnr. obg.,

Pelo H. C. P.,

Pres. do Cons. Directivo

884

anotado

246

HCP

HOT CLUBE DE PORTUGAL · P. da Alegria · LISBOA · TEL.

11 de Junho de 1954

Exmº. Senhor
Governador Civil de Lisboa
Rua Capelo
L I S B O A

Exmº. Senhor:

   Pela presente,temos a honra de informar V. Exª.
de que no próximo dia 14 do corrente se realiza,na séde, a
Assembleia Geral Ordinária do HOT CLUBE DE PORTUGAL, conforme
a convocatória de que junto enviamos 1 exemplar.

   Os trabalhos da Assembleia terminarão antes das
24 horas.

   Com os protestos da maior consideração, subscre-
veme-nos,

        De V. Exª.
        Atentamente
      p. HOT CLUBE DE PORTUGAL

         Secretário

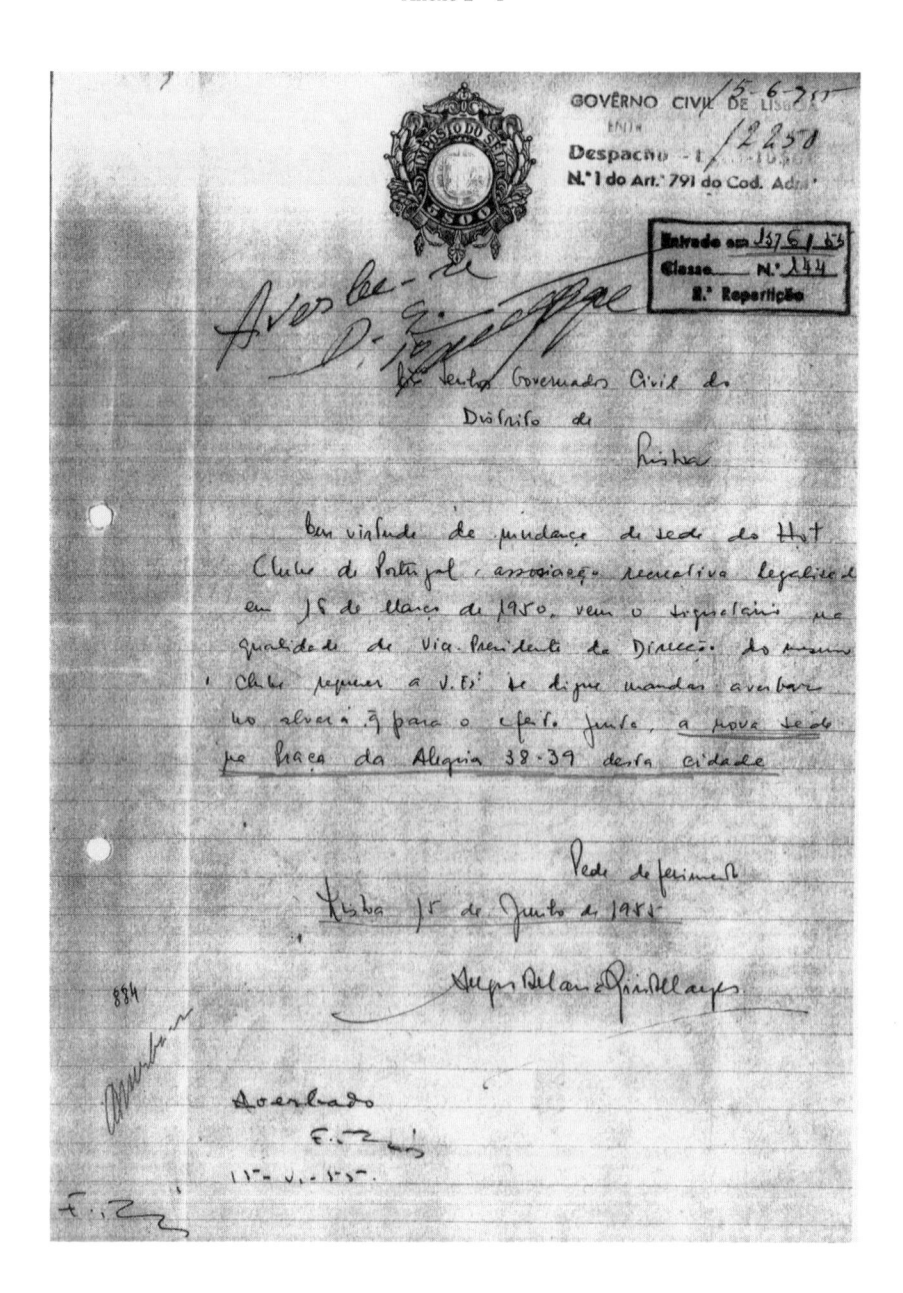

Anexo 2 – G

HOT-CLUBE DE PORTUGAL
FUNDADO POR ALVARÁ DE 16/3/950

38 - PRAÇA DA ALEGRIA - 39
TELEFONE............... LISBOA

VISTO
Lx.ª ....
O Governador Civil

LISBOA, 17 de Dezembro de 1955

Exmº. Senhor
Governador Civil de Lisboa
Rua Capêlo
L I S B O A

Exmº. Senhor:

Pela presente temos a honra de informar V. Exª. de
que no próximo dia 19 do corrente, pelas 21 horas, se realiza na
séde deste Clube a Assembleia Geral Ordinária com a seguinte ordem
de trabalhos:

1º. Eleição dos Corpos Gerentes para o ano de 1956

2º. Aprovação do orçamento para o mesmo ano.

A sessão terminará antes das 24 horas.

Com os protestos da maior consideração, subscrevemo-nos,

De V. Exª.
Atentamente
pelo CONSELHO DIRECTIVO

Nuno Negrão - Secretário

 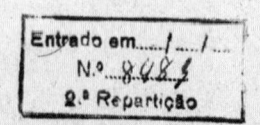

HOT-CLUBE DE PORTUGAL

FUNDADO POR ALVARÁ DE 16/3/950

38 - PRAÇA DA ALEGRIA - 39
TELEFONE 367369   LISBOA

LISBOA, 14 de Dezembro de 19 56

Exm.º Senhor Governador Civil de Lisboa

Para os devidos efeitos legais se comunica a V.Ex.ª
que no próximo dia 17, às 21 horas, se realiza na séde deste
Clube, Assembleia Geral ordinária com a seguinte ordem de
trabalhos:

1º - Eleição de Corpos Gerentes para o ano de 1957

2º - Aprovação do orçamento para o mesmo ano.

A sessão terminará antes das 24 horas.

Com os protestos da maior consideração, subscrevemo-
nos

De V.Ex.ª

Atenciosamente

pelo Conselho Directivo

Fernando Pelayo - tésoureiro

250

ANEXO 3 – Subscritores dos Estatutos de 1946

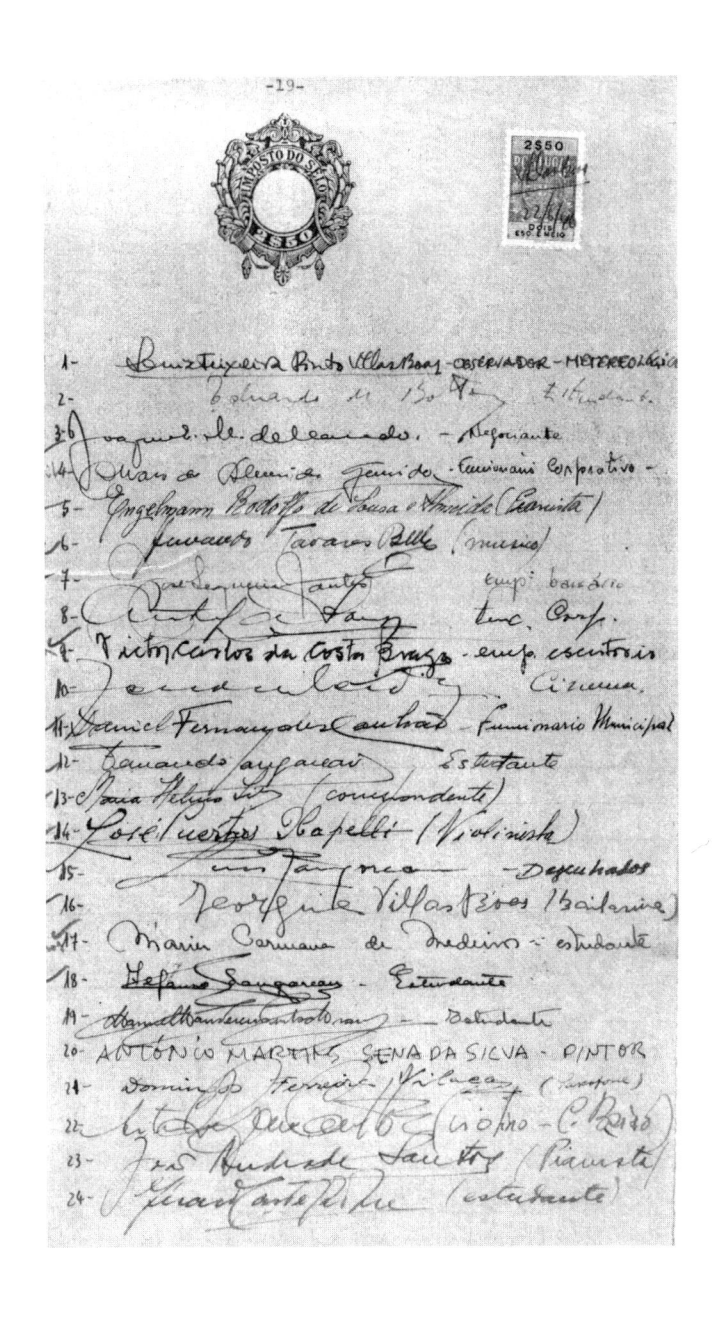

Transcrição das Assinaturas dos Subscritores dos Estatutos de 1946

1. Luiz Teixeira Pinto Villas-Boas – *observador meteorológico*

2. Eduardo de ————— * – *estudante*

3. Joaquim de ————— * – *negociante*

4. Álvaro de Almeida Garrido – *funcionário corporativo*

5. Engelman Rodolfo de Sousa e Almeida – *pianista*

6. Fernando Tavares Bello – *músico*

7. José Sequeira Santos – *empregado bancário*

8. António ————— * – *funcionário corporativo*

9. Victor Carlos da Costa Braga – *empregado de escritório*

10. Fernando Leitão – *cineasta*

11. Daniel Fernandes Canhão – *funcionário municipal*

12. Fernando Sangareau – *estudante*

13. Maria Helena Silva – *correspondente*

14. José Puertas Rapelli – *violinista*

15. Luís ————————— * – *desenhador*

16. Georgina Villas-Boas – *bailarina*

17. Maria Germana de Medeiros – *estudante*

18. Alfonso Sangareau – *estudante*

19. Manuel ————— * – *estudante*

20. António Martins Sena da Silva – *Silva*

21. Domingos Ferreira Vilaça – *saxofonista*

22. Rafael Couto – *violinista e contrabaixista*

23. João Andrade Santos – *pianista*

24. Gérard Castello Lopes – *estudante*

---

* Assinatura elegível.

25- Manuel de *Figueiredo Egrejas* — *Desembargador*
Carlos José da Conceição Pinto - Estudante
27- *Manuel Mariano - Estudante*
28- *Armº B. Alcane de Portugal - Meteorologist*
29- *Antonio Tavares de Sousa - Estudante*
30- *Elvie Mary Gibson - Secretary*
31- *Freitas da Silva - Estudante*
32- *Lúcio Ferreira - Desembargador*
33- *Horacio Paulo Rey Colaço Moreno - estudante*
34- *Rosário J. Pimenta de Castro do Rego - estudante*
35- *Octávio H. do Jogle - Emp. esc.*
Artur Brandão Ruj Machado de Oliveira Prado - Bateria
37- *osé Martins Esteves Graça - Troub. a C. Baixo*
38- *António Marques Dias - Sax Tenor*
39- *Fernando Carvalho Pires d'Albuquerque (Trompete)*
40- *MANUEL FILIPE COTA ABRANCHES (estudante)*
41- *João Abel Carneiro de Moura Manta - estudante*
42- *Laurentino Nunes Santos, estudante.*
43- *Luiz Filipe d'França - Estudante*
44- *Manuel Abranches Martins, estudante*
45- *Carlos dos Santos Duarte - Estudante*
46- *Ladimir Bueno P. Adagesji - Estudante*
47- *Mário João Bueno Nunes — estudante e bica*
48- *Anna Maria Trael - C. C. M.*

25. Manuel de Azevedo Egreja – *desenhador*

26. Carlos José da Conceição Vieira – *estudante*

27. Manuel Menano – *estudante*

28. José Blanc de Portugal – *meteorologista*

29. António Tomé ——————— * – *estudante*

30. Elvie Mary Allen – *secretária*

31. F. Freitas da Silva – *estudante*

32. Eurico Ferreira – *desenhador*

33. Horácio Paulo Rey Colaço Menano – *estudante*

34. ——————— * Pimenta de Castro do Rego – *estudante*

35. Octávio L. da Costa – *empregado de escritório*

36. Artur Brandão Machado de Oliveira P. – *bateria*

37. José Martins Esteves Graça – *trombonista e contrabaixista*

38. António Marques Dias – *saxofonista-tenor*

39. Fernando Camilo Reis de Albuquerque – *trompete*

40. Manuel Filipe Costa Rodrigues – *estudante*

41. João Abel Carneiro de Moura Manta – *estudante*

42. Laurentina Nunes Santos – *estudante*

43. ——————— * da Graça – *estudante*

44. Manuel Abranches Martins – *estudante*

45. Carlos dos Santos Duarte – *estudante*

46. J. M. Pereira Pinto Granja – *estudante*

47. Mário João Pereira Freitas – *estudante e pianista*

48. ——————————— * – *c.c.m.*

---

* Assinatura elegível.

Exª Snr. Governador do Distrito de Lisboa

A Comissão Organizadora do Hot Clube de
Portugal, tem a honra de submeter à apreciação
de V.Eª os estatutos daquêle Clube, com Secretaria
Provisória para expediente na Calçada Marquês de
Tancos, 16/2º/E. em Lisboa, por que pretende
reger-se para o que requere a necessária aprovação.

Lisboa, 17 de Janeiro de 1947

Pela Comissão Organizadora,

255

ANEXO 5 – Carta do Governador Civil de Lisboa, Nuno de Brion,
de 29 de Janeiro de 1947, com os estatutos do HCP,
enviada ao Subsecretário de Estado das Corporações e Previdência Social

239/B

Senhor Sub-Secretário de Estado das Corporações
e Previdência Social

L I S B O A

Excelência:

    Tenho a honra de submeter à superior conside-
ração de V. Exceleência os inclusos estatutos de uma
Associação que pretende legalizar a sua existência
sôb a designação de "Hot Clube de Portugal", composta por artistas no género músical, para os fins consignados nos referidos estatutos e no documento que se
junta por cópia.
    Com os protestos de elevada consideração.

A bem da Nação

Lisboa, 29 de Janeiro de 1947

    O GOVERNADOR CIVIL,

Nuno de Brion
Cap. de Mar e Guerra

256

Exº Snr Governador Civil do Distrito de Lisboa

[carimbo/notas manuscritas]

Tendo sido entregues em 24 de Janeiro
do corrente ano, uns estatutos de um
Clube de amadores de música "Hot Club
de Portugal", para efeitos de aprovação
e não tendo até à data tido
qualquer despacho, venho solicitar
a V Eª se digne informar a situação
em que se encontra o assunto.
Tendo-me informado junto do
Subsecretariado das Corporações sobre
se já teria sido dada qualquer
resposta ao ofício nº 9293/13 de 29/1/1947,
que sujeitou os referidos estatutos àquela
entidade, foi-me dito que o assunto
já tinha seguido para o Govêrno Civil.
Muito grato ficaríamos a V Eª

pelo interêsse sôbre êste caso, que
interessa a numerosos fanturos sócios
daquela agremiação.

Lisboa, 16 de Setembro de 1945
Pela Comissão,
Luís Villas-Boas
aspirante da art.

ANEXO 7 – Carta de Mário Madeira, Governador Civil de Lisboa,
ao Subsecretário de Estado das Corporações e Previdência Social,
de 18 de Setembro de 1947

15-45/B

Senhor Subsecretário de Estado das Corporações

e Previdência Social

Excelência :   Lisboa

Como não se encontra junta ao processo de legalização, referente ao "Hot Club do Portugal", qualquer
resposta de V.Exa. ao meu ofício nº. 339/B, de 29 de Janeiro findo, rogo a V.Exa., para satisfação dos interessados, o favor de informar o que tiver por conveniente ácêrca
do assunto.

Com os protestos de elevada consideração.

A bem da Nação

Lisboa, 18 de Setembro de 1947

O GOVERNADOR CIVIL,

Mário Madeira

S. R.

PRESIDÊNCIA DO CONSELHO

GABINETE DO SUB-SECRETÁRIO DE
ESTADO DAS CORPORAÇÕES E PREVIDÊNCIA SOCIAL

Entrado em 7/10/948
Classe 7 N. 2015
2.ª Repartição

Nº. 1023/48
ML/GL.

Exm.º Senhor
Governador Civil de

L i s b o a

Em obediência ao superiormente determinado, tenho a honra de, seguidamente, transcrever o despacho exarado por Sua Excelência o Subsecretário de Estado das Corporações e Previdência Social sobre o ofício de V. Ex.ª nº. 1545/B, de 18 de Setembro de 1947:

"Não tem o Subsecretariado de Estado das Corporações que opor à criação do "Hot Club de Portugal".

A associação apresenta-se, nos termos dos Estatutos, com fins meramente culturais e não se propõe objectivos de representação profissional, pelo que não se levanta qualquer problema que se relacione com a organica corporativa.

Comunique-se ao Sr. Governador Civil de Lisboa. 6.X.48

a) A. de Castro Fernandes"

Apresento a V. Ex.ª os meus melhores cumprimentos.

A BEM DA NAÇÃO

LISBOA, 6 DE OUTUBRO DE 1948

O SECRETÁRIO,

ANEXO 9 – Carta do Governador Civil Mário Madeira,
enviada ao Ministro da Educação Nacional, Fernando Andrade Pires de Lima,
de 15 de Outubro de 1948

Sr. Ministro da Educação Nacional

C/1944

Excelência:

Tenho a honra de submeter à superior considera
ção de V. Ex². os inclusos estatutos de uma Associação
que pretende legalizar a sua existência sob a designação de "HOT CLUBE DE PORTUGAL", composta por artistas
no género musical, para os fins consignados nos referi
dos estatutos e no documento que se junta por cópia.

Com os meus respeitosos cumprimentos, apresent
a V. Ex². os protestos da minha maior consideração.

A bem da Nação
Lisboa, 15 de Outubro de 1948

O GOVERNADOR CIVIL,

Mário Madeira

261

ð. 🛡 ñ.

Ministério da Educação Nacional

Secretaria Geral

L.° 37......

Proc.° 41/124......

N.° 126......

Entrado em 2/ / 19̸ᵒ
Classe ...... N.° 348
2.ª Repartição

arquivo

2́ JAN 1950

Exmª. Senhor Governador Civil de

L I S B O A

Em referência ao ofício C/1944, de 15 de Outubro do a
findo, tenho a honra de comunicar a V. Exª. que, por despach
de 16 do corrente, Sua Excelência o Subsecretário de Estado
Educação Nacional homologou o parecer do Conselho Permanente
da Acção Educativa de que o "Hot Club de Portugal", como ins
tituição Cultural, educativa e artística, não mereceu aprovação.

Mais comunico a V. Exª. que o Senhor Presidente da Ju
ta Nacional da Educação chama a atenção para o preceituado n
parte final da alínea a) do nº. 5 do artº. 2º. do Estatuto d
Ensino Particular (8 de Setembro de 1949).

A bem da Nação

Secretaria-Geral, em 19 de Janeiro de 1950

O SECRETÁRIO-GERAL,

HCP

HOT CLUB DE PORTUGAL

(Em organização)

SECRETARIA PROVISÓRIA PARA EXPEDIENTE:

C. MARQUÊS DE TANCOS, 16-2.° E. – LISBOA

Telefone 3 2033

PROPOSTA PARA SÓCIO

Nome *Luiz Teixeira Pinto Villas Boas*

Data do nascimento *26 de março de 1924* Idade *23* (1)

Natural de *Lisboa*

Morada *C. Marquês de Tancos, 16/2º/E.*

Profissão *Observador Meteorológico do J.M.N.*

Local onde cobrar as cotas *em casa*

Toca algum instrumento? —

Faz parte de alguma orquestra? —

Sócio proponente N.° — Proposto

Fundador *Luiz Villas Boas*

(1) Menores de 16 anos autorização dos pais no verso desta proposta.

(Juntar 2 fotografias)

Apresentado em sessão da Direcção de *19* de *Março* de 194 *8*

sendo aprovado como sócio *efectivo* registado com o n.° *1*

O SECRETÁRIO   O PRESIDENTE

a) ....   a) ....

263

ESTATUTOS DO HOT CLUB DE PORTUGAL

Capitulo I - DENOMINAÇÃO, SEDE, NATUREZA E FINS

Art. 1º - Atendendo a que a musica de Jazz é um processo de execução musical já hoje muito apreciado, se organiza na cidade de Lisboa, uma instituição particular, de caracter colectivo, de duração indefenida, de finalidade recreativa constituida por individuos em numero ilimitado, de ambos os sexos, e tambem delegações na provincia, que se denominará: "HOT CLUB DE PORTUGAL"

Art. 2º O Hot Club de Portugal --H.C.P-- terá sempre a sua sede na capital do imperio português, data a sua fundação de um de Janeiro de 1950 e passará a reger-se por estes estatutos e pelos regulamentos que neles baseados venham a constituir a sua aclaração e complemento com aprovação em assembleia geral.

§ UNICO: O H.C.P. adopta: primeiro, como legenda "DIVULGAÇÃO DA MUSICA DE JAZZ". Segundo: como emblema: o modelo junto. Terceiro: como bilhete de identidade: o modelo a aprovar pelo Ministerio do Interior.

Art. 3º O H.C.P. terá por finalidade: 1- Divulgar esta tecnica musical, por meio de palestras, emissões radiofonicas, e concertos directos ou com discos. 2- Fomentar o inter-cambio com instituições similares, tanto nacionais como estrangeiras 3- Realizar festas, passeios ou quaisquer outras manifestações de aspecto recreativo. 4- Organisar biblioteca e distoteca da

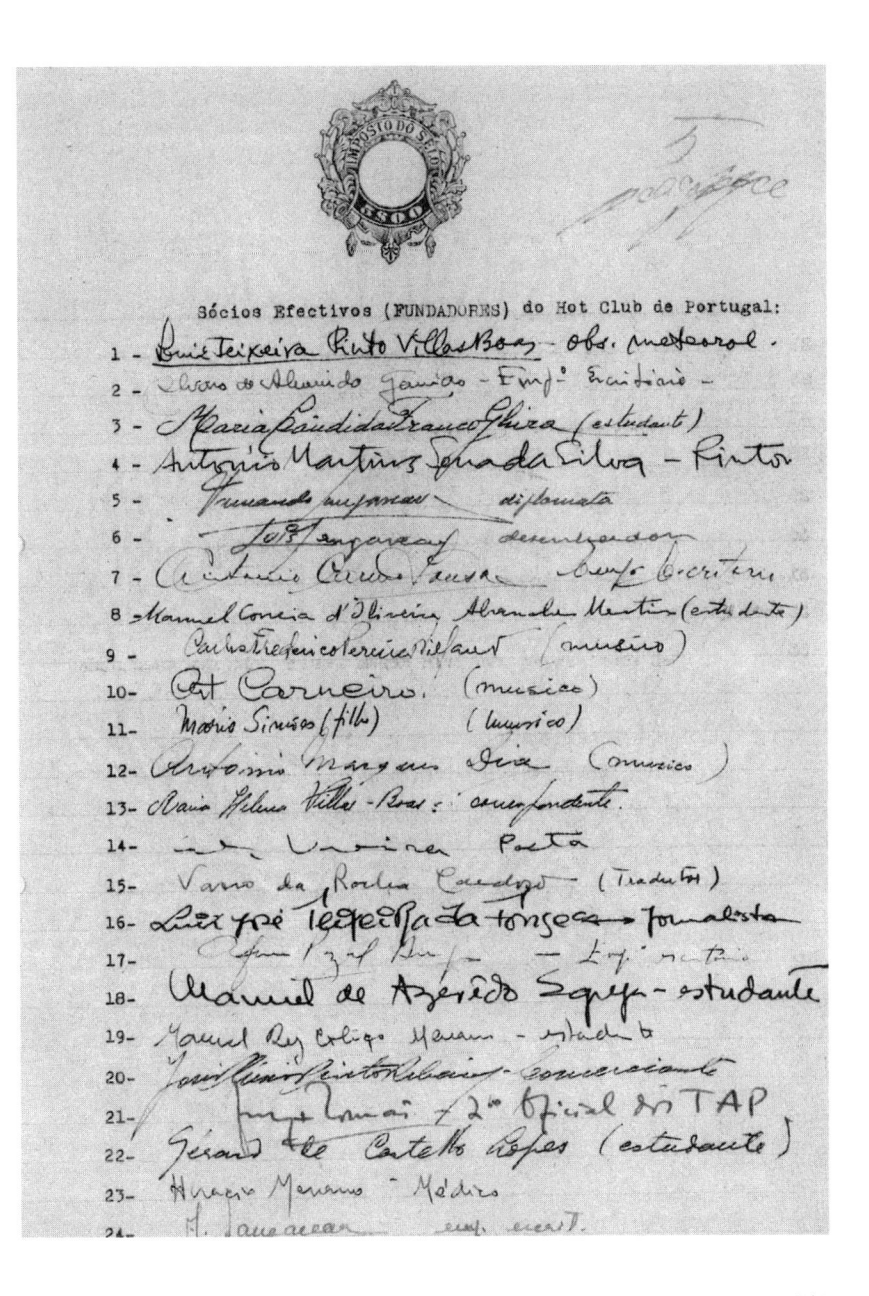

Sócios Efectivos (FUNDADORES) do Hot Club de Portugal:

1 - Luís Teixeira Pinto Villas Boas - obs. meteorol.
2 - Alvaro de Almeida Gamito - Emp.º Escritário -
3 - Maria Cândida Franco Chira (estudante)
4 - António Martins Spada Silva - Pintor
5 - Fernando Lejarraz - diplomata
6 - José Ferjazeau desenzador
7 - António Oudec Sousa bicep.º Escritário
8 - Manuel Correia d'Oliveira Alvarde Martins (estudante)
9 - Carlos Frederico Pereira Villaret (músico)
10 - Art Carneiro (músico)
11 - Mário Simões (filho) (músico)
12 - António Morgan Dix (músico)
13 - Maria Helena Villas-Boas: correspondente.
14 - Luís Vieira Poeta
15 - Vasco da Rocha Cardozo (Tradutor)
16 - Luiz José Teixeira da Longa - Jornalista
17 - Jean Yzal Dupla - Emp.º no Rio
18 - Manuel de Azeredo Squef - estudante
19 - Manuel Rey Colaço Merem - estudante
20 - José Almiro Pinto Ribeiro - Comerciante
21 - Jorge Tomaz - 2º Oficial da TAP
22 - Gérard de Castello Lopes (estudante)
23 - Hygino Merem - Médico
24 - H. Jawachan emp. escrit.

1. Luiz Teixeira Pinto Villas-Boas – *observador meteorológico*

2. Álvaro de Almeida Garrido – *empregado de escritório*

3. Maria Cândida Franco Ghira – *estudante*

4. António Martins Sena da Silva – *Silva*

5. Fernando Sangareau – *diplomata*

6. Luís Sangareau – *desenhador*

7. António Carmo ——————— * – *empregado de escritório*

8. Manuel Correira d'Oliveira Abranches Martins – *estudante*

9. Carlos Frederico Pereira Villaret – *músico*

10. Art Carneiro – *músico*

11. Mário Simões (filho) – *músico*

12. António Marques Dias – *músico*

13. Maria Helena Villas-Boas – *correspondente*

14. ——————————— * – *poeta*

15. Vasco da Rocha Cardoso – *tradutor*

16. Luiz José Teixeira da Fonseca – *jornalista*

17. Afonso Pozal Domingues – *empregado de escritório*

18. Manuel de Azevedo Egreja – *estudante*

19. Manuel Rey Colaço Menano – *estudante*

20. José Pinto Ribeiro – *Comerciante*

21. Jorge Tomás – *2.º Oficial dos T.A.P.*

22. Gérard de Castello Lopes – *estudante*

23. Horácio Paulo Rey Colaço Menano – *médico*

24. Alfonso Sangareau – *empregado de escritório*

———————————

* Assinatura elegível.

25. ——————————————— * – *músico*

26. Fernando Camilo Reis de Albuquerque – *músico*

27. José Martins Esteves Graça – *músico*

28. Fernando Tavares Bello – *músico*

29. Domingos Ferreira Vilaça – *músico*

30. Artur Brandão Machado de Oliveira Pinto – *músico*

31. Manuel Filipe Costa Rodrigues – *gerente comercial*

32. José Pedro Teixeira da Fonseca – *estudante*

33. Nuno San Payo – *Pintor*

---

* Assinatura elegível.

ANEXO 14 – Carta de Luiz Villas-Boas apresentando os novos estatutos ao Governador Civil de Lisboa de 6 de Fevereiro de 1950

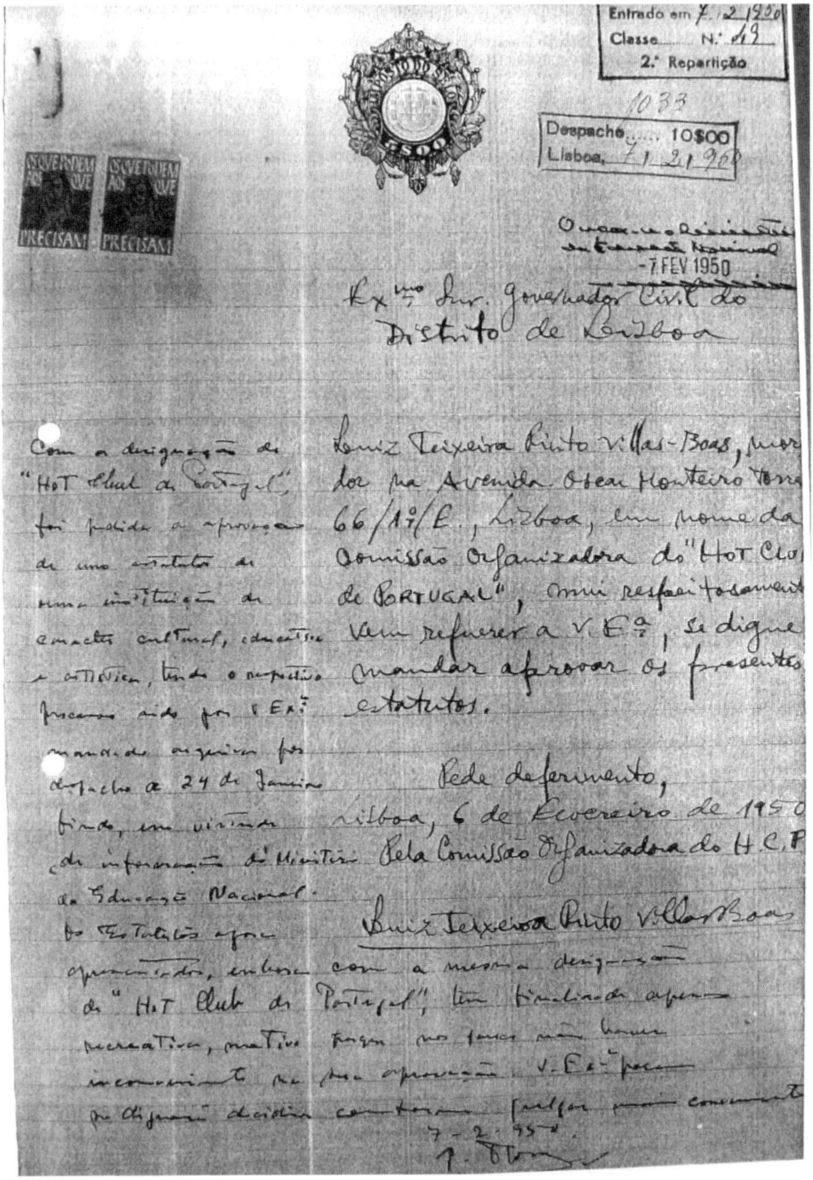

Entrado em 7/2/1950
Classe ..... N.º 49
2.ª Repartição

1033

Despacho ..... 10$00
Lisboa, 7/2/950

-7 FEV 1950

Ex.mo Snr. Governador Civil do Distrito de Lisboa

Luiz Teixeira Pinto Villas-Boas, morador na Avenida Oscar Monteiro Torres 66/1º/E., Lisboa, em nome da Comissão Organizadora do "Hot Club de Portugal", mui respeitosamente vem requerer a V. Ex.ª, se digne mandar aprovar os presentes estatutos.

Pede deferimento,

Lisboa, 6 de Fevereiro de 1950

Pela Comissão Organizadora do H.C.P.

Luiz Teixeira Pinto Villas-Boas

Com a designação de "Hot Club de Portugal", foi pedida a aprovação de uns estatutos de uma instituição de carácter cultural, educativo e artístico, tendo o respectivo processo sido por V. Ex.ª mandado arquivar por despacho de 24 de Janeiro findo, em virtude da informação do Ministério da Educação Nacional. Os Estatutos agora apresentados, embora com a mesma designação de "Hot Club de Portugal", têm finalidade apenas recreativa, motivo porque nos parece não haver inconveniente na sua aprovação. V. Ex.ª porém se dignará decidir conforme julgar mais conveniente.

7-2-950.

S. R.

Ministério da Educação Nacional

Secretaria Geral

L.º ....

Proc.º ....

N.º ....

CÓPIA

PARECER

Em sua sessão de 9 de Janeiro último, foi este Conselho de parecer que o "Hot Club de Portugal", que se propunh
ter "finalidade cultural, educativa e artistica", não mereci
a aprovação do Ministério da Educação Nacional.

Este parecer foi homologado por despacho ministerial
16 do mesmo mês.

O "Hot Club de Portugal", agora com outros estatutos,
propondo-se desenvolver apenas "finalidade recreativa", vol
ta de novo à apreciação do C.P.A.E., por despacho de Sua Excelência o Subsecretário de Estado, de 13 do corrente mês.

Mas, como o "Hot Club de Portugal" já não tem finalid
de cultural, educativa e artistica, deixa de haver objecto s
bre o qual haja de pronunciar-se o Conselho Permanente da A
ção Educativa.

Nestos termos:

São os do C.P.A.E. de parecer que o processo seja dev
vido ao Governo Civil de Lisboa para resolução de quem de di
reito.

Sala do Conselho Permanente da Acção Educativa, 27 de
Fevereiro de 1950. a) Manuel Cristiano de Sousa.

Secretaria-Geral, em 3 de Março de 1950.

O CHEFE DA SECRETARIA-GERAL,

CÓPIA DO ALVARÁ N.° 12 / 19 50

Faço saber, como Governador Civil do Distrito Administrativo de Lisboa, que, nos termos do n°. 8°. do artigo 407° do Código Administrativo aprovo, para os devidos efeitos os Estatutos da associação recreativa denominada "HOT CLUB DE PORTUGAL", dactilografados em cinco meias fôlhas de papel selado, contendo trinta e três assinaturas dos seus associados e que, autenticados com o selo branco em uso nesta Secretaria e rubricados pelo Secretário dêste Governo Civil, ficam fazendo parte integrante do presente Alvará.--

-------Esta Associação terá a sua séde em Lisboa e não lhe é permitido envolver-se na discussão de matéria alheia aos fins para que foi constituida, ficando sujeita às faculdades de inspecção nos termos da lei.-------

-------Pagou um escudo de imposto especial para o "FUNDO DE BENEFICENCIA DE ALIENADOS", por lei de 4 de Julho de 1889, conforme documento que fica junto ao processo.-------

-------Pagou ainda a quantia de duzentos e cincoenta escudos de selos fiscais da Tabela Geral do Imposto do Selo, colados neste Alvará; vinte e seis escudos e cincoenta centavos também de sêlos fiscais colados no respectivo Livro de registo, e mais vinte e cinco escudos em dinheiro, ambas estas importâncias de emolumentos da Tabela aprovada pelo Decreto n° 14:027.----

Govêrno Civil de Lisboa, em 16 de Março de 1950
O GOVERNADOR CIVIL,

HOT CLUBE DE PORTUGAL

Circular 15/7/953

Confidencial

Presado Consócio

A Direcção do H. C. P. tem a honra de lhe comunicar que terá lugar no dia 27 de Julho (2ª. feira), pelas 18 horas, no Cinema Condes, o "I FESTIVAL DE MUSICA MODERNA", cujo programa vái junto.

Desnecessário se torna salientar o esforço que êste empreendimento representa, que só um concurso de boas vontades, tanto da Empresa do Cinema Condes, como dos artistas que vão tomar parte nesse FESTIVAL, tornou possivel.

Esta realização , que representa uma ambição de longa data do nosso Clube, reveste-se de grande significado, pois com ela esperamos resolver problemas financeiros que de há muito vêm preocupando as várias Direcções do nosso Clube e que neste momento tomaram um carácter de certa gravidade (cerca de 10.000$00 a liquidar êste mês).

No entanto, podemos afirmar que, se esgotarmos a lotação do "Condes", o que é relativamente fácil, com o vosso apoio, pois são pouco mais de 900 lugares, o Clube entrará finalmente numa nova fase, completamente distinta das anteriores, com a inauguração duma nova Séde, um boletim, discos, revistas, etc.

Se esta nossa tentativa falhar, nada mais nos restará fazer, pois sinceramente confessamos ter esgotado todos os recursos de que dispunhamos para o êxito da causa do Jazz em Portugal.

Sendo esta a verdadeira situação do Clube, não quizemos, como aliás era nosso dever, deixar de, honesta e sinceramente, dela dar conhecimento a todos os amigos que nos têm acompanhado até hoje, através de inumeras dificuldades.

Por êsse motivo, julgámos desnecessário enviar quaisquer bilhetes, como tinhamos feito anteriormente, para vos evitar embaraços, convictos de que conscientes da presente situação do Clube, não deixarão certamente de procurar vender o maior número de bilhetes para este acontecimento que certamente vái ser o "I FESTIVAL DE MUSICA MODERNA".

No entanto, contamos que durante esta semana ou na próxima, um dos nossos directores vos visitará, para facilitar a vossa aquisição de bilhetes, que todavia poderão desde já adquirir na Bilheteira do "Cinema Condes" ou na "Agencia de Bilhetes e Espectáculos" (A.B.E.P.) nos Restauradores.

Assim, pelos seus próprios recursos e prestigio, contràriamente ao que é prática corrente em certos clubes que em situações identicas recorrem à caridade dos Sócios, esperamos resolver o problema número um (e de sempre), nêste momento decisivo da vida do HOT CLUBE DE PORTUGAL, para que êste possa vir em breve, a usufruir do desafogo e prestigio que merece, afim de poder finalmente divulgar em Portugal a "verdadeira musica de Jazz"...

A DIRECÇÃO

ANEXO 18 – Corpos Gerentes do HCP de 1951 a 1960

1951 – Eleição de 25/06/1951

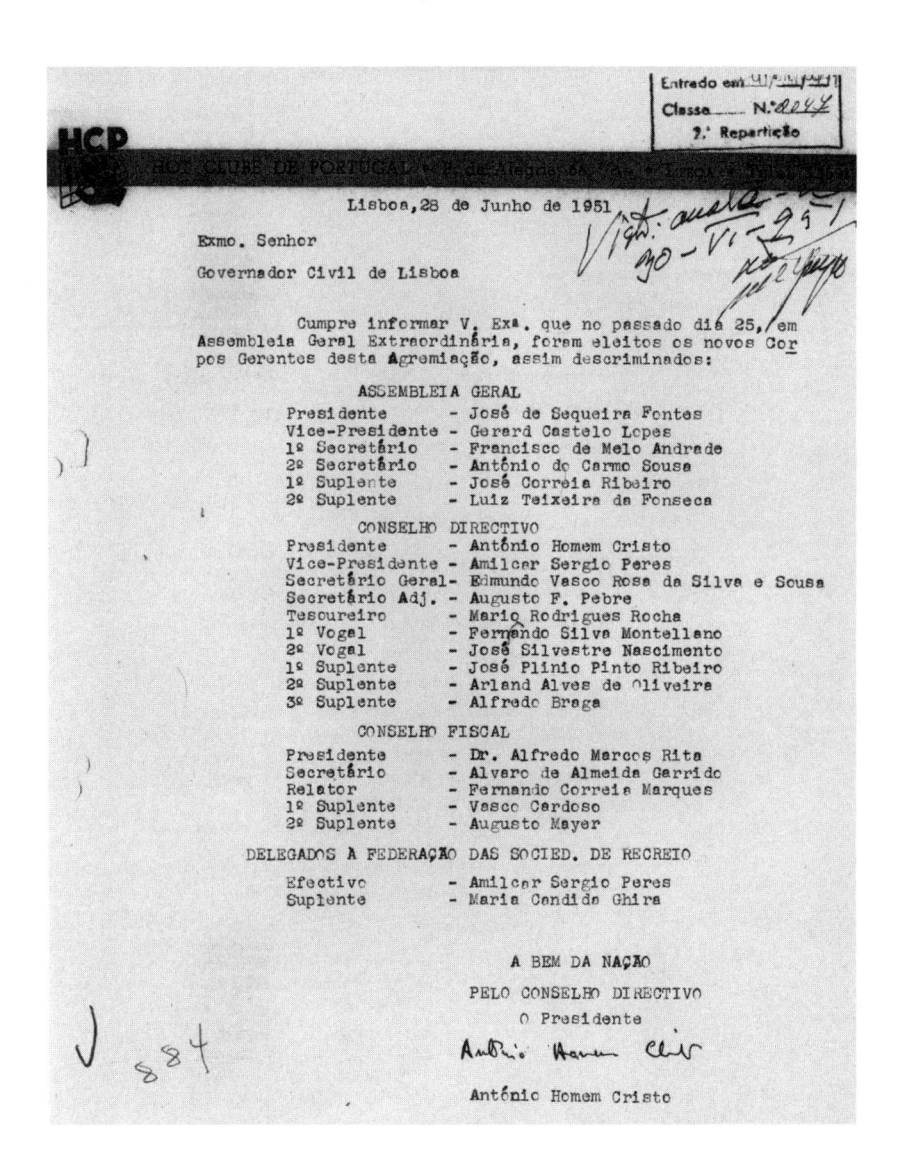

Entrado em ...
Classe ___ N.º ...
2.ª Repartição

HOT CLUBE DE PORTUGAL – R. de Alegria 6A – Lisboa

Lisboa, 28 de Junho de 1951

Exmo. Senhor

Governador Civil de Lisboa

          Cumpre informar V. Exª. que no passado diá 25, em
Assembleia Geral Extraordinária, foram eleitos os novos Cor
pos Gerentes desta Agremiação, assim descriminados:

                    ASSEMBLEIA GERAL
          Presidente   - José de Sequeira Fontes
          Vice-Presidente - Gerard Castelo Lopes
          1º Secretário   - Francisco de Melo Andrade
          2º Secretário   - António do Carmo Sousa
          1º Suplente   - José Correia Ribeiro
          2º Suplente   - Luiz Teixeira da Fonseca

                    CONSELHO DIRECTIVO
          Presidente   - António Homem Cristo
          Vice-Presidente - Amilcar Sergio Peres
          Secretário Geral- Edmundo Vasco Rosa da Silva e Sousa
          Secretário Adj. - Augusto F. Pebre
          Tesoureiro   - Mario Rodrigues Rocha
          1º Vogal   - Fernando Silva Montellano
          2º Vogal   - José Silvestre Nascimento
          1º Suplente   - José Plinio Pinto Ribeiro
          2º Suplente   - Arland Alves de Oliveira
          3º Suplente   - Alfredo Braga

                    CONSELHO FISCAL
          Presidente   - Dr. Alfredo Marcos Rita
          Secretário   - Alvaro de Almeida Garrido
          Relator   - Fernando Correia Marques
          1º Suplente   - Vasco Cardoso
          2º Suplente   - Augusto Mayer

     DELEGADOS À FEDERAÇÃO DAS SOCIED. DE RECREIO

          Efectivo   - Amilcar Sergio Peres
          Suplente   - Maria Candida Ghira

                         A BEM DA NAÇÃO

                    PELO CONSELHO DIRECTIVO
                         O Presidente

                    António Homem Cristo

273

HCP

Entrado em 15 DEZ 1951
Classe ___ N.º 40 54
2.ª Repartição

Lisboa, 8 de Dezembro de 1951

Exmo. Senhor
Governador Civil de Lisboa

15 DEZ 1951

Cumpre informar V. Exª, que no passado dia 7, em Assembleia Geral Ordinária, foram eleitos os novos Corpos Gerentes desta Agremiação para o ano de 1952, assim descriminados:

ASSEMBLEIA GERAL

Presidente   - José Sequeira Fontes
Vice Presidente- António Homem Cristo
1º Secretário - Francisco de Melo e Andrade
2º Secretário - António do Carmo Sousa

CONSELHO DIRECTIVO

Presidente   - Vasco da Rocha Cardoso
Vice Presidente- Engº Alfredo P. da C. Braga
Secretário Geral Edmundo Vasco Rosa da S. e Sousa
Secretário Adj. - José Silvestre do Nascimento
Tesoureiro   - Augusto Francisco Pabre
1º Vogal   - Luiz Filipe Mourão
2º Vogal   - Afonso E. M. Pozal Domingues
1º Suplente   - Augusto Mayer
2º Suplente   - José Plinio P. Ribeiro
3º Suplente   - José Correia Ribeiro

CONSELHO FISCAL

Presidente   - Dr. Alfredo Marcos Mita
Secretário   - Alvaro de Almeida Garrido
Relator   - António G. dos Santos Moura
1º Suplente   - Pedro Telhado
2º Suplente   - Nuno Alfredo M. Negrão

884

274

DELEGADOS À FEDERAÇÃO DAS SOC. E RECREIO

Efedtivo - Maria Candida Ghira
Suplente - Luiz António Arnedo

A BEM DA NAÇÃO

Pelo CONSELHO DIRECTIVO

O Secretário Geral

Edmundo Vasco Rosa da Silva e Sousa

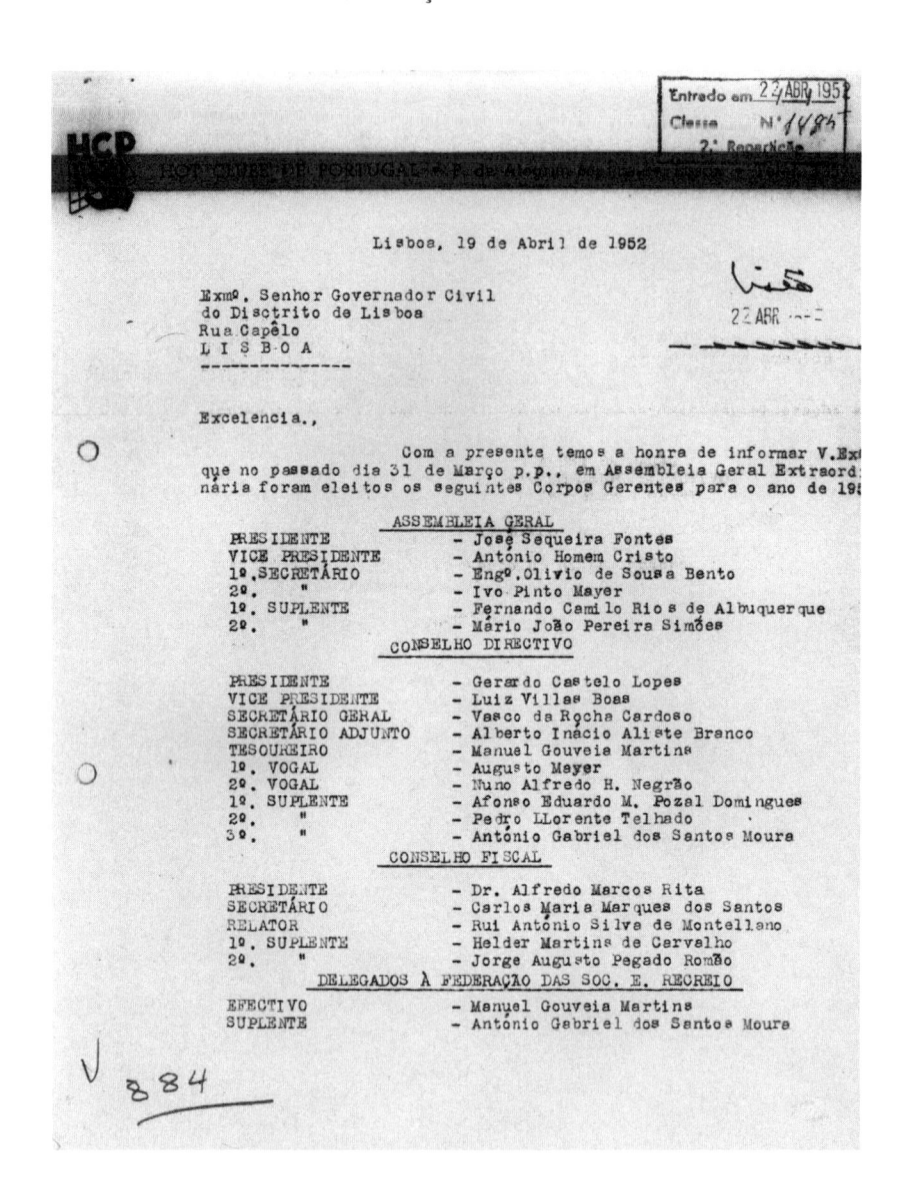

Lisboa, 19 de Abril de 1952

Exmº. Senhor Governador Civil
do Distrito de Lisboa
Rua Capêlo
L I S B O A

Excelencia.,

        Com a presente temos a honra de informar V.Ex
que no passado dia 31 de Março p.p., em Assembleia Geral Extraord
nária foram eleitos os seguintes Corpos Gerentes para o ano de 195

ASSEMBLEIA GERAL

PRESIDENTE	– José Sequeira Fontes
VICE PRESIDENTE	– Antonio Homem Cristo
1º.SECRETÁRIO	– Engº.Olivio de Sousa Bento
2º. "	– Ivo Pinto Mayer
1º. SUPLENTE	– Fernando Camilo Rios de Albuquerque
2º. "	– Mário João Pereira Simões

CONSELHO DIRECTIVO

PRESIDENTE	– Gerardo Castelo Lopes
VICE PRESIDENTE	– Luiz Villas Boas
SECRETÁRIO GERAL	– Vasco da Rocha Cardoso
SECRETÁRIO ADJUNTO	– Alberto Inácio Aliste Branco
TESOUREIRO	– Manuel Gouveia Martins
1º. VOGAL	– Augusto Mayer
2º. VOGAL	– Nuno Alfredo H. Negrão
1º. SUPLENTE	– Afonso Eduardo M. Pozal Domingues
2º. "	– Pedro Llorente Telhado
3º. "	– António Gabriel dos Santos Moura

CONSELHO FISCAL

PRESIDENTE	– Dr. Alfredo Marcos Rita
SECRETÁRIO	– Carlos Maria Marques dos Santos
RELATOR	– Rui António Silva de Montellano
1º. SUPLENTE	– Helder Martins de Carvalho
2º. "	– Jorge Augusto Pegado Romão

DELEGADOS À FEDERAÇÃO DAS SOC. E. RECREIO

EFECTIVO	– Manuel Gouveia Martins
SUPLENTE	– António Gabriel dos Santos Moura

1953 – Eleição de 21/12/1952

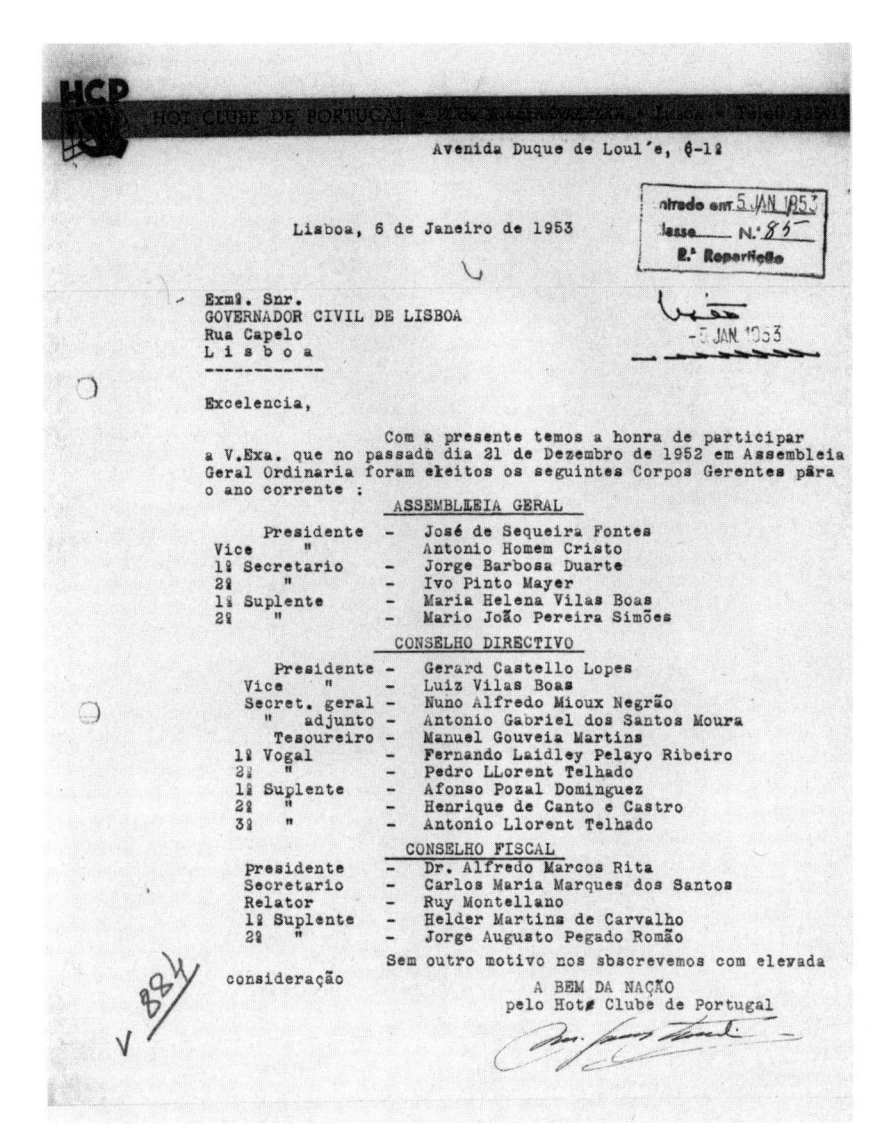

HCP
HOT CLUBE DE PORTUGAL

Avenida Duque de Loul´e, 8-1º

Lisboa, 6 de Janeiro de 1953

ntrado em 5 JAN 1953
lasse____ N.º 85
2.ª Repartição

Exmº. Snr.
GOVERNADOR CIVIL DE LISBOA
Rua Capelo
L i s b o a

- 5 JAN 1953

Excelencia,

Com a presente temos a honra de participar
a V.Exa. que no passado dia 21 de Dezembro de 1952 em Assembleia
Geral Ordinaria foram eleitos os seguintes Corpos Gerentes pâra
o ano corrente :

ASSEMBLEIA GERAL

Presidente	-	José de Sequeira Fontes
Vice "		Antonio Homem Cristo
1º Secretario	-	Jorge Barbosa Duarte
2º "	-	Ivo Pinto Mayer
1ª Suplente	-	Maria Helena Vilas Boas
2º "	-	Mario João Pereira Simões

CONSELHO DIRECTIVO

Presidente	-	Gerard Castello Lopes
Vice "	-	Luiz Vilas Boas
Secret. geral	-	Nuno Alfredo Mioux Negrão
" adjunto	-	Antonio Gabriel dos Santos Moura
Tesoureiro	-	Manuel Gouveia Martins
1º Vogal	-	Fernando Laidley Pelayo Ribeiro
2º "	-	Pedro LLorent Telhado
1ª Suplente	-	Afonso Pozal Dominguez
2º "	-	Henrique de Canto e Castro
3º "	-	Antonio Llorent Telhado

CONSELHO FISCAL

Presidente	-	Dr. Alfredo Marcos Rita
Secretario	-	Carlos Maria Marques dos Santos
Relator	-	Ruy Montellano
1º Suplente	-	Helder Martins de Carvalho
2º "	-	Jorge Augusto Pegado Romão

Sem outro motivo nos sbscrevemos com elevada
consideração

A BEM DA NAÇÃO
pelo Hot Clube de Portugal

277

1955 – Eleição de 24/01/1955

 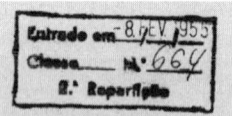

Hot-Clube de Portugal

FUNDADO POR ALVARÁ DE 16/3/950

38 - PRAÇA DA ALEGRIA - 39

TELEFONE............... LISBOA

LISBOA, 4 de Fevereiro de 1955

Exmº. Senhor
Governador Civil do Distrito de Lisboa
Rua Capelo
L I S B O A

-6 FEV 1955

Excelência:

Com a presente temos a honra de informar V. Exª.
que no passado dia 24 de Janeiro, em Assembleia Geral Ordinária,
foram eleitos os seguintes Córpos Gerentes para o ano de 1955:

ASSEMBLEIA GERAL

Presidente - António Homem Christo
Vice-Presidente - Dr. José Blanc de Portugal
1º Secretário - José Correia Ribeiro
2º Secretário - Ivo Pinto Mayer
1º Suplente - Fernando Laidley
2º Suplente - Mário Pereira Simões

CONSELHO DIRECTIVO

Presidente - Luís Villas Boas
Vice-Presidente - Augusto Pinto Mayer
Secretário - Nuno Mioux Negrão
Secretário-Adjunto - Jorge Duarte
Tesoureiro - Fernando Pelaye
1º Vogal - Pedro Llerent Telhado
2º Vogal - Raul Calado
1º Suplente - Luís Silva Araujo
2º Suplente - Henrique Viana
3º Suplente - Afonso Pezal Domingues

CONSELHO FISCAL

Presidente - Dr. Alfredo Marcos Rita
Secretário - Vítor Bandeira
Relator - António Llerent Telhado
1º Suplente - Helder Martins de Carvalho
2º Suplente - Octavio Viana

278

HOT-CLUBE DE PORTUGAL

FUNDADO POR ALVARÁ DE 16/3/950

38 - PRAÇA DA ALEGRIA - 39

TELEFONE............... LISBOA

LISBOA, 30 de Dezembro de 1955

Exmº. Senhor
Governador Civil de Lisboa
Rua Capelo
L i s b o a

Exmº. Senhor:

        Com a presente temos a honra de informar V. Exª. que no passado dia 19 do corrente, em Assembleia Geral Ordinária, foram eleitos os seguintes Corpos Gerentes para o ano de 1956:

ASSEMBLEIA GERAL

Presidente - António Homem Christo, jornalista.
Vice-Presidente - José Correia Ribeiro, proprietário.
1º. Secretário - Raul Calado, estudante.
2º. Secretário - Ivo Pinto Mayer, empregado comercial.
1º. Suplente - Gonçalo da Cruz Silva, empregado comercial.
2º. Suplente - Mário Simões, músico.

CONSELHO FISCAL

Presidente - Jorge Romão, director comercial.
Secretário - Maria Helena Villas Boas, empregada de escritório.
Relator - António LLorent Telhado, empregado de escritório.
1º. Suplente - Octávio Ramos Viana, comerciante.
2º. Suplente - Guy Brito Chaves (Vale Flor), proprietário.

CONSELHO DIRECTIVO

Presidente - Luís Villas Boas, funcionário público.
Vice-Presidente - Augusto Pinto Mayer, empregado comercial.
Secretário Geral - José de Oliveira Santos, engenheiro.
Secretário-Adjunto - Jorge Duarte, empregado de escritório.
Tesoureiro - Fernando Laydley Pelayo, funcionário público.
1º. Vogal - Nuno Negrão, empregado de escritório.
2º. Vogal - Henrique Viana, engenheiro.
1º. Suplente - Adolfo Portugal Chaskelmann, comerciante.
2º. Suplente - Carlos Pimentel Meneses, estudante.
3º. Suplente - Afonso Pozal Domingues, empregado comercial.

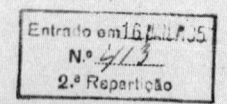

Entrado em 16 JAN 1957
N.º 413
2.ª Repartição

HOT-CLUBE DE PORTUGAL
FUNDADO POR ALVARÁ DE 16/3/950
38-PRAÇA DA ALEGRIA-39
TELEFONE................. LISBOA

LISBOA, 15 de Janeiro de 1957

Exm.º Senhor
Governador Civil de Lisboa
Rua Capelo
Lisboa

16. JAN. 1957

Exm.º Senhor:

Com a presente temos a honra de informar V. Ex.ª
que no passado dia 19 de Dezembro., em Assembleia Geral Ordinária
foram eleitos os seguintes Corpos Gerentes para o ano de 1957:

ASSEMBLEIA GERAL

Presidente - Luis Villas Boas - Empregado de escritório
Vice-Presidente - Vasco Cardoso - Empregado de escritório
1º Secretário - Ivo Mayer - Empregado Comercial
2º Secretário - Nuno Portas - Arquiteto
1º Suplente - António Sena da Silva - Arquiteto
2º Suplente - Octávio Viana - Comerciante

CONSELHO DIRECTIVO

Presidente - Fernando Laidley Ribeiro Pelayo - Funcionário Publico
Vice Presidente - Nuno Negrão - Empregado de Escritório
Secretário - Raul caiado - Estudante
Secretário Adjunto - Gonçalo Cruz Silva - Empregado de Imprensa
Tesoureiro - Artur Franco Guimarãis - Funcionário Administrativo
1º Vogal - Engenheiro Henrique Viana - Funcionário Publico
2º Vogal - Jorge Duarte - Empregado de Escritório
1º Suplente - Manuel Martins Coelho- Empregado de Escritório
2º Suplente - Augusto Mayer - Empregado Comercial
3º Suplente - Paulo Gil - Estudante

CONSELHO FISCAL

Presidente - Jorge Romão - Director Comercial
Secretário - Luis Ferreira Cardoso - Empregado de Escritório
Relator - António Telhado - Empregado de Escritório,
1º Suplente - Carlos Meneses - Estudante
2º Suplente - José Luis Tinoco - Arquiteto

A DIRECÇÃO
DO
HOT CLUBE F. P....

280

HOT-CLUBE DE PORTUGAL

FUNDADO POR ALVARÁ DE 16/3/950

38 - PRAÇA DA ALEGRIA - 39

TELEFONE   LISBOA

LISBOA, 3 de Fevereiro de 19 58

Exmº Senhor
Governador Civil de Lisboa
Rua Capelo
Lisboa

Exm. ª Senhor:
            Com a presente temos a honra de informar V.Exª
que no passado dia 23 de Dezembro de 1957, em Assembleia
Geral Ordinária, foram eleitos os seguintes Corpos Gerentes para o ano de 1958:

ASSEMBLEIA GERAL

Presidente-Vasco Cardoso,Empregado de escritório
Vice-Presidente-Alberto Graça Júnior, Comerciante.
1º Secretário-Ivo Mayer, Empregado Comercial
2º Secretário-Rui Cardoso , Estudante
1º Suplente- José Madeira Tavares, Estudante.
2º Suplente- Octávio Viana,Comerciante.

CONSELHO DIRECTIVO

Presidente -Luís Vilas Boas-Comerciante.
Vice-Presidente-Augusto Mayer,Empregado Comercial.
Secretário - Carlos Pereira ,Funcinário Público.
Secretário-Adjunto-Alfredo Cabral, Empregado no Comércio.
Tesoureiro -Fernando Laidley Pelayo, Funcionário Público.
1º Vogal-Jaime J.F.Rodrigues do Ó Lima,Empregado do Comercio.
2º Vogal- Luís Blanch ,Estudante .

281

HOT-CLUBE DE PORTUGAL
FUNDADO POR ALVARÁ DE 16/3/950
38 - PRAÇA DA ALEGRIA - 39
TELEFONE   LISBOA

LISBOA,   de   de 19

1ºSuplente- Jorge Duarte,Empregado do Comércio.
2º Suplente-Pedro Telhado ,Empregado de Escritório.
3º Suplente-Helder Martins ,Músico .

CONSELHO FISCAL

Presidente- Jorge Rolho -Director Comercial.
Secretário-Luís Cardoso ,Empregado de Escritório.
Relator-António Telhado,Empregado de Escritório.
1º Suplente-José Medina,Empregado de Escritório.
2º Suplente-João Telhado,Empregado de Escritório

DELEGADOS À FEDERAÇÃO DAS SOCIEDADES DE
EDUCAÇÃO E RECREIO

Efectivo- Helder Martins
Suplente- Alfredo Cabral.

Aproveitamos a oportunidade para apresentar a V.Exª os
protestos da nossa maior consideração e estima.

Atentamente
pelo Conselho Directivo

Carlos Pereira- Secretário.

HOT-CLUBE DE PORTUGAL

FUNDADO POR ALVARÁ DE 16/3/950

38-PRAÇA DA ALEGRIA-39

TELEFONE 367360   LISBOA

Entrado em ...... / ......
Nº 853
2.ª Repartição
VISTO
Governador Civil

LISBOA, 2º de Janeiro de 19 59

Exmo Senhor
Governador Civil do
Distrito de Lisboa
LISBOA

Exmo Senhor:

Com a presente temos a honra de informar V.Exª
que no passado dia 1º de Janeiro de 1959, em Assembleia Geral Ordinaria, foram eleitos os seguintes Corpos Gerentes para o corrente ano:

ASSEMBLEIA GERAL

Presidente-Vasco da Rocha Cardoso -comerciante
Vice-Presidente-Alberto Graça Jr.-comerciante
1º secretario-Ivo Pinto Mayer-empregado comercial
2º secretario-Rui Cardoso-estudante universitario
1º suplente-Henrique Silva e Albuquerque-estudante universitario
2º suplente-Octavio Ramos Viana-comerciante

CONSELHO DIRECTIVO

Presidente-Luiz Villas-Boas -comerciante
Vice-Presidente-José Almada Negreiros-arquiteto
Secretario-geral-Augusto Mayer-gerente comercial
Secretario adjunto-Carlos Costa Pereira-funcionario publico
Tesoureiro-Fernando Laidley Pelayo-funcionario publico
1º vogal-Manuel Veloso-assistente de producção
2º vogal-José Luiz Tinoco-arquiteto
1º suplente-Manuel Silva-estudante
2º suplente-Pedro Llorente Telhado-gerente comercial
3º suplente-Henrique Viana-engenheiro civil

CONSELHO FISCAL

Presidente-Jorge Romão-empregado comercial
Secretario-Alfonso Sangareau-empregado comercial
Relator-Antonio Llorente Telhado-industrial
1º suplente-José Rafael Medina-empregado comercial
2º suplente-João Llorente Telhado-industrial

Delegados à F.P.C.C.R.

Efectivo-Manuel Veloso-assistente de producção
suplente-Rui Cardoso-estudante

1960 – Eleição de 04/07/1960

HCP

(FUNDADO POR ALVARÁ
DE 16-2-50)

HOT-CLUB DE PORTUGAL

Lisboa, 5 de Julho de 1960.

Exmº. Senhor
Governador Civil do
Distrito de Lisboa

Exmº. Senhor

Vimos por este meio comunicar a Vª. Exª. que em
Assembleia Geral Ordinária, foram eleitos os seguintes Corpos
Gerentes para o corrente ano:

ASSEMBLEIA GERAL

Presidente - Luiz Teixeira Pinto Villas-Boas - comerciante
Vice-Presidente - Vasco da Rocha Cardoso - comerciante
1º. Secretário - Ivo Pinto Mayer - empregado comercial
2º. Secretário - Eusébio Vieira Pinto Caldeira Miguéns - estudan
1º. Suplente - Rui Manuel Guimarães Cardoso - estudante
2º. Suplente - Carlos Eugénio Pimentel de Sousa e Meneses - estu
                                                               dant
CONSELHO FISCAL

Presidente - Fernando Laidley Ribeiro Pelayo - funcionário públi
Secretário - Jorge Augusto Pegado Romão - empregado comercial
Relator - António Llorente Telhado - industrial
1º. Suplente - António Sena da Silva - arquitecto
2º. Suplente - João Llorente Telhado - industrial

CONSELHO DIRECTIVO

Presidente - António Metello Pinto d'Abreu - empregado comercial
Vice-Presidente - Manuel Jorge Souto de Sousa Veloso - funcioná-
                                                    rio da R. T. P.
Secretário-Geral - Manuel Alberto de Almeida Dias da Silva - em-
                                                    pregado comercial
Secretário-Adjunto - Pedro Torrão Adolfo Coelho - estudante
Tesoureiro - Augusto Mayer - gerente comercial
1º. Vogal - Henrique Manuel Vaz e Viana - engenheiro civil
2º. Vogal - Alfredo Manuel Cabral - empregado comercial
1º. Suplente - José Afonso de Almada Negreiros - arquitecto
2º. Suplente - Paulo dos Santos Gil - estudante
3º. Suplente - Carlos José da Costa Pereira - oficial da aeronáu
                                                         tica milita
DELEGADOS À F. P. das C. de C. e R.

Efectivo - Manuel Jorge Souto de Sousa Veloso

38, PRAÇA DA ALEGRIA, 39 • TELEFONE 367369 • LISBOA-2

284

HCP

(FUNDADO POR ALVARÁ
DE 16-3-50)

———————— HOT-CLUB DE PORTUGAL

Lisboa, — *de* ———— *de 19* ——

Suplente - Rui Manuel Guimarães Cardoso.

     Aproveitamos a oportunidade para apresentar a V^a.
Exª. os nossos melhores cumprimentos

         Pelo CONSELHO DIRECTIVO

Manuel Dias da Silva

         (Secretário-Geral)